明治期地方鉄道史研究

——地方鉄道の展開と市場形成——

老川慶喜　著

日本経済評論社

はしがき

本書は、その副題が示すように、わが国の鉄道が日本資本主義成立期の市場形成過程にもったその意義と限界を改めて問い直すことを課題としている。これまで、わが国の鉄道史研究は、その軍事的意義を強調するのに性急で、鉄道が不可避的にもつ市場形成機能にはほとんど着目することがなかったといってよい。そこで、本書では従来の研究史を踏まえつつも、とくに地方鉄道建設計画に注目し、そこに明治政府主導の「富国強兵」政策を推進する市場構想と対抗的な、自生的経済発展を展望する市場形成への胎動がみられたことを指摘することによって、日本資本主義成立過程の特質の一端を、従来あまり顧みられることのなかった鉄道史（近代交通史）という分野から照明をあててみようとおもったのである。

本書は、筆者が一九八二年三月、立教大学から学位規則第五条第二項にもとづいて、経済学博士の学位を授与された際の審査論文「日本資本主義と地方鉄道の展開」を公表するものであるが、それは主として筆者が立教大学大学院在学中から折に触れて学術雑誌などに公表してきた諸論文から構成されている。本書を刊行するにあたって全面的に書き改めることも考えたが、加筆訂正は最小限にとどめてある。そのため若干の重複部分も生じたが、むしろ筆者の問題関心と論旨がより明確に表われているものとおもわれる。そこで、次に本書の各章各節と初出論文名および掲載誌との関連について明示しておかなければならない。

序　章　書きおろし

第Ⅰ章　「わが国における全国的鉄道体系形成過程の特質——京都鉄道の建設をめぐる政府と企業の動向——」（『社会経済史学』第四三巻第六号、一九七八年三月）

第Ⅱ章第一節　「明治前期八王子における鉄道敷設の動向——市場圏の形成という視角から——」（『地方史研究』一四六号、一九七七年四月）

第Ⅱ章第二節　「産業資本確立期における市場構造と鉄道建設——埼玉県下北埼玉郡における横貫鉄道の分析——」（『社会経済史学』第四五巻第一号、一九七九年六月）

第Ⅱ章補論㈠　書きおろし

第Ⅱ章補論㈡　「明治中期関東地方における横断線の建設計画——関東鉄道計画線（川越〜成田間）について——」（『地方史研究』一五五号、一九七八年一〇月）

第Ⅲ章　「明治中・後期埼玉県下における馬車鉄道の展開」（『日本歴史』第三六七号、一九七八年一二月）

第Ⅳ章　「明治中期銚子港における鉄道建設——総武鉄道成立過程の一問題——」（『経営史学』第一五巻第二号、一九八〇年八月）

第Ⅴ章　「日本鉄道の開通と河川舟運の衰退——明治二〇年代埼玉県の交通運輸状況——」（野田正穂・原田勝正・青木栄一編『明治期鉄道史資料月報』第六号、一九八〇年九月）

終　章　書きおろし

ところで、筆者が日本の鉄道史研究に着手したのは大学院の修士課程に進学してからのことであるが、既に一〇年余を経たことになる。この間、筆者がまがりなりにも研究を続けてくることができたのは、立教大学経済学部の諸先生方をはじめ、多くの方々の暖かい励ましとご指導のおかげである。とくに指導教授の逆井孝仁先生には、大学院修士課程への進学以来今日まで、筆者の研究テーマに即してさまざまな角度から適切なご教示をいただいてきた。また、近藤晃先生には、学部学生時代に演習への参加を許されて以来、公私にわたってお世話になっている。さらに、立入広太郎、住谷一彦、鵜川肇の諸先生からも演習あるいは論文審査などを通じて貴重なご教示を得ることができた。

また、筆者が専攻する鉄道史（近代交通史）の分野は、極めて研究史の乏しい領域ということができるが、そうした中で立教大学大学院と法政大学大学院との間での単位互換制度にもとづいて、法政大学の山本弘文、野田正穂の両先生からご指導を受ける機会が得られたことは筆者にとって大変幸せなことであった。さらに、山本弘文先生の演習への参加を通じて知りあった法政大学大学院人文科学研究科（日本史専攻）の諸学兄の紹介で、当時非常勤講師として法政大学にこられていた林玲子先生（流通経済大学）の主宰する千葉県銚子市の田中義家への資料調査にも参加させていただくことができた。本書の第Ⅳ章は、その時の資料調査をもとにして執筆したものである。立教大学と法政大学との間での単位互換制度の発足によって、筆者の学問的交流の範囲がこうして広がったのである。

その他、原田勝正（和光大学）、宇田正（追手門学院大学）、青木栄一（東京学芸大学）、中務一郎（千葉商科大学）、増田廣實（文教大学）などの諸先生をはじめとして、著書、論文を通じて受けた学恩にははかりしれないものがある。さらに、立教大学大学院経済学研究科の諸学兄から受けた学問的刺激に対しても、ここでとくに記しておきたい。
そうした多くの方々の学恩に比べて、本書の成果がいかに貧しいものであるかは、筆者自身が最も熟知しているつもりである。そうした学恩に対しては、今後の研究の中で報いていかなければならないと、本書の刊行を機会に改めて決意する次第である。

本書で利用した資料の採訪、閲覧については、埼玉県立文書館、交通博物館、中央鉄道学園図書館、日本国有鉄道総裁室文書課、京都府立総合資料館、京都商工会議所図書室、大阪商工会議所図書室などの諸機関の職員の方々と、千葉県銚子市の田中義家の方々のご協力をいただいた。とくに、埼玉県立文書館の吉本富男館長には、埼玉県内の市町村史の編纂も含めて一方ならぬお世話になっている。これらの方々に対しても、本書の刊行を機会に改めて謝意を表したい。また、必ずしも学術書の出版状況がよいとはいえない中で、本書の刊行を引き受けてくださった株式会社日本経済評論社社長栗原哲也氏、ならびに本書の刊行までことごとくお世話になった同社の谷口京延氏にも厚くお礼を申し上げたい。
最後に、私事にわたって恐縮であるが、筆者の研究者としての将来を楽しみにしながら、父栄一は一九七九年一二月に他界した。本書の刊行をまずもって父の霊前に報告することにしたい。

一九八三年一〇月一日

大宮市西遊馬の自宅にて　老川慶喜

目次

序章　鉄道史研究の現状と本書の課題

一　はじめに

一九六〇年のいわゆる吉岡提言以来[(1)]、近代日本経済史の研究は、産業革命期の諸分野において著しい進展をみせてきた[(2)]。近年、研究の重点は独占段階以降へと次第に移行しつつあるが、同時に産業革命期においても、着実な実証に支えられた諸研究が土地制度史、農業史、各種工業史、財政史、金融史などの各分野で蓄積されてきている[(3)]。しかしながら、産業革命期の社会経済史研究において、なお個別実証分析の深化が要請されなければならない分野も少なくないということもまた事実なのである。鉄道史研究は、道路輸送、河川舟運、沿岸海運など、その他の交通史とともに当該期における研究の立ち遅れが著しく、今後の研究の進展に期待が寄せられる分野の一つということができる[(4)]。これは、わが国の近代経済史の研究が、何よりも日本資本主義の特殊性＝「軍事的・半封建的」型制の分析にその重点をおいてきたために生産過程――たとえば寄生地主制を中心とする農業・土地問題や資本関係形成史など――に比較して、流通過程それ自体の研究が第二義的なものとされてきたという研究史の状況と深く関連しているものとおもわれる[(5)]。

そこで、以下わが国における鉄道史研究の動向を筆者なりの視角から整理し、本書で解明すべき課題を提示しよう。

（1）　吉岡昭彦「封建制の理論的諸問題――ヨーロッパ封建制に関する一つの問題提起――」（『歴史学研究』第二四二号、一九六〇年六月）、および同「日本における西洋史研究について――安保闘争のなかで研究者の課題を考える――」

(『歴史評論』一二一号、一九六〇年九月)などを参照のこと。

(2) その現時点での一応の到達点を示すものとして、大石嘉一郎編『日本産業革命の研究——確立期日本資本主義の再生産構造——』上・下、一九七五年、をあげることができる。

(3) さしあたり、大石嘉一郎「近代史序説」(新版岩波講座『日本歴史』一四、近代一、一九七五年)、石井寛治「日本の産業革命」(社会経済史学会編『社会経済史学の課題と展望』、一九七六年)、同「産業革命論」(石井寛治・海野福寿・中村政則編『近代日本経済史を学ぶ』上、一九七七年)などの研究史の整理を参照されたい。

(4) 近代交通史の研究の立ち遅れについては、山本弘文氏が繰り返し指摘するところである。たとえば山本弘文「宿駅制廃止後の道路輸送政策」(逆井孝仁・保志恂・関口尚志・石井寛治編『日本資本主義——展開と論理——』、一九七八年、を参照されたい。

(5) こうした研究史の反省の中で、最近国内商品流通史研究の必要性が強調されてきている。たとえば、山口和雄「『近代日本商品流通史資料』の刊行にあたって」(同監修『近代日本商品流通史資料』第一巻、一九七六年)は、国内商品流通史研究の必要性についての重要な問題提起であるといえる。

二　鉄道史研究の本格的開始(一九三〇—六〇年代)

わが国における鉄道史研究が、年代記的・制度史的な記述から脱皮して、学問的対象として一定の確立をみるのは、さしあたり一九三〇年代の戦前期日本資本主義論争の時期に求めることができる。[1] 産業資本確立過程の「型」制把握をめざした山田盛太郎『日本資本主義分析——産業資本確立期の再生産構造——』(一九三三年)は、わが国の鉄道が日本資本主義の「軍事的、半封建的」型制に規定されて、初発から政治的・軍事的要請にもとづく輸送機械として、国家的保護のもとに強力的に創出されたことを明らかにした。

さらに小林良正『日本産業の構成――その形式、発展過程の分析――』（一九三五年）は、鉄道建設の過程と国内市場形成との関連を問題にし、鉄道建設が国内市場形成に果たす役割は第二義的なものにすぎないと結論した。小林氏によれば、わが国における鉄道は市場開発的効果よりも、「軍義的・保安的意義」（一六六頁）をもって建設されていくのであった。従って、この小林氏の著書は、山田『分析』を側面から補完したものともいえよう。そして、こうした特徴を有するわが国の鉄道発達史は、イギリスのそれと対比して、研究史上しばしば鉄道の「顚倒的」発展として把握されてきた。

戦後まもなくから一九六〇年代初期にかけての時期は、日本の鉄道史研究が著しく進展した一つの画期として注目される。大島藤太郎『国家独占資本としての国有鉄道の史的展開』（一九四九年）、島恭彦『日本資本主義と国有鉄道』（一九五〇年）、富永祐治『交通における資本主義の発展――日本交通業の近代化過程――』（一九五三年）、中西健一『日本私有鉄道史研究――都市交通の発展とその構造――』[2]（一九六三年）など、今日においてもなおその価値を失っていない日本鉄道史研究における古典的労作が相次いで出現したのである。[3]

ところで、上記の大島、島、富永、中西の諸氏による研究は、いずれも国家独占資本主義論との関連が重視されて、研究の焦点は主として一九〇六（明治三九）年に実施された、鉄道国有化の問題に集中していたということができる。まず、大島『国家独占資本としての国有鉄道の史的展開』は、自からの研究の課題について次のように述べている。

「日本における交通政策を、科学的に、法則的に認識するには、まずその主体的勢力たる国有鉄道の国家独占資本的性格を理解しなければならない。しかも、そのためには日本資本主義の特殊性の認識がその前提条件である。けだし国有鉄道は軍事的・半封建的日本資本主義のもつ諸矛盾の体現物だからである。かかる立場からのみ国鉄の本質は科学的に究明し得られる。」（二七頁）

このように自からの研究の課題を設定した上で大島氏は、路線選定、鉄道技術、植民地鉄道、ダイヤグラムなどの具体的な諸問題を分析し、そこに日本の鉄道発達史を貫く軍事的性格を見い出し、鉄道国有化についてもその軍事的契機を強調する。さらに大島氏は、国有化以後の国有鉄道の資本構成を分析しつつ、そこでの国家と資本の癒着・融合を指摘し、半封建的国家権力が金融資本成立のための助産婦としての役割を演じたこと、公債が鉄道官僚と金融資本とを結ぶ紐帯であったことなどを明らかにし、わが国における鉄道国有化の歴史的性格をF・エンゲルスのいうところの「ビスマルク的国有」であると規定するのであった。

島、富永両氏の研究は、この大島前掲書が提起した問題を継承する形で展開された。すなわち、島『日本資本主義と国有鉄道』は、鉄道官僚、軍部官僚、ブルジョアジーなどの鉄道国有化を推進した社会層の国有化をめぐる動向を歴史的に追求することによって、日露戦争直後に国有化が実現されなければならなかった理由と国有化の歴史的意義を解明しようとした。また、富永『交通における資本主義の発展』は、日本資本主義と交通（鉄道ばかりでなく道路、舟運、海運なども含めて）の発展との有機的絡み合いの析出を主要課題とし、鉄道国有化の意義と効果について国家独占資本の形成という視角から考察している。

以上にみてきた大島、島、富永三氏の一連の業績を総括しつつ、さらに日本の鉄道史研究に新たな視角を提示したのが中西『日本私有鉄道史研究』であった。中西氏は、自からこの著書の特徴の一つが第三章「鉄道国有への道と経済的必然性」にあるとし、その研究史上の意義を「ここでは鉄道国有へのプロセスとその本質把握についての従来のアプローチを再検討し、かつその理論的、範疇的基準の理解の仕方にたいする批判を通して一つの新しい解釈を提示している」（はしがき、三頁）と述べている。中西氏によれば、鉄道国有化の実施について考察すべき課題は次の三点にあった。

㈠　国有化の本質、または性格の規定。

㈡　㈠の前提として、創立以来の鉄道発展に即した国有論の史的展開の追求。

㈢　国有化が国鉄および日本資本主義の発展に対してもつ意義、または効果の評定。

そして、中西氏は以上三点の課題を国有、公有を含む鉄道の所有関係を分析の基礎視点としつつ、これまでの鉄道国有化問題への接近方法としてとられていた「ビスマルク的国有」の概念についても再検討を加えたのである。

こうして戦後まもなくから一九六〇年代初期にかけて展開された日本の鉄道史研究は、既に述べたところではあるが鉄道国有化の問題に分析の焦点があてられており、その理論的枠組みとしては山田『分析』（鉄道国有化＝「第一階梯的端初的形態における金融資本成立過程」）を基本的に継承しているということができる。しかし、中西前掲書は、著者自身が「私有鉄道分析の一つの典型を示し得た」（増補版序文、二頁）と述べているように、大島、島、富永らの諸氏の研究ではほとんど顧みることのなかった個別私有鉄道の分析にメスを入れ、鉄道資本の類型化を試みつつ、筑豊鉱業鉄道や両毛鉄道を事例に鉄道と市場形成との関連についてもある程度言及しているという点で特徴的である。

とはいえ、こうした鉄道建設と市場形成との関連についての指摘は、既に島前掲書においても現われており、それはまた富永前掲書においても受け継がれていた。たとえば、島氏は前掲書第一章「国有鉄道の創出」の節構成を、㈠市場の発達と鉄道、㈡わが国における市場の展開と鉄道、㈢鉄道技術、鉄道官僚、鉄道資本の創出としているし、富永氏も前掲書第六章「交通資本の蓄積」において市場の展開と交通の問題を論じているのである。さらにいえば、わが国における鉄道の発展を市場形成との関連で捉えようとする試みは、既述のごとく早くも戦前期日本資本主義論争期に著わされた小林良正『日本産業の構成』において現われていたのである。しかし、これらの研究は、いずれも鉄道建設の政治的・軍事的契機を重視する山田『分析』を理論的前提としているため、わが国鉄道発達史における市場形成的意義の限界を指摘することに性急で、一次資料にもとづいて鉄道建設と市場形成との関連を具体的に跡づけるという作業をほとんど果たしていない。

政治的・軍事的意義をわが国鉄道発達史の本質規定とすることに異論はないが、現実に鉄道は旅客・貨物の輸送を担当し、それによって旧来の商品流通体系を再編していく役割を担うのである。つまり、鉄道はなによりも旅客・貨物の輸送を担う輸送機械であり、前近代的な馬車、馬車鉄道などにかわる近代的陸上輸送手段ということができる。従って、鉄道はたとえそれが軍事的・政治的目的をもって建設されたものであっても、一度建設されさえすれば不可避的に貨客の輸送という役割を担うことになるのである。このような近代的輸送手段としての側面に、鉄道史研究の課題を設定することも可能とおもわれるし、むしろこの点にこそ今後の鉄道史研究において深められていくべき問題が内在しているようにおもわれるのである。(4) 換言すれば、鉄道がいかなる商品流通を担い、その建設が旧来の輸送体系をいかに再編し、国内市場の形成をいかに推進していくのかという問題である。そこで、こうした視角から次に一九六〇年代以降の日本の鉄道史研究を整理し、本書の課題の提示に接近していくことにする。

（1）原田勝正「わが国鉄道史研究上の成果と問題点」（『交通文化』第一号、一九六三年七月）を参照のこと。

（2）なお、この中西健一『日本私有鉄道史研究』は、一九七九年に増補版が出版されている。本書による引用は全てこの増補版によっている。

（3）この時期における鉄道史研究の整理としては、さしあたり伊勢田穆「マルクス主義交通経済学の生成」（交通学説史研究会編『交通学説史の研究』、一九八二年）を参照されたい。

（4）その意味では、一九八二年度の社会経済史学会第五一回大会で、その共通論題に「工業化と輸送」というテーマが設定されたことはまさに時宜を得たものといえる。筆者もこの大会の自由論題報告で「両毛地方における織物業の展開と鉄道輸送」なる報告をしたが、共通論題報告での山本弘文「問題提起」、増田廣實「殖産興業政策と河川舟運」、原田勝正「日本の工業化と鉄道網の形成」の三本の日本についての報告は、鉄道を中心にしながらいかなる輸送体系が形成されていくかという問題について極めて興味深い論点を提示している（以上、『社会経済史学』第四八巻第五号、一九八三年二月、を参照のこと）。

三　鉄道史研究の展開（一九六〇年代以降）

一九六〇年代以降の鉄道史研究の特徴は、さしあたり個別鉄道史研究の深化という点に求めることができる。日本国有鉄道修史課による『日本国有鉄道百年史』（全一四巻）の編纂、および全国各地での地方自治体史の編纂などの過程で厖大な新出資料が発掘されたことが、個別鉄道史研究のための条件を整備したと考えることができる。また、これまで前近代を主要な研究対象としてきた日本の地方史研究が、近代史の分野においても密度の濃い実証研究を着実に積みあげてきたことも、その地域社会とのかかわりで全国各地における個別鉄道史研究への関心をひきおこした理由の一つとしてあげることができよう。

次に、個別鉄道史研究の深化という状況と相互関連的であるが、鉄道史研究への接近方法が著しく多様化してきたということも、この時期の特徴としてあげることができる。社会経済史的アプローチのみにとどまらず、経営史、政治史、地方史、歴史地理などの学問分野で鉄道史の諸問題が取り扱われるようになったのである。(1)

こうした一九六〇年代の日本の鉄道史研究の動向を、社会経済史の側からながめると、「産業革命と鉄道」というテーマがその基調をなしていたようにおもわれる。比較経済史学の立場からの各国産業革命史研究の進展の中で、鉄道建設のあり方が産業革命の諸類型を決定する重要な一要素として注目されるようになったのである。(2) 前述のように、戦後まもなくから一九六〇年代初期にかけての鉄道史研究が鉄道国有化の問題に焦点をあてていたことと比較すると、鉄道史研究の問題関心に若干の変化があったといえる。もちろん、だからといって一九六〇年代以降の鉄道史研究が鉄道国有化の問題を全く無視してきたというわけではない。(3)

一九六四年に交通史学会の主催で開催されたシンポジウム「産業革命と鉄道の問題――主としてドイツ、イギリスを中心として――」は、(4) 日本と欧米各国との「産業革命と鉄道」をめぐる比較史的研究の当時の水準を示すものとみることができる。このシンポジウムからもわかることであるが、「産業革命と鉄道」という問題については、比較経済史的な立場をとる西洋経済史の側からの研究がリードしていたようにおもわれる。そして、そうした研究の出発点をなすのが北条功「ドイツ産業革命と鉄道建設」(5) であった。

ところで、こうした研究動向の中で重要な論点のひとつとして取り上げられてきたものの中に、「市場構造と鉄道建設」という問題があった。たとえば、北条氏は前掲論文で明らかにしたドイツにおける鉄道建設の特質を踏まえたうえで、このシンポジウムにおいて「鉄道を敷くときには、すでに市場構造やその在り方がもう問題になっていて、交通手段一般として問題になっているのではない」（九頁）、「鉄道の敷設を中心にしながらどういう市場構造ができあがるか」（九頁）などという興味深い発言をしているのである。この北条氏の指摘は、ドイツと同じく後進資本主義としての特徴をもつ日本の鉄道史研究にとってきわめて示唆的であった。

しかし、その後の日本の鉄道史研究は、かならずしもこの「市場構造と鉄道建設」という問題提起を十分に受けとめてきたとはいいがたい。それでもこうした視角から研究史を追ってみると、滝沢秀樹『日本資本主義と蚕糸業』（一九七八年）、および伊藤好一「八王子鉄道と八王子市場圏」（多摩中央信用金庫『多摩のあゆみ』第二号、一九七六年二月）などの研究が目に止まる。

滝沢氏は、前掲書（第一編、第一章「《生糸貿易基軸体系》の成立とその歴史的意義――明治前期の埼玉県における蚕糸業と綿業の分析を中心に――」）において、鉄道建設がいかなる市場構造を形成していくかについて次のように述べている。

「すなわち我国では明治以後、幕末に支配的であった江戸又は大阪中心の地域的市場圏（＝都市市場圏）が、幹線鉄道の敷設等を通じて全国的規模で再編成され、従ってそれを基礎に成長しつつあった商品生産及び流通のメカニズムが直接的に先進資本主義国の利害の下に編成される世界市場と結合することになったことを意味する。」（傍点原文のまま、六九頁）

滝沢氏はここで、埼玉県を具体的な分析のフィールドとして、明治一〇年代後半―二〇年代の埼玉県が綿業地帯から蚕糸業地帯へと産業構造を大きく転換していく上で日本鉄道（上野～前橋間、大宮～宇都宮間）の果たした役割を高く評価したのである。鉄道自体の分析は十分とはいえないが、鉄道の建設がいかなる市場構造を創出していくかという問題についてのきわめて興味深い指摘であるとおもわれる。

次に伊藤前掲論文は、一八九六（明治二九）年に出願された八王子鉄道（八王子〜所沢〜志木〜大宮〜粕壁間）の建設計画とその挫折に注目して次のような興味深い指摘をしている。

「幕末期以降、八王子市場圏の形成が進んでいくとともに、市場圏内での商品輸送路が、自ら整えられていった。明治二〇年代の私設鉄道建設ブーム時には、こうした商品輸送路の整備が、私設鉄道の建設によってなされようとする。八王子・横浜間の、おびただしい鉄道建設計画もそれであった。八王子・青梅・所沢・川越を結ぶ、いくつかの鉄道建設計画も出されている。国分寺—久米川—入間川—川越の川越鉄道も、すでに明治二八年三月には開通していた。こうしたときに八王子鉄道建設の計画が進められる。……略……八王子鉄道の建設は、横浜貿易をテコとした、関東の新しい市場圏を成立させることにもなるのであった。だが、八王子鉄道敷設の出願は、あえなく却下された。」（三一—三二頁）

この伊藤前掲論文は、小論ではあるが滝沢前掲書と合わせて読むと、実に重要な論点をわれわれに提示してくれる。すなわち、伊藤前掲論文は、幕末期以来の農村工業の展開の上に地方的な鉄道建設計画が出現することを八王子地方の場合を事例に論じたのであるが、これらの地方的な鉄道建設計画は、滝沢前掲書が明らかにした日本鉄道などの幹線鉄道の建設によって創出される市場構造とは異質の、むしろそのような市場構造とは対抗的な市場の形成を指向するものであったといえる。しかし、このような地方鉄道の建設によって形成される市場構造は、いうまでもなく全国的な幹線鉄道網が形成されていく中でおしつぶされていくのである。

滝沢・伊藤両氏の研究は、以上のようなわが国鉄道発達史のイメージを創造せしめるが、このような見通しをもって以下本書の課題を具体化しておこう。

（1）　一九六〇年代に入ってからの日本の鉄道史に関する著書・論文をここで全て紹介することはとうてい不可能であるので、そのうち主要なものを若干とりあげておくことにする。

まず個別鉄道史研究の先駆的な業績としては、石井常雄「両毛鉄道会社における株主とその系譜」（『明大商学論叢』第四一巻九・一〇号、一九五八年七月）、同「両毛鉄道会社の経営史的研究」（明治大学『商学研究年報』第四集、一九五九年七月）がある。これらは、鉄道会社が株式会社形態をとる企業であることから当然経営史的考察となっている。石井氏の研究は、「両毛鉄道会社の成立と展開を通じて、日本における自生的鉄道の本質を究明すること」（石井「両毛鉄道会社における株主とその系譜」、一五二頁）をめざしたものであるが、こうした視角はその後の鉄道史研究に大きな影響を与え、たとえば近年の業績である山田秀「明治中期産業鉄道会社経営の一分析――筑豊興業鉄道会社の経営史的考察――」（福岡大学『大学院論集』第一一巻一号、一九七九年八月）などに引き継がれている。

地方史研究の立場からの個別鉄道史研究の先駆的な業績としては、本田紀久子「横浜鉄道に見る私有鉄道の一構造」（『交通文化』第五号、一九六五年四月）、川田礼子「中央線の建設とその経済的背景」（同前）などをあげることができる。また、地方史研究の立場と重なりあうが、地理学の分野では青木栄一氏の業績がある。青木氏の論文はきわめて多数にのぼるが、ここではさしあたり「下津井鉄道の成立とその性格」（『地方史研究』第九七号、一九六九年二月）をあげておく。

また、近年の経営史学の隆盛にともない、株式会社発達史、証券市場成立史、金融史などの立場からの研究も数多くみられる。それらの代表的な業績としては、さしあたり星野誉夫「日本鉄道会社と第十五国立銀行（一）、（二）、（三）」（『武蔵大学論集』第一七巻二・三・四・五・六号、一九巻一号、同五・六号、一九七〇年六月、一九七一年八月、一九七二年三月）、正木久司『日本の株式会社金融』、一九七三年、野田正穂『日本証券市場成立史――明治期の鉄道と株式会社金融――』、一九八〇年、などをあげることができよう。

なお、山本弘文『維新期の街道と輸送』、一九七二年、は、維新期における宿駅制度の改廃など維新政府の陸運政策の性格に分析の中心をおいたものであるが、道路輸送（馬車輸送）との関わりで日本の鉄道導入期の問題についても興味深い指摘をおこなっている。山本氏は、日本では輸送機械としての鉄道が長距離馬車輸送の開始と同時に、あるいは顚倒的に導入され、イギリスのように独自の道路時代を経ることなく鉄道時代を迎えたという点を強調するのである。そして、山本氏の最近の論稿『鉄道時代の道路輸送』（国連大学『人間と社会の開発プログラム研究報告』、一九八〇年）は、山本前掲書が提示した長距離鉄道輸送と補助的道路輸送という日本の陸運体系の特質を福島県という具体的な地域に即して検討したものとして興味深い。

最後に政治史の立場からの研究としては、田中時彦『明治維新の政局と鉄道建設』、一九六三年、原田勝正「鉄道敷設法成立の前提」（『日本歴史』第二〇八号、一九六五年九月）、和田洋「初期議会と鉄道問題」（『史学雑誌』第八四編第一〇号、一九七五年一〇月）、有泉貞夫『明治政治史の基礎過程――地方政治状況試論――』、一九八〇年、などがある。

（2）ドイツについては北条功「ドイツにおける鉄道建設と『産業革命』」（学習院大学政経学部『研究年報』九、一九六四年三月、その後「ドイツ産業革命と鉄道建設」と改題して高橋幸八郎編『産業革命の研究』、一九六五年、に収録）、同「産業革命の前提」（『歴史学研究』第二八〇号、一九六三年九月）、フランスについては遠藤輝明「フランス産業革命の展開過程」（高橋幸八郎編前掲書）、吉田静一「フランスの産業革命」（大塚久雄編『西洋経済史』、一九六八年）、イギリスについては松村赳「イギリス産業革命と交通」（『歴史教育』第一七巻第一号、一九六九年一月）、アメリカについては平出宣道「アメリカ産業革命開始期における交通・運輸の発展」（高橋幸八郎・古島敏雄編『近代化の経済的基礎』、一九六八年）などの諸研究がある。なお、近年の諸成果については小笠原茂「ドイツにおける鉄道建設と重工業の発展（二・完）」（『立教経済学研究』第三四巻第四号、一九八一年三月）の研究史の整理を参照されたい。

（3）鉄道国有化問題を取り扱った近年の業績として、宇田正「鉄道国有化」（宮本又次・中川敬一郎監修『日本経営史講座』第四巻、一九七六年）、桜井徹「日本鉄道株式会社の資本蓄積条件と国有化問題――国家独占生成に関する準備的考察――」（『大阪市大論集』第二五、二六号、一九七六年八月、一九七七年二月）、同「山陽鉄道株式会社の資本蓄積条件と国有化問題――国家独占生成に関する準備的考察――」（『経済集志』第三四巻第四号、一九八〇年二月）などが注目すべき新たな論点を含んでいる。

(4) そのシンポジウムの内容は、『交通文化』第三号、一九六四年三月、に収録されている。
(5) 高橋幸八郎編前掲書、所収。

四 本書の課題

本書は、以上に述べてきた日本の鉄道史研究の整理を踏まえて、日本資本主義成立期における鉄道建設＝鉄道網形成史を国内市場成立過程との関連で考察し、とくにそこでの地方鉄道建設計画のうちに、明治政府主導の「富国強兵」政策を推進する市場構想と対抗的な、自生的経済発展を展望する市場形成への胎動がみられたことを指摘するとともに、そうした動向の挫折によって、日本資本主義の「軍事的・半封建的」な構造的特質が最終的に確定していく、その過程を明らかにすることを課題としている。以下、ここで提起した課題をやや敷衍しておこう。

大塚久雄氏によって跛行構造型後進資本主義(1)として類型化される日本資本主義は、封建的な基盤を残存したまま絶対主義という政治機構の枠の中で「政商資本主義」という特質を鮮明にしながら、きわめて高度に、しかも急速に工業化を達成しなければならなかった。明治政府はこれを殖産興業政策という名のもとに遂行したのであるが、鉄道建設もそのような工業化政策の重要な一環として把握されていた。(2) しかしながら、もとよりそれは直線的・短絡的な道を辿ったわけではなかった。前田正名『興業意見』のような地方産業の発展を中心に据えた壮大な経済近代化構想(3)を内部に孕みながらも、そうしたいわば「下から」の近代化構想と対抗しつつ、それを切り捨てていくことによって達成されたといえる。鉄道建設＝鉄道網形成構想においても、明治政府の推進する中央集権的な構想に対して、田口鼎軒、伴直之助などの「鉄道論」[4]にみられるような地方産業の近代化と結びつけた上での構想が、日本の原蓄、産業革命期を通じて絶えず生起していたといえるし、時にそうした鉄道建設構想は特定の地域社会においては地方鉄道の建設運動をひきおこしさえしたのである。[5]つまり、幕末期の農村工業の展開の中に一定のブルジョア的発展を認めることができるわが国では、資本主義の形成期に、そうした農村工業の展開を基盤とした地方鉄道の建設が構想されていたということができるのである。本書は、このような地方鉄道の動向を分析することを直接の課題としているが、このような鉄道史研究の視角は、同時に日本資本主義形成の内部的要因をいかに理解するかという近代日本経済史固有の研究視角とも関わってくるようにおもわれる。

しかし、本書は前掲山田『分析』が古典的に規定しているように、日本資本主義における鉄道建設が、強力な国家主導のもとで政治的・軍事的意義を第一義的として遂行され、その経済的意義＝市場形成的意義は第二義的なものとされてきたということを否定するものではない。そうではなくて、そうした本質規定を確認しつつもそこにとどまることなく、それを歴史具体的に、つまりそこに必然的に内包される矛盾＝対抗をとおして理解しようとしたものといえる。

(1) 大塚久雄「後進資本主義とその諸類型」(同編『後進資本主義の展開過程』、一九七三年)を参照のこと。
(2) 殖産興業政策と鉄道建設との関連については、さしあたり永井秀夫「殖産興業政策論」(『北大文学部紀要』一〇、一九六一年一一月)、石塚裕道『日本資本主義成立史研究――明治国家と殖産興業政策――』、一九七三年、および山本弘文「初期殖産政策とその修正」(安藤良雄編『日本経済政策史論』上、一九七三年)などを参照されたい。

(3) 前田正名の経済政策構想については、祖田修『地方産業の思想と運動――前田正名を中心に――』、一九八一年、有泉貞夫「『興業意見』の成立」(『史学雑誌』第七八編第一〇号、一九六九年一〇月、その後有泉前掲書に収録)、および長幸男「ナショナリズムと『産業』運動――前田正名の思想と行動――」(長幸男・住谷一彦編『近代日本経済思想史』Ⅰ、一九六九年)などを参照のこと。

(4) 田口鼎軒の「鉄道論」については、内田義彦「日本資本主義と局地的市場圏――田口鼎軒の鉄道論――」(有沢広巳・東畑精一・中山伊知郎編『経済主体性講座』第七巻、歴史Ⅱ、一九六〇年)がある。なお、拙稿「両毛地方における鉄道建設――『北関東市場圏』形成の問題として――」(『立教経済学論叢』第八号、一九七四年九月)も、田口鼎軒の鉄道論について一定の言及を試みている。

また、伴直之助の鉄道論については、拙稿「伴直之助の『鉄道論』」(野田正穂・原田勝正・青木栄一編『明治期鉄道史資料月報』一一号、一九八一年二月)を参照されたい。

(5) たとえば、栃木県足利の機業家による日本鉄道の誘致運動などをあげることができる(詳細については第二章補論㈠、および大宮市役所『大宮市史』第四巻、所収の拙稿「産業と経済」を参照のこと)。

第Ⅰ章　全国的鉄道体系形成過程の特質

一　はじめに

田口鼎軒は、一八八九（明治二二）年、『東京経済雑誌』（第四七四号、一八八九年六月一〇日）誌上において以下のごとくわが国における全国的鉄道体系を構想し、日本海沿岸を縦貫する鉄道と太平洋沿岸のそれとを南北に連絡する横断鉄道建設の必要性を強調している。

「日本には一条の鉄道を貫通せざるべからず、日本に一条の鉄道を貫通せざるは、人に脊髄なきが如しとは、今より数年以前に於いて社会先達の士の主唱したる所なりき。然るに今まや日本には既に一条の鉄道を貫通せしめたるのみならず、各地到る処として鉄道の企画あらざるなきに至れり。……略……然りと雖も、余輩は一脊髄を以て甘んずるものにあらざるなり。余輩は日本の鉄道を階梯様に布設せんことを希望するものなり。何をか階梯様に鉄道を布設すと云ふ。山陰北陸即ち北海に面する地方にも一条の鉄道を布設し、処々に枝線を設けて太平洋に面せる鉄道と連絡すること是れなり」[1]（傍点引用者）

この鼎軒による全国的鉄道体系の構想は、佐分利一嗣「将来之鉄道」[2]（一八九一年）などの構想と相俟って、〈第I-1表〉のごとき東京経済学協会の「鉄道調査報告」[3]（一八九一年）へと結実する。

このような「全国的鉄道体系」構想の出現は、明治一〇年代後半から二〇年代初めにかけての民間企業勃興期に端を発する産業資本の発展が、わが国鉄道建設初期において「東西連絡幹線鉄道建設のための布石」[4]というすぐれて戦略的な意義を有するにすぎなかった南北横断連絡鉄道をして、国内市場開拓のための不可欠の

〈第Ⅰ-1表〉　東京経済学協会鉄道調査報告

①	青森より弘前，横手，本合海，米沢，山形を経て福島に至る。
②	米沢より新発田，新潟，長岡を経て直江津まで。
③	直江津より長野に於て官線（上越線）に連絡す。
④	長野より松本塩尻までにして塩尻より二線に岐し一は南行して甲府より御殿場に至り官線（東海道線）に連絡す。
⑤	塩尻より名古屋に至り官線（東海道線）に連絡す。
⑥	塩尻より松本，高山，富山を経て魚津に至る。
⑦	魚津より金沢，福井，武生を経て敦賀に至り官線（湖東線）に連絡す。
⑧	東京より銚子に至る。
⑨	西京より舞鶴まで，舞鶴より和田山，鳥取を経て三次にて山陽鉄道に連絡す。
⑩	四日市（関西鉄道）・桜井（大阪鉄道）の間を結びつける。
⑪	四国は高知・徳島間を通ず。

此哩数七百哩，此の工費一億円。

（備考）「鉄道線路」（『国民の友』第124号，1891年7月）より作成。

手段として、国内商品流通体系に占める経済的価値を現実的に獲得せしめたことを意味している。事実、一八九三（明治二六）年に始まる第二次鉄道熱の時代には、日本海沿岸の主要港の一つである新潟と東京を結ぶ鉄道、および日本海側の舞鶴と京阪神各地を連絡する鉄道などのいわゆる南北横断連絡鉄道の建設計画が活発化し、ここにこの時期の鉄道建設の特質の一つを指摘できる。[5]

一方、明治政府の側においても、井上勝「鉄道政略ニ関スル議」（一八九一年）の「鉄道ハ運輸交通ノ利ヲ発達シテ国防施政上ヨリ殖産興業上ニ至ルマテ社会百般ノ事業ニ便益ヲ与ヘ所謂富強ノ要具開明ノ利器タルヘキモノ」[6]との価値評価に基づいて、一八九二（明治二五）年鉄道敷設法を制定し、「国有国営として推進すべき全国幹線鉄道網計画」[7]を具体化している。そして、この鉄道敷設法においても、「帝国ニ必要ナル鉄道」[8]の一環として南北横断連絡鉄道の建設計画が重要な位置を占めている。因に、一八八九（明治二二）年、井上勝によって「要スルニ是等線路ハ其内何レノ一線ヲ布設スルモ、収支相償フヘキヤ否ノ見込ハ容易に難相立」[9]として却下された京阪神各地と舞鶴を連絡する鉄道も、鉄道敷設法では「京都府下京都ヨリ舞鶴ニ至ル鉄道若ハ兵庫県下土山ヨリ京都府下福知山ヲ経テ舞鶴ニ至ル鉄道」[10]として、第一期予定線に設定されている。

かくして、明治二〇年代初期以降のさまざまな立場からの「全国的鉄道体系」構想において、南北横断連絡鉄道の建設がその重要な構成要素として日程にのぼるに至ったのである。

ここで考察の対象とする京都鉄道は、鉄道敷設法第一期着工線に設定された京都〜舞鶴間鉄道（京鶴線）に即して、「京都市とその後背地とを直結して地元産業の振興をはかり、ひいては山陰への縦貫ルートとして全国的幹線鉄道体系の一環」[11]を占めるという遠大な目的をもって創立されたもので、前述のごとく南北横断連絡鉄道の一典型といえる。しかし、この京都鉄道は創立時の構想にもかかわらず、一八九六（明治二九）年後半の金融逼迫以来の景気の衰退過程で、「其工事ハ今ヤ僅ニ園部ニ於テ中止セラレ其前進ノ期殆ント知ルヘカラサルノ状態」[12]に陥り、地元側の熱烈なる速成運動にもかかわらず、その後ただの一マイルさえも路線延長をなし得ず、一九〇八（明治四一）年、国有化されるのであった。本章は、このような京都鉄道の建設をめぐる政府と企業の動向についていささかの検討を加え、日清戦後の産業資本確立期[13]における全国的鉄道体系形成過程の孕む特質の一端を探りあてようとするものである。

（1）田口鼎軒「先づ日本鉄道の全案を立つへし」、一八八九年六月一〇日（鼎軒田口卯吉全集刊行会『鼎軒田口卯吉全集』第四巻、一九二八年、三六四頁）。

（2）『工学会誌』第一一一号、第一一三号、一八九一年三月、五月。この佐分利論文は、後（同年五月）に『日本之鉄道』という書名で刊行されている。なお、佐分利一嗣の鉄道論の内容については、さしあたり富永祐治「明治二十年代の鉄道論議」（大阪商科大学『経済学雑誌』第七巻第六号、一九四〇年一二月）を参照されたい。

（3）この調査報告は、「まさに井上鉄道庁長官のそれに対比される民間の『鉄道政略ニ関スル議』であった」（中西健一『日本私有鉄道史研究――都市交通の発展とその構造――』増補版、一九七九年、九九頁）。

（4）宇田正「明治前期日本における東西連絡幹線鉄道の建設――中山道鉄道から東海道鉄道へ――」（追手門学院大学『創立十周年記念論集』経済学部篇、一九七六年一〇月、一〇一頁）。

（5）中西健一前掲書、四五頁。中西氏がここで「幹線的大鉄道にたいして中規模の鉄道」としているものの多くはこの南北横断連絡鉄道に属するものである。また、当時の『東京経済雑誌』（第一一二五号、一九〇二年三月二九日）の一論説（竜窟「鉄道合同論」）も「我国鉄道の将来は日本海沿線と、太平洋沿線との二大併行線に依りて縦貫せられ、其間東は東京、西は大阪を中心として幾多の横貫線の布設を見るべきは、蓋し動かすべからざる結果なり」（傍点引用者）と、全国的鉄道体系の構想を描いている。

（6）井上勝「鉄道政略ニ関スル議」、一八九一年七月（日本鉄道省『日本鉄道史』上篇、一九二一年、九一六頁）。

（7）宇田正「鉄道国有化」（宮本又次・中川敬一郎監修『日本経営史講座』第四巻、一九七六年、八六頁）。

（8）「鉄道敷設法」第一条、一八九二年六月二一日（前掲『日本鉄道史』上篇、九五五頁）。

（9）井上勝「播丹、摂丹、舞鶴、京鶴、山陰及南北鉄道布設出願ノ件答申」一八八九年（『公文類聚』第一三編巻之四七）。

（10）「鉄道敷設法」（前掲『日本鉄道史』上篇、九六〇頁）。

（11）日本国有鉄道『日本国有鉄道百年史』第四巻、一九七二年、四四三頁。

（12）京都商業会議所「京都鉄道速成ノ義ニ付建議」（『京都商業会議所月報』第一〇五号、一九〇〇年七月二〇日）。

（13）「産業資本確立期」の問題は、それ自体として重要な問題であるが、そのメルクマールをどこに求めるかは、わが国のような後進国では多くの困難をもっている。ここでは、この問題を直接の対象としていないので詳論は避けるが、ただ鉄道建設との関連で、伊牟田敏充氏が、日清戦後の私有鉄道会社による全国主要幹線の敷設完了を産業資本確立のひとつのメルクマールとしていることを付記しておく（伊牟田敏充「明治期における株式会社の発展と株主層の形成」、三四頁、同著『明治期株式会社分析序説』、一九七六年、所収）。

二　京都鉄道の市場基盤

最初に、京都鉄道株式会社の創立事情について概略を述べれば以下のごとくである。

一八九一（明治二四）年、明治二五年度より向う九か年間に漸次公債を募集し、「神奈川県八王子ヨリ山梨県甲府ニ至ル鉄道」(1)外五路線に鉄道を建設することを意図した鉄道公債法案が第二帝国議会に提出されると、京都商業会議所は、翌年ただちに「本会ハ京都ヨリ舞鶴、宮津ヲ経テ広島ニ至ルノ線路ヲ第一期鉄道敷設ノ線路中ニ加ヘラレンコトヲ希望スルナリ。而シテ若シ国家財政上ノ都合ニ依リ一時ニ此線路ヲ開通スルコト能ハストセハ、先ヅ京都ヨリ舞鶴ヲ経テ宮津ニ至ル迄ノ間ヲ速カニ敷設セラルヽノ計画アランコトヲ懇望スル」(2)と京都〜舞鶴〜宮津間鉄道を第一期鉄道建設の路線に加えることを主張している。そして、この年公布された鉄道敷設法においては、京都〜舞鶴間鉄道（京鶴線）が、土山〜舞鶴間鉄道（土鶴線）との比較線という形で第一期建設予定線に指定された。この京鶴・土鶴両比較線については、「各其土地の関係より京都市と神戸市は全く反対の所見を有し」(3)、路線選択をめぐって大競争が演じられた。京都商業会議所は、京鶴線の利害を詳細に調査し、「鉄道敷設法ニ於テ舞鶴ニ達スル線路ハ軍事上経済上京都ヲ以テ起点トナスノ現在及将来ニ必要欠クヘカラサルコトヲ認定セラレタル」(4)（傍点引用者）と結論し、神戸商業会議所は、「須らく東洋貿易交通の活勢を熟察し速に土鶴線を撰択し国家百年の大計を定めること洵に方今の一大急務なるへし」(5)と、専ら開港場神戸の利害から土鶴線の建設を主張するのであった。

〈第1-2表〉 京都鉄道営業見込表

区間	工費(A)	営業収入(B) 旅客(割合)		営業収入(B) 貨物(割合)		営業収入(B) 合計	営業費(C)	営業益金(D)	営業係数(C)/(B)	工費に対する営業益金年利率(A)/(D)
第1区	64,307円	2,154円	(39.8%)	3,263円	(60.2%)	5,417円	1,867円	3,550円	34.5%	5.5%
第2区	51,938	2,154	(39.8)	3,263	(60.2)	5,417	1,867	3,550	34.5	6.8
第3区	36,767	1,182	(43.4)	1,544	(56.6)	2,726	1,649	1,077	60.5	2.9

（備考）「京都鉄道株式会社起業目論見書」（『京都商業会議所月報』第21号，1893年7月25月）より作成。但し，第1区は官線京都七条停車場～亀岡～園部～山家～綾部～舞鶴（58哩，工事竣功期限—3年），第2区は綾部・舞鶴間～宮津（14哩，工事竣功期限—2年），第3区は綾部～福知山（10哩，工事竣功期限—1年）であり，数字は全て1哩に付てである。

その後、京鶴線建設運動は、「京都府下の有志団結、商工同盟会の外、特に鉄道期成同盟会の設立」[6]をみて推進されたが、一八九三（明治二六）年、摂丹鉄道および阪鶴鉄道が出願されるにおよんで京鶴線建設運動はいよいよ加熱し、官設論と私設論との対立を生じるが、「遂に敷設の速成を切望するより私設鉄道を可とするに帰着し」[7]、一八九三（明治二六）年七月一四日、小室信夫外一一五名によって京都鉄道株式会社が発起されたのである。そして、一八九四（明治二七）年、第六帝国議会において京鶴線が確定線とされ、京都鉄道私設許可案が採択されるに至って、京鶴線建設運動は一応の終止符をうつのであった。[8]

以上、要するに一八八九（明治二二）年、官設鉄道湖東線（長浜～大津間）の開通による東海道線、江越間鉄道（敦賀～大阪間）の完成は、京都の市場機能を著しく低下せしめる。[9] このような京都の経済的衰退という状況の中で「此の鉄道（京鶴線……引用者）の成否如何は以て京都将来の盛衰に大関係あるは事実疑ふ可からさるなり」[10]との事実認識から京鶴線建設運動が展開され、この運動が京都鉄道株式会社の創立に結びついたのである。

京都鉄道および阪鶴鉄道路線略図

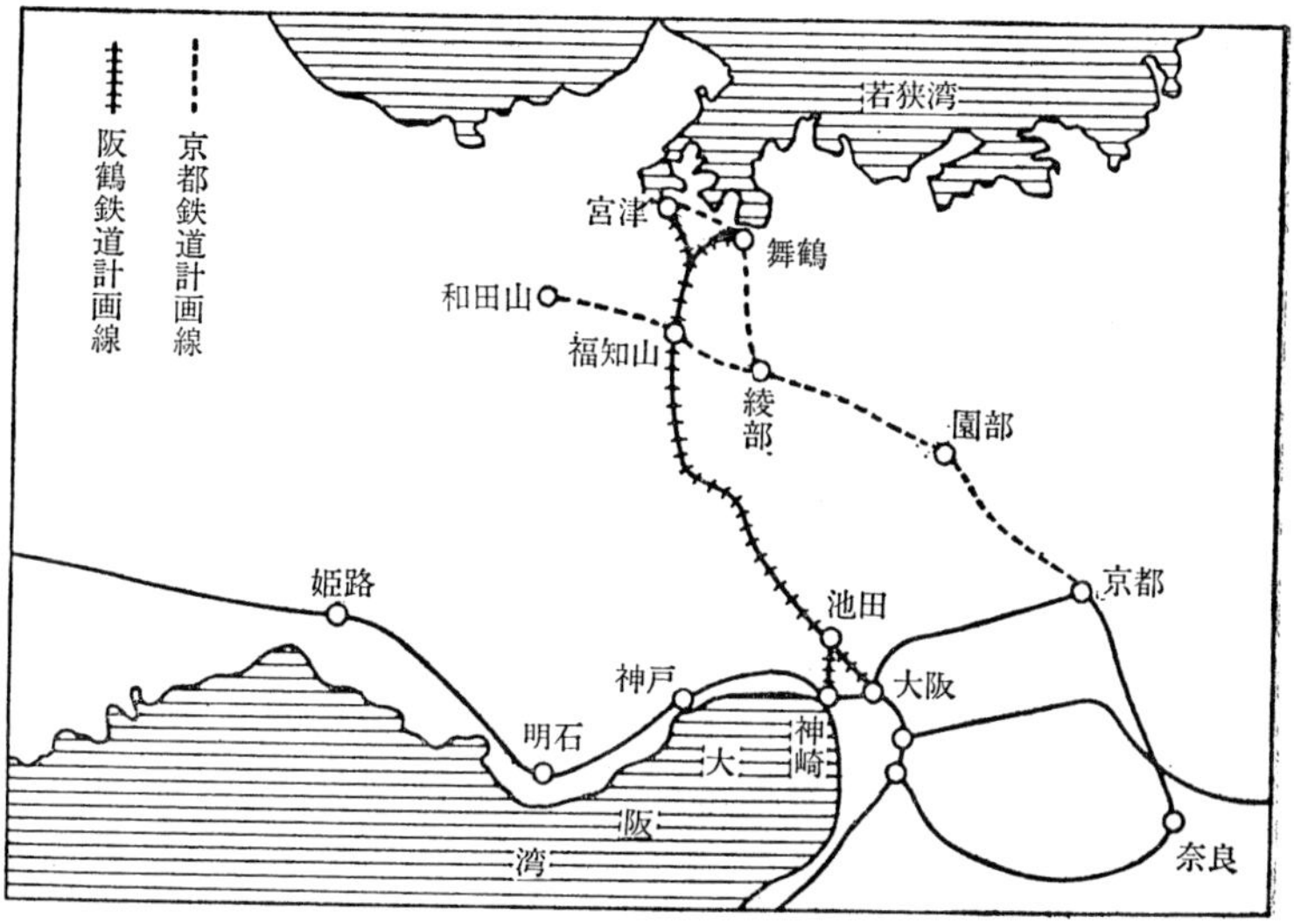

さて、京都鉄道の出願路線は「京都府下京都市ヨリ丹波ヲ経テ丹後舞鶴宮津及ヒ兵庫県下但馬和田山迄」[11]であるが、その営業見込を表示すれば〈第I-2表〉のごとくである。

第一に、営業収入の旅客・貨物別の内訳をみると、貨物収入が第一区、第二区では六〇・二パーセント、第三区でも五六・六パーセントを占めており、いずれも旅客収入を圧倒し商品流通路線としての性格を示している。次に、営業係数は第一区、第二区が三四・五パーセント、第三区が六〇・五パーセントを示し、工費に対する営業益金年利率は第一区が五・五パーセント、第二区が六・八パーセント、そして第三区が二・九パーセントと目論まれていた。なお、純益は二七九、四二一円であり、資本金五〇〇万円に対し五・六パーセントの配当率を示し、京都鉄道の支配人、取締役などを歴任した伴直之助は、この京都鉄道の路線について、「独り軍事上必要なるのみならず、正に我が国最

〈第Ⅰ-3表〉 京都～両丹地方（丹波・丹後）間貨物移出入表（但し上位10品目）

（Ⅰ） 京都より両丹地方へ移出

		生糸	絹紡績糸	木綿金巾類	西陣織物	関東織物	古着	絽糸	染呉服類	干物・塩物類	砂糖	合計	割合
丹波	亀岡			円 55,545	円 28,968	円 26,700	円 17,500	円 18,820	円 12,750	円 34,822	円 29,700	円 447,211	% 11.0
	園部			49,870	13,335	24,480	14,000	14,190	8,900	28,643	14,135	302,197	7.4
	綾部			30,709	10,218	15,225	11,500	3,950	6,600	1,200	5,060	138,057	3.4
	福知山			100,620	55,380	29,640	50,000	36,960	23,240	6,750	14,520	492,574	12.1
丹後	舞鶴	円	円	53,486	23,589	19,857	32,500	2,440	16,760	1,500		235,540	5.8
	宮津	300,000	45,000	70,457	28,008	23,631	5,000	15,185	18,650	1,050		626,087	15.4
	峰山	1,200,000	374,625	56,425	52,680	23,640	4,500	31,891	9,320	1,800	4,675	1,834,170	45.0
合計		1,500,000	419,625	417,112	212,178	163,173	135,000	123,436	96,220	75,765	68,090	4,075,836	—
割合		36.8%	10.3%	10.2%	5.2%	4.0%	3.3%	3.0%	2.4%	1.9%	1.7%	—	—

（Ⅱ） 両丹地方より京都へ移入

		丹後縮緬	米	生糸（蚕種）	薪炭	木材・板木地類	穀物類	酒	草物蔬菜干物	製茶	煙草	合計	割合
丹波	亀岡		円 489,375	円 37,700	円 88,272	円 40,115	円 72,025	円 25,200	円 13,544	円 7,200	円 8,370	円 897,860	% 17.8
	園部		195,000	40,700	71,209	70,909	12,150	17,640	13,640	15,680	22,140	487,053	9.6
	綾部			28,480		6,480				4,200		56,310	1.1
	福知山			285,800		3,585	1,565	1,260	7,735	3,750		328,816	6.5
丹後	舞鶴	円		94,800								112,650	2.2
	宮津	1,500,000		24,000								1,536,947	30.4
	峰山	1,620,000		12,000								1,632,000	32.3
合計		3,120,000	684,375	523,480	159,481	121,089	85,740	44,100	34,919	30,830	30,510	5,051,636	—
割合		61.8%	13.5%	10.4%	3.2%	2.4%	1.7%	0.9%	0.7%	0.6%	0.6%	—	—

（Ⅲ）東国より京都を経て両丹地方へ移出する蚕種

亀岡	園部	綾部	福知山	舞鶴	宮津	峰山
1,749円	3,426円	1,278円	6,959円	2,118円	5,112円	10,968円

（備考）鉄本吉太郎『京鶴鉄道調査書』，1892年，より作成。

短の距離に於て陰陽二道を串通し、近畿三丹を縦横に綴合する至要有望の線路[12]」（傍点引用者）と評価している。

それでは、この京都鉄道はいかなる商品流通関係を担うものであろうか。京都〜両丹地方間の貨物移出入状況を地域別・品目別に表示すれば〈第Ⅰ−3表〉のごとくである。

最初に、京都の両丹地方との間の商品流通関係を地域別にみると移出（六〇・四パーセント）、移入（六二・七パーセント）ともに丹後地方の宮津、峰山との結びつきが深いことがわかる。そして、京都が丹後地方より移入する貨物は丹後縮緬（六一・八パーセント）が最も多く、これにつぐのが生糸（蚕種）であり、両丹地方総計で一〇・四パーセントを占めている。すなわち「丹後縮緬は一たび必ず京都に輸入して縮緬商の手に入り、夫より染呉服、鹿之子絞、半襟等の各商に渡り、色染其他の工芸を加へ初めて各地方へ販出するものにして……略……蚕糸は京都西陣織物及糸組物等の原料となすもの多く、或は横浜港に輸出する物ありと雖も、是れ必ず京都を経過[13]」するのであった。また、京都より丹後地方へ移出する貨物は「丹後縮緬の原料とすへき生糸、絹紡績（糸）、絽糸[14]」（四八・三パーセント）の類が最も多額を占め、東国より両丹地方へ移出する蚕種も京都を経過している。

さて、前田正名『興業意見』(一八八四年)は丹後地方の景況について「殊ニ丹後ハ山岳重畳圃地に乏シク、穀菽ト雖モ多クハ他ノ輸入ヲ仰ケリ。是ニ由テカ縮緬ノ如キ織業ニ従事スル者多キヲ致ス所以ニシテ、丹後国与謝、中、竹野三郡中到ル処、投梭ノ声ヲ聞カサルハナシ(15)」と伝えているが、丹後地方は幕末以来、縮緬機業が西陣織物に対抗する農村工業(田舎端物)として一定の社会的分化を伴いつつ成長してきた機業地帯を形成している(16)。

こうして、京都鉄道は、さしあたりこのような縮緬機業の展開を軸に形成される京都〜丹後地方間の商品流通関係を市場基盤とするものであったということができる。そして、一八八五(明治一八)年、京都〜丹後間の運輸の便を計るべく「京都と丹後の縮緬商が協議のうへ(17)」峰山組貨物扱所を設置しているという事実は以上の結論を傍証するであろう。また「京都線は馬車道(宮津及京都間に開通せる)に於ける牛馬人力車等絡繹絶へず(18)」(貨物出入の現況)、「京都線街道は人力車及乗合馬車の往復絶へす(19)」(旅客通行の実況)という京都鉄道開通前の交通運輸の状況は、鉄道建設の前提としての市場基盤が既に熟していることを示唆しているようにおもわれる。

(1) 「鉄道公債法案」第一条、一八九一年一二月一四日(前掲『日本鉄道史』上篇、九四九頁)。
(2) 京都商業会議所会頭浜岡光哲「山陰鉄道ニ関スル意見書」、一八九二年三月二八日(高橋真一編『京都商工会議所史』、一九四四年、一六一頁)。
(3) 復斉寄送「京鶴線と土鶴線の競争に就て」(『神戸商業会議所雑誌』第一五号、一八九二年一一月三〇日)。
(4) 鍬本吉太郎『京鶴鉄道調査書』、一八九二年。
(5) 神戸商業会議所会頭山本亀太郎「鉄道敷設法近畿予定線中舞鶴線に関する調査書」(『神戸商業会議所雑誌』第一六号、一八九二年一二月二八日)。
(6)(7) 「京都三大事件の目的成就を祝す」(『京都商業会議所月報』第三二号、一八九四年六月二五日)。

(8) この点について詳細は、木村辰男「山陰山陽連絡鉄道の形成過程――鉄道敷設法の公布に関連して――」(『神戸学院大学紀要』第二巻第一号、一九七一年九月) を参照のこと。
(9) 宮川秀一「阪鶴鉄道の敷設をめぐって」(『兵庫史学』第四七号、一九六七年七月、一五頁)。
(10) 中野忠八「三問題と京都人士」(『京都商業会議所月報』第三二号、一八九四年六月二五日)。
(11) 「京都鉄道株式会社創立願書」(福知山鉄道管理局『福知山鉄道管理局史』、一九七二年、一四六頁)。
(12) 伴直之助「京都鉄道の過去及び未来（其一）」(『東京経済雑誌』第一〇六三号、一九〇一年一月一二日)。
(13)(14) 京都商工同盟会「京都舞鶴間鉄道敷設の義に付意見書」(『東京経済雑誌』第六五七号、一八九三年一月七日)。
(15) 農商務省編『興業意見』、一八八四年(大内兵衛・士屋喬雄編『明治前期財政経済史料集成』第一九巻、一九六四年、一五―一六頁)。
(16) 矢木明夫「農村工業の発展とマニュファクチュア」(旧版岩波講座『日本歴史』近世五、一九六二年)、池田敬正「宮津藩における藩政改革――丹後縮緬をめぐって――」(堀江英一編『藩政改革の研究』、一九五五年)、住谷悦治『丹後機業の構造分析』、一九五二年、堀江英一「近世絹織業の生産構造」(『堀江英一著作集』第二巻、一九七六年) などを参照のこと。
(17) 「峯山組貨物扱所」(『日の出新聞』、一八八五年一二月四日、『京都府百年の資料』二、商工編、一九七二年、所収、三一一頁)。
(18)(19) 永島富三郎『第一期鉄道予定線路実況』、一八九三年、一六一頁。なお、鉄道開通前の京都〜両丹地方間の交通運輸手段と経路を示せば左表のごとくである。

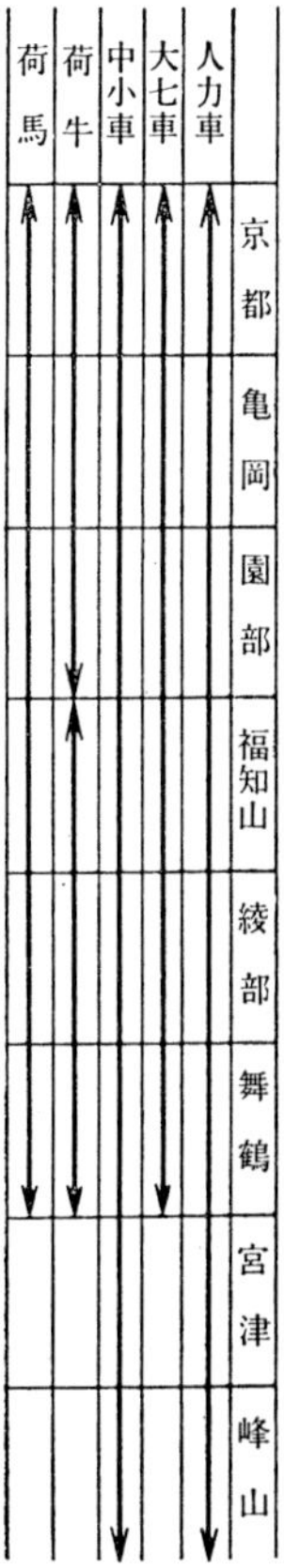

(備考) 前掲『京鶴鉄道調査書』、一八九二年、より作成。

三　京都鉄道の株主構成

京都鉄道株式会社創立の際、株式の募集は、「今や金融緩慢にして鉄道熱の如き其頂上に達す」(1)という経済界の好況を反映して、「発起人申込は非常に多く六十余名に達し、此人々は百株を最下とし引受株を申込む約束なるに既に千株を申込みし人もあり夫れより八百株七百株三百株等にて一日中に百五十六十万円の申込ありたれば発起人丈けにて二百二三十万円はあるべき勢いなり」(2)といわれるほどの活況を呈していた。そこで、ここでは京都鉄道の株主構成について若干の検討を加えることにする。

最初に、創立時（一八九五年）における株主の地域別所有株数を表示すれば〈第Ⅰ-4表〉のごとくである。株主分布が全国一九道府県におよんでいることは、第二次鉄道熱の熱狂さを示すものである。とはいえ、株主数、株式数とも総数のほぼ八八パーセントが京都、東京に集中しており、しかも五〇〇株以上の大株主にあっては、京都―三九名、東京―一六名をかぞえ、他府県では、大阪、山梨、徳島にそれぞれ一名ずつ名を連ねているにとどまる。

次に、同じく創立時における発起人株主の氏名、株数、住所および職業等を掲げれば〈第Ⅰ-5表〉のごとくである。発起人株主は、京都―九四名（八一・〇三パーセント）、東京―二二名（一八・九七パーセント）であり、全て京都および東京在住者によって占められている。そして、この発起人株主は、株主総数の一二・四六パーセント（一一六名）にすぎないにもかかわらず、株数においては総数の四六・一一パーセント（四七、〇三〇株）

〈第Ⅰ-4表〉　京都鉄道株式会社株主および株式の地域別分布（1895年）

道府県別		株主数								株主総数に対する割合	株数	総株数に対する割合
		99株未満	100株以上	200株以上	300株以上	400株以上	500株以上	1,000株以上	合計			
北海道		1							1	0.11%	25	0.02%
東北	福島	1							1	0.11	10	0.01
関東	東京	146	34	23	8	1	9	7	228	24.49	28,441	27.88
	神奈川	3		2					5	0.54	540	0.53
	埼玉	3	1						4	0.43	135	0.13
	群馬	1							1	0.11	10	0.01
東山	山梨	1					1		2	0.21	550	0.54
東海	愛知				1				1	0.11	300	0.29
近畿	京都	419	69	21	22	20	35	4	590	63.37	62,021	60.80
	兵庫	25	8	5	1				39	4.19	2,858	2.80
	大阪	9	13	4	3		1		30	3.22	4,100	4.02
	滋賀	11	9						20	2.15	1,510	1.48
	三重	1							1	0.11	50	0.05
	奈良			1					1	0.11	200	0.20
四国	香川		1	1					2	0.21	300	0.29
	徳島			1			1		2	0.21	700	0.69
	愛媛		1						1	0.11	150	0.15
山陰	島根	1							1	0.11	50	0.05
	鳥取	1							1	0.11	50	0.05
合計		623	136	58	35	21	48	11	931	—	102,000	—

（備考）「京都鉄道株式会社株主名簿」（京都鉄道株式会社『第一回実際報告』，1896年）より作成。

〈第I-5表〉京都鉄道発起人株主一覧（一八九五年）

株主名	株数	住所	職業・その他
尾崎三良	一、五〇〇	東京・麻布区	男爵、品川鉄道馬車会社(監)、宮中顧問官、貴族院議員
蜂須賀茂韶	一、〇〇〇	同・芝区	侯爵(旧阿波徳島藩主)、貴族院議員
山中利右衛門	一、〇〇〇	京都・下京区	呉服太物商、京都商工銀行(発)、近江銀行(監)
外村宇兵衛	一、〇〇〇	同・上京区	縮緬生糸商
阿部彦太郎	一、〇〇〇	同・上京区	平安銀行(代)、第一絹糸紡績会社幹事
小林吟右衛門	一、〇〇〇	東京・日本橋区	呉服太物商
岡本治助	一、〇〇〇	京都・上京区	生糸商、西陣銀行(締)、京都織物会社(発)、京都撚糸会社(代)
小室信夫	一、〇〇〇	東京・本所区	東京府士族、千寿製紙会社委員長、貴族院議員
膳平兵衛	八〇〇	京都・下京区	魚鳥商、京都貯蔵銀行(代)
大野嘉助	七〇〇	同・上京区	呉服商、平安紡績会社(代)
大原直次郎	七〇〇	同・下京区	呉服商
矢代庄兵衛	七〇〇	同・上京区	織物仲買
高田久七	六〇〇	同・上京区	縮緬・生糸・絞羽二重商、峰山運送会社(締)
竹村藤兵衛	六〇〇	同・下京区	洋反物商、衆議院議員、中京銀行(頭)、明教保険会社(締)
河鰭實文	六〇〇	東京・麻布区	子爵(旧公卿)、貴族院議員
上田勘兵衛	六〇〇	京都・下京区	西陣織物商
朝尾春直	五〇〇	同・上京区	明教保険会社(監)、京都時計製造会社(締)
大橋忠七	五〇〇	同・下京区	太物商
西村治兵衛	五〇〇	同・下京区	西陣織物商、京都商工銀行副頭取、鴨東銀行(代)
近衛篤麿	五〇〇	東京・麹町区	公爵(旧公卿)、貴族院議長
新實八郎兵衛	五〇〇	京都・上京区	小倉織、半襟商
松居庄七	五〇〇	同・下京区	呉服・半襟商
岩井八兵衛	五〇〇	同・下京区	呉服商、岩井商会、京都銀行(締)、京都生命保険会社(締)
河瀬秀治	五〇〇	東京・荏原郡	同伸会(社)、富士製紙会社(締)
田中治兵衛	五〇〇	京都・下京区	書籍朱肉商

宮本儀助	五〇〇	京都・下京区	呉服半衿商
荒川宗助	五〇〇	同・下京区	生糸商
竹花嘉兵衛	五〇〇	同・下京区	太物商、京都貯蔵銀行(頭)、京都銀行員
井上利助	五〇〇	同・下京区	呉服商、第四十九国立銀行(締)、京都商工銀行(監)
加納作之助	五〇〇	同・下京区	鹿ノ子商、第四十九国立銀行(締)
岩倉具定	五〇〇	東京・麹町区	公爵(旧公卿)、宮内省爵位局長、貴族院議長
小杉ノブ	五〇〇	京都・上京区	小杉栄次郎相続人、貸金業
堤弥兵衛	五〇〇	同・下京区	紙筆墨砂糖蠟燭商、京都時計製造会社(代)
堀五郎兵衛	五〇〇	同・上京区	油商、京都倉庫会社副頭取
辻忠郎兵衛	五〇〇	同・下京区	呉服商
沢田直七	五〇〇	同・下京区	染呉服商、平安紡績会社(締)、京都商工銀行(監)
飯田新兵衛	五〇〇	同・下京区	京都銀行(締)、京都貯蔵銀行(監)
田中源太郎	五〇〇	同・南桑田郡	京都株式取引所(監)、京都商工銀行(頭)
片山茂十郎	五〇〇	同・下京区	木綿商、第四十九国立銀行(頭)
小早川彦六	五〇〇	同・船井郡	園部商工銀行(締)、京都煉瓦会社(監)
浜岡光哲	五〇〇	同・上京区	関東貿易会社(社)、京都陶器会社(締)、京都商工銀行(締)
野尻岩次郎	五〇〇	同・北桑田郡	京都酒造会社(監)、中立貯金銀行(締)
吉田三右衛門	五〇〇	同・天田郡	福知山銀行(締)
辻重義	五〇〇	同・上京区	第百十一国立銀行(頭)
西村七三郎	五〇〇	同・上京区	京都電燈会社(委)、大阪貯蓄銀行京都支店長
竹上藤右衛門	四〇〇	同・上京区	貸金業
稲垣藤兵衛	四〇〇	同・上京区	呉服生糸商
山田定兵衛	四〇〇	同・上京区	呉服商、第四十九国立銀行(締)
山田定七	四〇〇	同・下京区	呉服商、第一絹糸紡績副頭取
杉本新左衛門	四〇〇	同・下京区	呉服・太物・茶商
芝原嘉兵衛	四〇〇	同・下京区	平安紡績会社(締)、京都株式取引所(理)、京都電気会社(監)、起業銀行(締)
池田長兵衛	四〇〇	同・下京区	質商、起業貯金銀行(締)

井山喜八	四〇〇	同・上京区	生糸商
西村嘉一郎	四〇〇	同・上京区	絹糸紡績屑物商、生糸委托販売
山田茂助	四〇〇	同・上京区	生糸商
雨森菊太郎	四〇〇	同・下京区	中外電報社員
広野定助	四〇〇	同・与謝郡	
小室佐喜蔵	四〇〇	同・与謝郡	生糸・縮緬問屋
白須庄右衛門	四〇〇	同・与謝郡	
安田仙右衛門	四〇〇	同・与講郡	縮緬商
石田与兵衛	四〇〇	同・中　郡	
寺村助右衛門	四〇〇	同・下京区	糸物商
河合太兵衛	三五〇	同・下京区	西陣織物業
湯浅七左衛門	三〇〇	同・下京区	打物商
上田リウ	三〇〇	同・下京区	呉服商
中野忠八	三〇〇	同・下京区	売薬・砂糖商
吉田利助	三〇〇	同・下京区	呉服商、第一絹糸紡績会社幹事
中村忠兵衛	三〇〇	同・上京区	京都製紙会社(頭)
中村栄助	三〇〇	同・下京区	鰹節・油商、関西貿易会社(締)、京都電燈会社(委)
大塚平兵衛	三〇〇	同・下京区	絵具商
堀川新三郎	三〇〇	同・下京区	モスリン友仙商
鈴鹿弁三郎	三〇〇	同・上京区	酒造業
土井市兵衛	三〇〇	同・加佐郡	質貸業、油絞職、有慶社社員
藤川源兵衛	三〇〇	同・上京区	呉服・縮緬商
市田理八	三〇〇	同・下京区	呉服卸商、京都株式取引所(理)、商工貯金銀行(締)、京都商工銀行(締)
中村新治郎	三〇〇	同・上京区	呉服商、平安銀行(締)
上原治郎兵衛	三〇〇	同・下京区	公債・株券仲買
河原林義雄	三〇〇	同・北桑田郡	京都米穀商品取引所(理)、京都農商銀行(頭)、京都電気鉄道会社(監)
田中数之助	三〇〇	同・南桑田郡	京都府農工銀行(代)

竹村弥兵衛	三〇〇	同・下京区	京都商工銀行(締)、京都電燈会社(委)、京都倉庫会社(締)、
山本直成	三〇〇	東京・麹町区	岩倉家々扶、第十五国立銀行(締)、日本鉄道会社(理)
田中平八	三〇〇	同・京橋区	蚕糸売込商、第百十二国立銀行(締)、田中銀行(頭)
垂水新太郎	三〇〇	京都・南桑田郡	亀岡銀行(監)
石原半右衛門	三〇〇	同・船井郡	農業
内藤徳兵衛	二五〇	同・下京区	呉服商
中村亀次郎	二五〇	同・下京区	舶来呉服商、京都養蚕会社(締)
林長次郎	二五〇	同・下京区	友禅染業
岡村嘉一郎	二〇〇	同・上京区	
熊谷久兵衛	二〇〇	同・上京区	呉服太物商、京都商工銀行(発)、京都染色会社(発)
多田佐兵衛	二〇〇	同・上京区	呉服太物商
渡辺伊之助	二〇〇	同・上京区	織物仲買
熊谷市兵衛	二〇〇	同・下京区	呉服・太物・洋服商
内貴清兵衛	二〇〇	同・上京区	織物販売業、京都商工銀行(締)、京都陶器会社(締)
秋田弥三郎	二〇〇	同・船井郡	酒造業
下村彦兵衛	二〇〇	同・下京区	呉服商
藤井源四郎	二〇〇	同・上京区	藤井紡績所
鴨脚光廸	二〇〇	東京・麹町区	第百五十三国立銀行(代)
桜井能監	二〇〇	同・神田区	宮内省書記官兼内大臣秘書官
小西有勲	二〇〇	同・麹町区	宮内省掌典
木本氏好	二〇〇	同・麹町区	
伊丹重賢	二〇〇	同・豊多摩郡	男爵、宮中顧問官
西川義延	二〇〇	京都・綴喜郡	農業
清岡公張	二〇〇	東京・芝区	子爵、宮中顧問官
能勢儀兵衛	一三〇	京都・上京区	金糸商
二条基弘	一〇〇	東京・牛込区	公爵(旧公卿)、貴族院議員
下村正太郎	一〇〇	京都・上京区	呉服商

上野宇八	一〇〇	同・下京区	京都市名誉職市参事会員
山添直治郎	一〇〇	同・上京区	京都陶器会社(頭)
白稍棟助	一〇〇	同・与謝郡	
小泉新兵衛	一〇〇	同・下京区	呉服商
久我通久	一〇〇	東京・牛込区	侯爵(旧公卿)、宮中顧問官、東京府知事
高木文平	一〇〇	京都・下京区	京都電気鉄道会社(社)
小野保知	一〇〇	東京・麴町区	岩倉家々扶
岩崎茂元	一〇〇	同・麴町区	岩倉家々扶
東久世通禧	一〇〇	同・麻布区	伯爵(旧公卿)、枢密院副議長
大倉喜八郎	一〇〇	同・赤坂区	合名会社大倉組(頭)、京都織物会社相談役

(備考) 「京都鉄道株式会社発起人株主名簿」(『鉄道院文書』)、『日本紳士録』(一八九三―一九〇三年)、京都府議会事務局『京都府議会歴代議員録』、一九六一年、その他より作成。なお、頭―頭取、締―取締役、監―監査役、発―発起人、社―社長、委―委員、代―代表者、理―理事である。

を占めている。

以上の分析から、株主および株式の京都、東京への集中度の高さが明らかとなり、それはまた、京都、東京在住株主の京都鉄道に対する支配力の強靭さを示すものである。しかし、京都鉄道の株主構成の特質を解明するためには、これら株主についてなお若干の考察を必要とする。

〈第I-6表〉は、京都在住株主の市郡別分布を表示したものであるが、京都市内在住株主が株主数で総数の三九・一五パーセント(二三二名)、株数で総数の六七・二九パーセント(四一、二八五株)を占めているのに対して、両丹地方の株主は、株主数で一六・一〇パーセント(九五名)、株数で一四・三〇パーセント(八、八六九株)を占めているにすぎない。住所不明株主が二四三名存在することを考慮するとしても、この表から京都市内在住株主の優位性、両丹地方在住株主の脆弱性を指摘できるであろう。因に、丹波地方有志者(船井

〈第I-6表〉　京都鉄道株式会社京都府下在住株主および株式の市・郡別分布（1895年）

		株主数								株主総数に対する割合	株式数	株式総数に対する割合
		49株以下	50〜99株	100〜199株	200〜299株	300〜399株	400〜499株	500〜1,000株	合計			
市内	上京区	43	15	15	6	5	6	14	104	17.62%	17,665	28.48%
	下京区	35	25	19	9	11	6	22	127	21.52	24,070	38.81
小計		78	40	34	15	16	12	36	231	39.15	41,735	67.29
丹波	船井郡	15	9		2	1		1	28	4.75	2,090	3.37
	南桑田郡	16	7			2			25	4.24	1,324	2.13
	北桑田郡					1		1	2	0.34	800	1.29
	何鹿郡	3		1					4	0.68	215	0.35
	天田郡	2	1	1				1	5	0.85	705	1.14
小計		36	17	2	2	4		3	64	10.85	5,134	8.28
丹後	加佐郡	3	1	1	1	2	1		9	1.53	1,415	2.28
	与謝郡		1	3			3		7	1.19	1,600	2.58
	中郡	6	1				1		8	1.36	605	0.98
	竹野郡	7							7	1.19	115	0.19
小計		16	3	4	1	2	5		31	5.25	3,735	6.02
その他	葛野郡	2	2	4	1				9	1.53	795	1.28
	相楽郡	2		1					3	0.51	160	0.26
	久世郡		2	1					3	0.51	200	0.32
	綴喜郡	2			1				3	0.51	250	0.40
	紀伊郡	2	1						3	0.51	120	0.19
不明		167	49	23	1		3		243	40.68	9,892	15.95
合計		305	114	69	21	22	20	39	590	—	62,021	—

（備考）「京都鉄道株式会社株主名簿」（京都鉄道株式会社『第1回実際報告』，1896年），『日本紳士録』，1893—1903年，「京都公民会人名簿」（『京都公民会雑誌』第2号，1891年10月），前掲『京都府議会歴代議員録』，その他より作成。

〈第Ⅰ-7表〉 丹波有志者「鉄道敷設願」連名人のうち株主名簿（1895年）記載者

氏名	株数	住所	備考
秋田弥三郎	200株	船井郡園部町	平民商
森田喜兵衛	15	船井郡園部町	平民商
深井佐吉	10	船井郡園部町	平民商
西田佐代吉	20	船井郡園部町	平民商
犬石藤七	200	船井郡園部町	平民商
中井将之	50	船井郡桐ノ庄村	士族
塩田多八	71	船井郡摩気村	平民農
仲 栄之助	8	船井郡摩気村	平民農
田中吾内	15	船井郡園部村	平民農
田中覚太郎	15	船井郡園部村	平民農
佐井儀右衛門	10	船井郡園部村	平民農
森甚吉	7	船井郡園部村	平民農
森安治	20	南桑田郡本梅村	平民農

（備考）『鉄道院文書』より作成。

郡―七一名、南桑田郡―二一名）は、「若シ此ノ鉄道（京都鉄道……引用者）ニシテ布設セラルヽアラハ従来ノ物産ニ正当ノ価格ヲ得セシメルハ勿論是レヨリ益種々ノ物産興起可致也……略……只吾々各町村ハ官私其他何レノ方法ニヨラルヽモ一日モ速ニ目下ノ不幸ヲ免レ進ンテ地方利益ノ増進セシコトヲ熱望スル所ニ御座候」[3]と京都鉄道の誘致に積極的な姿勢をみせるが、その中で実際に創立時の株主名簿に名を連ねるのは〈第Ⅰ-7表〉のごとく一三名にとどまり、しかも秋田弥三郎（二〇〇株）、犬石藤七（二〇〇株）を除けば、いずれも一〇〇株以下の小株主であった。また、このような京都府下在住株主の市郡別分布の特質は、〈第Ⅰ-8表〉のごとく一九〇五（明治三八）年においても指摘することが可能であり、ほぼ京都鉄道の全生涯を貫いていたものとおもわれる。

そして、〈第Ⅰ-5表〉によって京都市内在住株主の職業を発起人株主に限って抽出すれば、その多くは、呉服商、縮緬商、生糸商などの都市商人層と、「片手ニ銀行ヲ有スルノ銀行者ナルカ若クハ企業ト銀行トヲ同時ニ発起セル」[4]産業資本家層であった。前者は、京都鉄道路線に自からの営業上の利害を有する株主層であり、後者は、むしろ鉄道経営による利潤の追求を主目的とする鉄道資本としての性格を第一義的とする株主層である。

〈第Ⅰ-8表〉　京都鉄道株式会社京都府下在住株主および株式の市・郡別分布（1905年）

		株主数									株主総数に対する割合	株式数	株式総数に対する割合
		49株以下	50〜99株	100〜199株	200〜299株	300〜399株	400〜499株	500〜999株	1,000株以上	合計			
市内	上京区	57	13	10	1	1	1	1		84	12.75%	4,788	14.10%
	下京区	107	26	13	4	5	3	3	1	162	24.58	13,067	38.48
合計		164	39	23	5	6	4	4	1	246	37.33	17,855	52.58
丹波	船井郡	1								1	0.15	24	0.07
	南桑田郡	6			1					7	1.06	381	1.12
合計		7			1					8	1.21	405	1.19
丹後	加佐郡	4								4	0.61	31	0.09
	与謝郡		1							1	0.15	90	0.27
合計		4	1							5	0.76	121	0.36
その他	葛野郡	10	4		1		1			16	2.43	1,163	3.42
	久世郡	2								2	0.30	47	0.14
	紀伊郡	3								3	0.46	73	0.21
	愛宕郡	1								1	0.15	45	0.13
不明		301	42	23	6	1	2	3		378	57.36	14,251	41.96
合計		492	86	46	13	7	7	7	1	659	—	33,960	—

（備考）『京都鉄道株式会社株主名簿』，1905年，『日本紳士録』，1893—1905年，前掲「京都公民会人名簿」，前掲『京都府議会歴代議員録』，その他より作成。

次に東京在住株主についてであるが、同じく〈第I－5表〉によれば、東京在住発起人株主（二二名、九、〇〇〇株）のうち、華士族、家扶、宮内省関係者が株主数で六八・一八パーセント（一五名）、株数で六三・三三パーセント（五、七〇〇株）を占めており、華士族資本の優位性をうかがうことができる。これらの東京在住華士族層が、京都鉄道発起人株主に名を連ねるに至るいきさつについて、華士族資本の有力なメンバーの一人であった尾崎三良は次のように述べている。

「此夏（一八九三年……引用者）京都人浜岡光哲、田中源太郎其他の発起に係る京都鉄道創設のことあり。……略……東京に於ても条岩両公家を初め京都出身者の稍々頭角あるものは皆勧誘を受け、予も亦其懇請に依り発起人と為り、東京にては小室信夫専ら斡旋を為し、之が為め或は帝国ホテル、星ケ岡茶寮等に相談会あり。(5)」

すなわち、摂丹、阪鶴両鉄道との競争の中で京都鉄道の創立を進めていた発起人は、京都鉄道私設許可案の議会通過のために、京都出身の有力な東京在住華士族層に対して経済的、政治的援助を求めたのである。因に、第六帝国議会において京都鉄道私設許可案が可決されると、尾崎三良は、京都鉄道期成同盟会より「謹で積年の御尽力を感謝す(6)」という文面の謝電を受けている。

しかし、この尾崎三良は、木本氏好、河瀬秀治、鴨脚光廸らとともに、一八九五（明治二八）年の創立総会に対して「無効ノモノナリ(7)」と、異議を唱えるのであった。その主張するところは以下のごとくである。

「我々ハ今日軍国多事ノ際新事業ニ放銀スルコトハ可成差扣ヘ他日好時機ヲ待テ着手スルヲ以テ国家ノ為メ又会社ノ為メ得策ナリト信スルモノナリ……略……仮令ヘ今日京都鉄道会社ノミ此等ノ事情ヲ顧ミス強テ株金ノ払込ヲ促スコトアルモ株主ノ過半ハ今日ノ事情ヲ顧念シテ容易ニ払込ヲナサヾルヘシ然ルトキハ何程

〈第Ⅰ-9表〉　京都鉄道株式会社大株主（500株以上）の変遷

（Ⅰ）　1895年（創立時）

氏名	府県名	株数	備考	氏名	府県名	株数	備考
白根専一	東京	株 3,000	宮内省内蔵頭	大橋忠七	京都	株 500	太物商
長崎省吾	東京	1,500	宮内大臣秘書官，小松宮家令	西村治兵衛	京都	500	西陣織物商，京都商工銀行副頭取
尾崎三良	東京	1,500	男爵宮中顧問官	近衛篤麿	東京	500	公爵（旧公卿），貴族院議員
蜂須賀茂韶	東京	1,000	侯爵（旧阿波徳島藩主）	新實八郎兵衛	京都	500	小倉織・半襟商
山中利右衛門	京都	1,000	呉服太物商，京都商工銀行（発）	松居庄七	京都	500	呉服・半襟商
外村宇兵衛	京都	1,000	縮緬生糸商	岩井八兵衛	京都	500	呉服商，京都銀行（締）
阿部彦太郎	京都	1,000	平安銀行（代），第一絹糸紡績会社幹事	河瀬秀治	東京	500	同伸会（社），富士製紙会社（締）
				田中治兵衛	京都	500	書籍朱肉商
小林吟右衛門	東京	1,000	呉服太物商	宮本儀助	京都	500	呉服半衿商
岡本治助	京都	1,000	生糸商，京都織物会社（発）	荒川宗助	京都	500	生糸商
小室信夫	東京	1,000	東京府士族，千寿製紙会社委員長	竹花嘉兵衛	京都	500	太物商，京都貯蔵銀行（締）
				井上利助	京都	500	呉服商，第四十九国立銀行（締）
本庄宗義	東京	1,000	子爵（旧丹後宮津藩主）	加納作之助	京都	500	鹿ノ子商，第四十九国立銀行（締）
黒岩直方	京都	800	山階宮家令	岩倉具定	東京	500	公爵（旧公卿），貴族院議員
膳平兵衛	京都	800	魚鳥商，京都貯蔵銀行（委）	小杉ノブ	京都	500	小杉栄次郎相続人，貸金業
大野嘉助	京都	700	呉服商，平安紡績会社（代）	堤弥兵衛	京都	500	紙筆墨砂糖蠟燭商
大原直次郎	京都	700	呉服商	堀五郎兵衛	京都	500	油商，京都倉庫会社副頭取
矢代庄兵衛	京都	700	織物仲買	辻忠郎兵衛	京都	500	呉服商
藤本清兵衛	大阪	600	藤本銀行創立	沢田直七	京都	500	染呉服商，京都商工銀行（監）
高田久七	京都	600	縮緬・生糸・絞羽二重商	飯田新兵衛	京都	500	京都銀行（締），京都貯蔵銀行（監）
竹村藤兵衛	京都	600	洋反物商	田中源太郎	京都	500	京都株式取引所（頭），京都商工銀行（頭）
河鰭實文	東京	600	子爵（旧公卿）				
上田勘兵衛	京都	600	西陣織物商	片山茂十郎	京都	500	木綿商，第四十九国立銀行（頭）
有島武	東京	550	第十五国立銀行世話役	小早川彦六	京都	500	園部商工銀行（頭），京都煉瓦会社（監）
竹屋光富	東京	500	子爵（旧公卿）				
真中忠直	東京	500	東洋石油会社（締），内国通運会社（締）	浜岡光哲	京都	500	関西貿易会社（社），京都商工銀行（締）
山川幸喜	東京	500	医師	野尻岩次郎	京都	500	京都酒造会社（監），中立貯金銀行（締）
大串龍太郎	徳島	500					
中根寿福	京都	500	大谷光尊（東本願寺住職）代理	吉田三右衛門	京都	500	福知山銀行（締）
島津忠義	東京	500	公爵（旧鹿児島藩主），貴族院議員	辻重義	京都	500	第百十一国立銀行（頭）
				西村七三郎	京都	500	京都電燈会社（委）
加賀美嘉兵衛	山梨	500	甲州財閥，製糸業				
朝尾春直	京都	500	明教保険会社（監）	計 58人　39,250株（38.48%）			

(Ⅱ) 1899年

氏名	府県名	株数	備考
渡辺千秋	東京	株 3,000	男爵，宮内省内蔵頭
三谷常七	京都	1,474	濃金銀商，京都株式取引所仲買
丹羽竜之助	東京	1,400	式部官，小松宮家令
岡　半右衛門	三重	1,250	
上田作次郎	京都	1,090	京都銀行(監)，京都貯蔵銀行(監)
上田りう	京都	980	呉服商
土居重三郎	大阪	940	
加賀市太郎	大阪	790	株式仲買
加賀栄三郎	東京	780	東京株式取引所仲買
小室三吉	東京	700	三井物産上海支店支配人
八尾新助	東京	600	書籍商，活版印刷業
高木又次郎	大阪	586	両替商
北村善次郎	京都	530	呉服商
有島武	東京	500	第十五銀行(締)，日本郵船会社(監)
島津忠済	東京	500	公爵，貴族院議員
六鹿清治	京都	500	株式仲買人
浜岡光哲	京都	500	関西貿易会社業務担当社員
西村治兵衛	京都	500	呉服商，京都商業銀行副頭取
大原直次郎	京都	500	関東呉服商，京都商工銀行(監)
田中源太郎	京都	500	京都倉庫会社(監)，貴族院議員
山崎庄兵衛	和歌山	500	山崎銀行(頭)
島津珍彦	鹿児島	500	島津忠重(公爵)後見人
計 22人　18,620株 (18.25%)			

(Ⅲ) 1905年

氏名	府県名	株数	備考
渡辺千秋	東京	株 2,700	男爵，宮内省内蔵頭
平沼専蔵	神奈川	4,203	横浜銀行(頭)，金叶貯蓄銀行(頭)
平沼八太郎	東京	2,709	横浜銀行(締)，金叶貯蓄銀行(締)
平沼専蔵	神奈川	2,700	平沼久三郎後見人
川村治郎兵衛	京都	2,100	呉服商
平沼延治郎	神奈川	1,899	横浜銀行(締)，金叶貯蓄銀行(締)
馬場金助	東京	1,800	横浜銀行(締)
須賀甚蔵	神奈川	1,800	銀行員
長谷川常次郎	東京	1,503	
岩本栄蔵	大阪	1,350	両替商
丹羽竜之助	東京	1,260	宮内書記官
根津嘉一郎	東京	943	帝国石油会社(社)，房総鉄道(締)
峰田清造	神奈川	765	金叶貯蓄銀行(監)
板倉喜太郎	東京	621	
大川金七	京都	570	正絹商
六鹿清治	京都	552	株式仲買人
田中源太郎	京都	540	京都商工銀行(頭)，京都織物会社(締)
大原直次郎	京都	500	京都商工銀行(監)，呉服商
田中まさ	京都	500	田中源太郎の妻
田中春吉	京都	500	
田中数之助	京都	500	亀岡銀行(締)，京都府農工銀行(締)
計 21人　30,015株 (33.35%)			

(備考) 「京都鉄道株式会社株主名簿」(京都鉄道株式会社『第一回実際報告』，1896年)，『京都鉄道株式会社株主名簿』，1899年，「京道鉄道株式会社株主名簿」(『鉄道省文書』，1905年)，『日本紳士録』，1893—1905年，その他より作成。なお，(頭)—頭取，(締)—取締役，(監)—監査役，(発)—発起人，(社)—社長，(委)—委員，(代)—代表者である。また，合計欄における(　　)内数字は，全株式数に対して500株以上大株主が占める株式数の割合である。

＜第Ⅰ-10表＞　500株以上大株主に占める京都在住株主・東京在住華士族層の割合

年　次	京都在住株主				東京在住華士族層			
	株　数	割　合	株主数	割　合	株　数	割　合	株主数	割　合
1895年	23,700株	60.4%	39名	67.2%	11,600株	29.6%	11名	19.0%
1899年	6,754	35.3	9	40.9	4,900	26.3	3	13.6
1905年	5,762	19.2	8	38.1	3,960	13.2	2	9.5

（備考）＜第Ⅰ-9表＞より作成。

急速ニ成立セシメントスルモ急ニ実効ヲ見サルノミナラス会社ハ未タ生出セサルニ先ツ非常ノ困難ニ陥リ株主ノ損失実ニ容易ナラスト信ス」(8)（傍点引用者）

ここに、われわれは「配当目的でなければ、せいぜい株式の値上りを待って売却するというキャピタル・ゲインを目的とする」(9)という東京在住華士族層の出資の意図をうかがうことができるのではなかろうか。

以上、京都鉄道の創立時における株主構成を検討してきたが、次にこの株主構成の変遷について概観しておこう。

＜第Ⅰ-9表＞は、五〇〇株以上の大株主の年次別構成を表示したものである。創立時（一八九五年）に、五〇〇株以上の大株主として名を連ねていた東京在住華士族層は、一八九九（明治三二）年には全く姿を消しており、京都在住株主も全期間を通じて五〇〇株以上大株主に名を連ねているのは、田中源太郎、大原直次郎の二名にとどまっている。さらに、＜第Ⅰ-10表＞は、前表から東京在住華士族層、京都在住株主別に、五〇〇株以上大株主総数に占める株主数、株数の割合を表示したものであるが、いずれもその割合は漸次低下している。そして、これらの株主にかわって有力な株主として登場してくるのが、横浜貿易商から銀行資本へと成長した平沼専蔵を中心とする横浜銀行、金叶貯蓄銀行関係者である。一九〇五（明治三八）年には、一四、〇七六株（四六・九〇パーセント）を占め、平沼専蔵は筆頭株主（六、九〇三株）であった。

＜第Ⅰ-11表＞ 京都鉄道株式会社役員の変遷

	1895年	1898年	1901年	1903年	1904年
社長	小室信夫	浜岡光哲	田中源太郎	田中源太郎	田中源太郎
取締役	小室信夫 中村栄助 田中源太郎 有島武 浜岡光哲	渡辺洪基 中村栄助 田中源太郎 有島武 浜岡光哲	今村清之助 中村栄助 伴直之助 有島武 西村治兵衛	滝兵右衛門 中村栄助 伴直之助 有島武 西村治兵衛	滝兵右衛門 中村栄助 伴直之助 有島武 西村治兵衛
監査役	田中市兵衛 今村清之助 山中利右衛門	田中市兵衛 今村清之助 中村忠兵衛	田中市兵衛 寺村助右衛門 河原林義雄	田中市兵衛 平沼延治郎 河原林義雄	渡辺伊之助 平沼専蔵 河原林義雄
支配人	伴直之助	伴直之助	伴直之助	伴直之助	伴直之助
備考	1895年2月就任。（但し，同年3月伴直之助支配人就任）	1898年6月取締役社長小室信夫死去，同年7月渡辺洪基取締役就任，取締役浜岡光哲社長就任，監査役山中利右衛門辞任，中村忠兵衛監査役就任。	1901年5月取締役社長浜岡光哲辞任，田中源太郎社長就任，取締役渡辺洪基死去，同年7月取締役中村栄助辞任，今村清之助，西村治兵衛取締役就任，伴直之助取締役兼任，監査役中村忠兵衛辞任，寺村助右衛門・河原林義雄監査役就任。	1902年9月取締役今村清之助死去，同年10月監査役寺村助右衛門辞任，1903年1月滝兵右衛門取締役就任，平沼延治郎監査役就任。	1904年7月監査役田中市兵衛・平沼延治郎辞任，平沼専蔵・渡辺伊之助監査役就任。

（備考） 日本鉄道省『日本鉄道史』中篇，1921年，p.512，より作成。

また、〈第Ⅰ-11表〉は京都鉄道の役員構成の変遷を示したものであるが、先の株主構成の変遷と相俟って一九〇三（明治三六）年の平沼延治郎の監査役就任、一九〇五（明治三八）年の平沼専蔵の監査役就任などが注目される。また、創立以来一貫して役員として京都鉄道の経営に携わっていたのは、田中源太郎、中村栄助、西村治兵衛などの「京都在住の実業家」(10)と有島武および伴直之助であった。

以上、創立時における京都鉄道の株主構成は、浜岡光哲、田中源太郎を中核とする京都在住実業家と東京在住華士族層とによって構成されていた。しかし、創立に際しての資本調達を、鉄道を投資の対象としてのみ捉えている中央の華士族資本にかなりの程度依拠していたことは、京都在住株主の資本力の弱さをものがたっており、事実、その支配力は次第に失われていくのであった。

かくて、丹後縮緬機業の展開を市場基盤としながらも、京都鉄道は株主構成においてその脆弱性を暴露し、既に破綻する可能性を有していたのであった。

(1) 前掲、中野忠八「三問題と京都人士」。
(2) 「京都鉄道会社」（『大阪経済雑誌』第六号、一八九三年七月二一日）。
(3) 「鉄道敷設願」、一八九四年（『鉄道院文書』）。
(4) 浜岡光哲「鉄道起業許否ノ緩急ニ対スル意見」、一八九六年（『京都商業会議所月報』第六三号、一八九七年一月三一日）。
(5) 尾崎三郎『尾崎三郎自叙略伝』下巻、一九七七年、一九頁。
(6) 同前、二六頁。
(7)(8) 「京都鉄道株式会社各発起人へ通告書写」、一八九五年（『鉄道院文書』）。
(9) 伊牟田敏充前掲論文、一〇三頁。

(10) 中西健一前掲書、七一頁。

四　京都鉄道速成運動の展開とその破綻

一八九五（明治二八）年下期より九六年にかけて企業熱の「最も熾んなりし時代」(1)も、九七（明治三〇）年には早くも沈静期に入り、鉄道建設の進捗は、「第一期線ニ就キマシテハ夫々既定ノ計画ニ従ヒマシテ事業ノ進行中デアリマスガ経済界ノ変動物価ノ騰貴ニ依リマシテ其予算ノ変更ヲ加ヘナケレバナラヌ事情ガアリ……略……又既ニ許可ヲ得マシタ私立鉄道デアリマスガ是亦経済界ノ変動ニ依リマシテ既ニ得タル免状ヲ返附スルモノ免状ノ下附ヲ延期シテ貰ヒタイト云フモノガ段々アルヨウナ次第」(2)と大幅な後退を余儀なくされた。そして、京都鉄道もその例外にとどまり得ず、伴直之助はこの時期の京都鉄道について以下のごとく述べている。

「京都鉄道は国家枢要の線路なるか故に、速成の実を挙けんと欲し、全線同時に工を起すの計画を立て……略……然れ共経済界の形勢は此の計画の遂行を許さず、加ふるに京都鉄道も亦官設に係る他の第一期線の運命を免かるゝ能はず戦捷後物価、労銀倶に奔騰して底止（ママ）する所を知らず、二十六年発起当時の予算は着手の時に至りて、全く齟齬を生じ、全資本金五百拾万円を以てするも、尚且（京都〜園部間を開通したのみで……引用者）京都舞鶴間を成工する能はざるに至れり」(3)

すなわち、京都鉄道は一八九七（明治三〇）年に京都〜嵯峨間の営業を開始し、九九（明治三二）年には園部まで営業路線を延長するが、園部以西の路線建設をなしえないまま頓挫してしまったのである。

このような状況を打開せんとして京都鉄道会社は、園部以西未成線に対し、一八九九（明治三二）年六月、補給利子下付の請願（「自余の線路は四ヶ年にして成工すべきことを約し、之が建設費に対し、一ヶ年五朱の割合を以て、五ヶ年間、総計百五拾万円の補給利子を下附せられ度し」[4]）、さらに翌一九〇〇（明治三三）年六月には補助金下付の請願（「三ヶ年にして全線を開通すべきを約し、其の年々の建設支出額に対し、年六朱の割合を以て七ヶ年間、合計金参百四拾弐万九千円の補助金を下附せられん」[5]）を行っている。しかし、これらの請願は、ともに折からの鉄道国有化案が抬頭する中で、「官設工事として之（園部以西未成線……引用者）を敷設すべし」[6]という政府の方針から却下され、ついに会社は一九〇〇（明治三三）年一一月の臨時株主総会において、「政府の御内諭に従ひ未成線の全線を返還すること」[7]を決定するのであった。

しかるに、この未成線の返還をめぐって京都鉄道会社の主張と政府の見解との間に、若干の（しかし、決定的な）対立が生じる。伴直之助は、これを「線路返還に関する一波瀾」と題して以下のごとく報じている。

「政府は之を諒し京鉄未成線全部の返還を受くることに同意せられ、未成線布設の為め京鉄会社の買収せし用地并に材料（金四拾四万余円）を買収することに同意せられ、又京都園部間既成線を買収することに同意せられたるも、園部味方（綾部）間は福知山舞鶴間と同時に着手することは如何あるべき乎、之を詳言すれば福知山舞鶴間と同じく園部味方間を明治三十四年度の建設費予算中に編入せらるべき歟否や、茲に至りて政府は大に考慮を要すべき問題なりとして容易に之を明言せられざるなり」[8]（傍点引用者）

すなわち、京都鉄道会社が線路返還の稟請をした際、「当社未成線路中園部味方（綾部）間味方舞鶴間及舞鶴余部間並に味方福知山間は同時に着し速成せらるゝこと」[9]（付滞条件第一項）と園部以西未成線全線の速成を主張したにもかかわらず、政府は園部〜綾部（味方）間の鉄道建設の速成については同意を表しないのである。換言すれば、政府は軍事的意図から京阪地方を舞鶴軍港に連絡する鉄道建設を第一義的な目的とするが、その場合、「国家財政ノ未タ豊富ナラサルノ今日ニ当テ決シテ多キヲ望ムモノニアラス本線路中ノ一部福知山舞鶴間ノ速成ヲ得ハ則チ足ル[10]」と、専ら財政的理由から福知山〜舞鶴間の鉄道建設を重点的に指向し、阪鶴鉄道（一八九九年、大阪〜福知山間開通）路線による大阪〜舞鶴間の連絡をはかるのであった。このような政府の鉄道建設方針は、京都〜舞鶴間鉄道の速成を希望する京都鉄道の容認するところとならず、園部以西未成線の速成は「（京都……引用者）市会、府会、市参事会及商業会議所等の問題となり[11]」、ここに京都鉄道速成運動が展開する。

京都鉄道速成運動は、一九〇〇（明治三三）年六月五日、京市倶楽部に市内各団体の代表者が集合して「京都鉄道速成の件」について協議したことに始まる[12]。そして、同年一二月八日の京都商業会議所臨時会員会議では高木文平、藤村岩次郎、富田半兵衛、西村吉右衛門、堀五郎兵衛らの五名が京都鉄道速成委員に選定され[13]、これら京都財界の主要メンバーを中心に京都鉄道速成運動が本格的に推進されるのであった。

京都鉄道速成運動は、その初期においては、「第一ニハ京都鉄道会社ヲシテ鉄道ノ敷設権ヲ政府ニ返上スルコトヲ止メシメ第二ハ京都市自カラ補給利子ヲ給スルモ此鉄道ヲ敷設セシムルコト[14]」とのいわば京都鉄道自主建設論ともいうべき積極的な議論が展開されている。因に、伴直之助も「政府をして京都府若くは市の限地公債を発行せしむる[15]」こと、あるいは「市府自ら公債の募集に応じ其額面と市価との差金を市府より支出する[16]」ことを「京都鉄道速成方案」として掲げている。

しかしその後、京都商業会議所は、一九〇二（明治三五）年、二度にわたって「京都鉄道急設ニ関スル建議」を政府にあてて提出するが、そこでは以下のごとく京都鉄道官設論が主張されていた。

「政府ニ於テ亟カニ此未成線ヲ完成スルノ手段ヲ講セラレンコトヲ若又政府ニ於テ財政ノ都合ニ依リ近ク完成ヲ期スルコト能ハストセバ京都鉄道株式会社ノ請願ヲ聴ルシ（ママ）此際相当ノ補助金ヲ下附セラレ以テ該線路ヲ急設セシメラレンコトヲ」(17)

「政府ハ須ラク今期予算ニ於テ該建設経営費ヲ財政企画ニ施措セラレ亟カニコレカ完成ヲ計ルニ努メラレンコトヲ」(18)

また、京都鉄道会社も、一九〇二（明治三五）年、「建設費ニ対シ起工以後向フ十ケ年間毎年六朱ノ割ヲ以テ補助金ノ御下付ヲ仰度奉存候」(19)と補助金の下付を政府に請願している。

かくして、前述の京都鉄道自主建設論は後景にしりぞいて、官設論、補助金下付請願論が抬頭している。そして、京都鉄道速成に対する地元資本の主体性は著しく減退してきていたのである。

しかしながら、園部〜綾部間は未成のまま、福知山〜舞鶴間鉄道が一九〇四（明治三七）年三月、「閣議に於て遂に速成に決定し」(20)、同年一一月、開通するに至ったのである。そして、この間の事情については、第一四回鉄道会議において犬塚勝太郎が以下のごとく述べている。

「而シテ只今ハナゼ福知山舞鶴間ヲ急設スルカト云フト、是ハ所謂財政上ノ経費ノ都合カラ出ルモノデゴザイマシテ、此園部味方間ニハ鷲谷ト云フ険岨ノ所モアッテ、其間ノ費用ハ四百何十万円、殆ンド此度出テ居リマス予算以上ニモ騰リマス位ノ多額ノモノニナルノデアリマス、ソレデ此等ノモノヲ併セテ敷設スルト云フコトハ今日ノ財政上到底許シマセヌノデ、先ヅ南北ノ海ヲ連絡致シマスニ比較的経済上廉イ線路ヲ取リ、即チ此所ニ掲ゲテアリマス区間ヲ速成致シマシテ刻下ノ必要ニ応ジヤウ……略……ト云フ考カラ本項ノ如キ予算ガ提出ニナツタ訳デアリマス」(21)

すなわち、日露開戦を控えて、「舞鶴ニ軍港ガ出来ルトイウコトデアリマスカラ、此京都線ヲ京都ナリ若クハ大阪ナリカラ接続スルト云フコトハ日一日ト急ヲ増シ」(22)と軍事的必要から京阪地方と舞鶴軍港を結ぶ鉄道建設の緊要性はますます増大するが、主として財政上の理由から福知山〜舞鶴間の鉄道建設を重点化し、阪鶴鉄道路線（大阪〜福知山間）と繋げ、大阪を舞鶴軍港に連絡したのである。

以上、京都鉄道速成運動は、その運動を担う主体の脆弱性と相俟って、なによりも軍事的観点からの政府の鉄道建設重点化政策のもとで破綻するにおよんだのである。

こうして、園部〜綾部間は未成のままにおわり、京都鉄道は創立時の計画路線を完成しえず、その営業状況は〈第I-12表〉にみるごとく漸次悪化の傾向を辿る。該表について若干の検討を試みれば、次のとおりである。

まず（一）貨物収入は、創立時における起業目論見においてほぼ六〇パーセントを占めていたにもかかわらず、それを大幅に下回っている。これは、園部〜綾部間未成のため、京都〜丹後間の商品流通路線としての機能が害われたためである。そして、（二）営業係数も一九〇一（明治三四）年以降は次第に悪化している。次に、（三）配当率は、一八九七（明治三〇）年の五パーセントを最高に、その後は二、三パーセント前後の間にとどまっており、最後に、（四）株価は、一八九八（明治三一）年以降、最高株価においてさえ払込額を下回っている。

さて、京都鉄道会社は、一九〇七（明治四〇）年、鉄道国有に関して逓信大臣宛に陳情書を提出するが、そ

<第Ⅰ-12表>　京都鉄道営業状況

年次	営業収入(A) 旅客収入		貨物収入		雑収入	合計	営業費(B)	営業係数(B/A)	配当金 金額	年利	株価 払込額	最高	最低	平均
	円	%	円	%	円	円	円	%	円	%	円	円 銭	円 銭	円 銭
1896年(上)												23.50	12.50	18.00
(下)														
1897年(上)	36,581	72.0	121	0.2	14,137	50,839	64,807	127.5			20	25.50	15.20	20.35
(下)														
1898年(上)	47,674	71.0	2,144	3.2	17,326	67,144	34,877	51.9			20	12.00	6.00	9.00
(下)														
1899年(上)	83,612	78.9	11,405	10.8	11,016	106,033	50,846	48.0			33	24.25	12.50	19.80
(下)														
1900年(上)	148,950	70.1	36,802	17.3	26,742	212,494	77,041	36.3						
(下)											38	25.00	16.80	20.90
1901年(上)	164,314	71.6	45,932	20.0	19,334	229,580	96,908	42.2			38	24.50	14.10	19.36
(下)														
1902年(上)	165,154	68.5	52,316	21.7	23,608	241,078	111,389	46.2	61,200	3.2	38	23.70	20.00	21.85
(下)									56,000	2.9	38	22.80	20.00	21.40
1903年(上)	153,058	67.7	55,547	24.6	17,380	225,985	105,688	46.8	55,080	3.2	38	22.40	19.20	20.80
(下)									49,500	2.9	38	21.00	17.00	19.00
1904年(上)	120,494	68.6	47,040	26.8	8,017	175,551	87,490	49.8	45,000	2.6	38	19.44	15.50	17.47
(下)									31,500	1.8	38	19.50	14.40	16.95
1905年(上)	120,406	61.4	55,689	28.4	20,153	196,248	91,098	46.4	45,000	2.6	38	19.50	15.00	17.25
(下)									40,500	2.4	38	22.00	15.00	18.50
1906年(上)	147,512	64.0	61,186	26.5	21,952	230,650	119,481	51.8	45,000	3.2	38	24.10	20.00	22.05
(下)									45,000	2.6	38	29.00	21.80	25.40

(備考)　京都鉄道株式会社『実際報告』第1,2回（1895年，1896年上半期），同『営業報告書』第4回（1897年上半期），第6回（1898年上半期），第11回（1900年下半期），第14—23回（1902年上半期—1906年下半期），福知山鉄道管理局『福知山鉄道管理局史』，1972年，p.161，より作成。

〈第Ｉ-14表〉 京都鉄道建設費に対する営業益金年利率

年　次	割　合
1897年	3.4‰
1898	1.7
1899	1.7
1900	4.0
1901	3.9
1902	3.8
1903	3.5
1904	2.5
1905	3.0
1906	3.2

(備考) 前掲『福知山鉄道管理局史』, p. 161. より作成。

〈第Ｉ-13表〉 京都鉄道資産総額に占める建設費の割合

年　次	総　額	建　設　費	割　合
1895年	5,108,190円	114,411円	2.2‰
1896年(上)	5,110,346	370,922	7.2
(下)			
1897年(上)	5,229,729	1,014,382	19.4
(下)			
1898年(上)	5,221,654	2,126,379	40.8
(下)			
1899年(上)			
(下)			
1900年(上)	5,272,866	3,759,110	71.3
(下)			
1901年(上)			
(下)			
1902年(上)	5,259,022	3,783,947	72.0
(下)	5,117,451	3,417,438	67.0
1903年(上)	4,731,824	3,420,519	72.3
(下)	4,673,685	3,451,532	73.9
1904年(上)	4,660,928	3,478,754	74.6
(下)	4,662,652	3,483,925	74.7
1905年(上)	4,651,718	3,453,214	74.2
(下)	4,652,895	3,455,689	74.3
1906年(上)	4,729,183	3,455,260	73.1
(下)	4,724,739	3,456,919	73.2
1907年(上)	4,736,983	3,457,623	73.0
(下)	4,698,297	3,457,921	73.0

(備考) 京都鉄道株式会社『実際報告』第1, 2回(1895年, 1896年上半期), 同『営業報告書』第4回(1897年上半期), 第6回(1898年上半期), 第11回(1900年下半期), 第14—25回(1902年上半期—1907年下半期) より作成。

こで、このような営業悪化の要因を以下のごとく分析している。

「会社ノ鉄道ハ創業ノ際ヨリ陸海軍当該官憲ノ内諭モアリ国家的観念ニ駆ラレ微力ヲ顧ルノ遑ナキニ至リ、其発程ニ於テ嵐峡ノ峻嶮アリ大堰ノ激流アルニ拘ラズ万艱ヲ排シテ工事ヲ遂行シ線路面ヲ水上四十呎以上ニ築キ勾配ハ百分ノ一ヲ最急トシ隧道穹窿ノ全径ハ之ヲ十五呎トシ保津川橋梁ノ如キハ二百八十呎一張ノ鋼桁ヲ架シテ橋柱ヲ用ヰズ、停車場ノ主要ナルモノハ大規模ヲ以テ計画シ二条停車場ノ如キハ約二万五千坪ノ地積ヲ占メ又都会附近即チ京都嵯峨間ノ如キハ将来ニ於ケル土地買収ノ困難ヲ慮リ複線ノ余地ヲ存シテ用地ト為シタル等勉メテ広軌式ニ準シ施設シタレハ之カ為巨額ノ建設費ヲ要シ峨峨亀岡間ハ一哩三十三万五千余円ヲ費シタリ」(23)（傍点引用者）

かくて京都鉄道の営業悪化の要因の一つは、市場の要求に先駆けて政府の軍事的要請に応えるべくして支出された膨大な建設費に求められる。事実、〈第I-13表〉のごとく建設費は、一八九七（明治三〇）年以降急速に増大し、その全資産額に占める割合も一九〇〇（明治三三）年下期以降は、一九〇二（明治三五）年下期に若干低下するとはいえ、七〇パーセントを越えている。さらに、建設費に対する営業益金年利率は、〈第I-14表〉のごとくであり、当時の私鉄平均八・九パーセント(24)（一九〇五年）を大幅に下回っている。

かくて、京都～丹後間の商品流通に市場基盤をおく京都鉄道は、京都の社会的、経済的利益を促進するという立場から、京都財界をあげて展開された速成運動にもかかわらず、園部～綾部間はついに未成のまま一九〇八（明治四一）年の国有化をもって一四年間にわたる経営史の幕を閉じるのであった。そして、このような京都鉄道の全生涯を貫いて規定したものこそ、京都鉄道の市場的要請を超越したところの政府の軍事的意図に基

づく鉄道建設重点化政策にほかならなかった。(25)

(1) 東洋経済新報社『明治金融史』、一九一二年、二一九頁。

(2) 『第一一回鉄道会議議事速記録』第一号、一八九九年、二頁。

(3)〜(7) 前掲、伴直之助「京都鉄道の過去及び未来（其一）」。

(8) 伴直之助「京都鉄道の過去及び未来（其二）」（『東京経済雑誌』第一〇六三号、一九〇一年一月一二日）。

(9) 前掲、伴直之助「京都鉄道の過去及び未来（其一）」。

(10) 「京都鉄道速成ノ義稟請ノ件加佐郡長へ照会案」、一九〇二年一月二二日（『京都鉄道ニ関スル書類』）。

(11) 前掲、伴直之助「京都鉄道の過去及び未来（其二）」。

(12) 「京鉄速成に就て」（『京都商業会議所月報』第一〇四号、一九〇〇年六月二五日）。出席者は、堤弥兵衛、松盛徳三郎（以上公友会）、古川吉兵衛、児玉伊右衛門、木村与三郎、西川吉兵衛、高木文平（以上京市倶楽部）、中野忠八（鴨友会）、安原文次郎（実業協会）、西村仁兵衛（実業会）、大沢善助、藤井孫六（以上茶話会）の一二名で次のことが決定されている。

一、京都鉄道速成を期する為め同団体に於て勢援を与ふる事に尽力する事

一、各団体に於て二名づゝの委員を選定する事

一、委員決定の上は京市倶楽部へ通知する事

(13)(14) 『京都商業会議所月報』第一一〇号、一九〇〇年一二月二五日。

(15)(16) 伴直之助「京都鉄道速成の方案」（『東京経済雑誌』第一〇八八号、一九〇一年七月六日）。

(17) 京都商業会議所「京都鉄道急設ニ関スル建議（請願）」（『京都商業会議所月報』第一三三号、一九〇二年一月三〇日）。

(18) 京都商業会議所「京都鉄道急設ニ関スル建議」（『京都商業会議所月報』第一四二号、一九〇二年八月一〇日）。

(19) 京都鉄道株式会社「京都鉄道補助金下附請願書」（『京都鉄道ニ関スル書類』）。

(20) 「舞鶴線速成に決定す」（『鉄道時報』第二三四号、一九〇四年三月一二日）。

(21) 『第一四回鉄道会議議事速記録』第二号、一九〇二年、一四頁。

(22) 同前、一二頁。

(23) 前掲『日本鉄道史』中篇、五一〇頁。

(24) 富永祐治『交通における資本主義の発展――日本交通業の近代化過程――』、一九五三年、一八四頁。

(26) 京都鉄道の生涯を規定した軍事的契機について、第一四回鉄道会議での堀田正養氏による興味深い発言があるので、以下長文ではあるが紹介しておこう。

「全体此京都鉄道ノ許可ト云フコトニ附テハ、前ノ川上議長ノ頃ニナカ〳〵ヤカマシイコトデアツタト思ヒマスガ、陸軍ノ方ニハ大ニ必要アル線路デアルト云フコトデ、京都カラ舞鶴間ト云フモノニ附テハナカ〳〵ヤカマシカツタ鉄道デアル、然ルニ其当時ハ既ニ軍事上必要デアルト云フコトデアツテ是ハ予定線ノ中ニ組ンデアル、ソレヲ其当時ハ京都ノ私設鉄道会社ニヤラシテ宜イト云フコトニナツテ即チ是ハ必要ノ線路デアルケレドモ京都鉄道会社ニ予定線ノ中ヲ許可サレタノデアリマス、然ルニ今日ニナツテ俄カニ是ガ至急ノ必要ガアルカラト云ツテ、僅カ三四年ノ間ニ驟カニ其様ニ急ナ必要ガ起ツテ今日一日モ早クドウシテモ官設ニシナケレバナラヌト云フ理由ハ何レノ点カラ起ツタモノデアルカ、斯ノ如ク必要ナル線路ナレバ無論三四年前ニ私設ニ許可スルニ及バヌノデ、無論官設ニシテヤルベキ線路デアリマスガ、今度ハ福知山マデノ間ヲ官設ニスルト云フコトガ出タノデスケレドモ、是ガ許可ニナル当時ハ阪鶴鉄道ト京都鉄道ト二ツアリマシテ、ドウシテモ京都カラ舞鶴ヘ往カナケレバナラヌト云フ陸軍省アタリノ御説デアツタ、ソレデ軍事上等ヨリドウシテモ阪鶴ヨリ京都ノ方ガ宜イト云フノデ京都舞鶴ヲ許スコトニナツタノデアリマスガ、詰リ園部カラ京都ヘ出ル間ハ工費ノ点ニ至リテモ、舞鶴カラ福知山マデ掛ルダケノ費用ガ四百万ノモノナレバ矢張四百万円位ハ掛ルト考ヘル、ソレ等ハ姑ク閣テ、当分ハ此阪鶴鉄道ヲ利用スルト云フコトニナルト、最初京都カラドウシテモ舞鶴ヘ達スルト云フノガ、所謂軍事上ノ必要デアルト云フ其方ニ少シ縁ガ遠クナツタヤウニ考ヘマスガ、是ガドウ云フ理由デ至急ニ官設ニシナケレバナラヌト云フコトニナツタノデアリマスカ」（傍点引用者、前掲「第一四回鉄道会議議事速記録」第二号、一一―一二頁）

しかし、この京鶴ルート（京都鉄道）から阪鶴ルート（阪鶴鉄道）への転換をもたらした要因も、既述のごとく軍事的契機にほかならなかったのである。

五　おわりに

日本資本主義における鉄道建設の基本線は、「第一に、軍義的＝保安的意義をもって、そして第二に産業的＝市場開発的意義をもって(1)」なされ、従来の研究史は、これをもってわが国鉄道発達史の顚倒性を指摘してきた。しかも、この産業的＝市場開発的意義は、明治絶対主義政権の軍義的＝保安的意義に矛盾せぬ限りで、否、むしろそれを産業構造、貿易構造において支えるものとして、換言すれば、明治政府の主導する輸出産業育成、貿易伸長をめざす殖産興業政策のもとで「日本資本主義の拡大再生産について海運（国際的商品流通）を国内的に補完するための第二次的存在として(2)」確保されるのであった。いうまでもなく、これは、自生的経済発展の脆弱性と世界市場への強制的編入という条件のもとで、工業化を推進しなければならないというわが国資本主義の特質にもとづくものである。

本章で分析したように、京都鉄道の建設をめぐる動向を終始貫いているのは、シベリア鉄道の開通という事態を目前にして、ツァーリズム・ロシアに対抗しうる軍備拡張を達成するという明治絶対主義政権の政策目標であった。すなわち、軍備拡張とそれを支えるための殖産興業（輸出振興）を政策基調とする「日清戦後」経営期において、京都鉄道は、丹後縮緬機業の展開を市場基盤としながらも、該産業が輸出産業として機能しない限りにおいて、少くとも市場的意義は鉄道建設の第一義的要因とはならなかった。

かくして、日清戦争後の第二次鉄道建設時代は、第一次のそれとは異って、全国的鉄道体系の完成が日程に上り、そこには産業資本の一定の発展という条件を見い出しうるが、しかし、軍事的要請が先行するという鉄道建設の顚倒性が貫徹しているのであった。

（1）　小林良正『日本産業の構成——その形式、発展過程の分析——』、一九三五年、一六六頁。
（2）　宇田正「わが国鉄道事業経営史における政府と企業——『鉄道政略』の展開過程——」（『経営史学』第六巻一号、一九七一年一〇月、一三七頁）。

第Ⅱ章　地方鉄道の建設と市場構造

第一節　八王子における鉄道建設の動向

一　はじめに

明治一〇年代末より二〇年代初頭のいわゆる「民間企業勃興期」は、これを鉄道網の発展に即してみると、地方産業の一定度の成熟を基盤に自生的な私有鉄道の展開がみられ、産業資本確立期の前提としての国内市場形成の過程でもあったといえる。(1)(2) 田口鼎軒「先づ日本鉄道の全案を立つべし」(一八八九年)、(3) 佐分利一嗣『日本之鉄道』(一八九一年)(4) など、地方産業の開発を意図した全国的な鉄道体系が立案されていることは、この時期の鉄道建設が、国内市場の形成という課題を担わざるを得なかったことを示す指標の一つたり得るものとおもわれる。(5)

事実、一八八三(明治一六)年の日本鉄道第一区線(上野〜熊谷間)の開業を嚆矢とする私有鉄道の発達は、その開業路線において一八八九(明治二二)年を画期に官設鉄道のそれを凌駕し、しかもこれらの私有鉄道は貨物市場においてとくに官設鉄道を圧倒している。こうしてみると、この時期の鉄道企業熱をたんに「近来流行ノ鉄道病ニ罹」(6) った投機的なものと一括して断定することは不適当であり、これらの中には多かれ少なかれ地方産業の一定の成熟を基盤とした商品流通の展開に照応し、国内市場の形成・拡大を指向するような鉄道建設計画を推察することができるのである。

だが、問題はこのように指摘するだけでは不十分である。なぜなら、日本資本主義成立期における鉄道網形成の固有の特質が問われるならば、国内市場の形成・拡大一般を指摘するにとどまらず、その歴史的性格が日本資本主義発達史の構造的特質（＝「型」制）との関連で明らかにされなければならないとおもわれるからである。

周知のごとく、一八五八（安政五）年の開港を契機として否応なしに国際分業関係の中にくみこまれ、明治政府の主導する殖産興業政策のもとにきわめて急速に、しかも高度に工業化せざるを得なかった日本資本主義は、対外的側面（外国貿易関係）が多かれ少なかれ優位を占め、対内的側面（内部市場＝分業関係構造）を制約ないし規定する跛行構造型後進資本主義という特色を鮮明にしながら展開する。(7) すなわち、開港による世界市場への連繋は、自由貿易の破壊作用をもたらし、輸出貿易を発条とする蚕糸業の突出的発展という商品経済の不均等発展をひきおこし、国内の社会的分業関係のバランスを外側から攪乱するのである。そして、このような開港を契機とする新たな流通機構（輸出につながる商品生産・流通）の展開は、幕府の江戸問屋による市場・貿易支配を内部的に破綻せしめるのであった。このような中でかわって成立した明治政府は、廃藩置県によって藩を解体するとともに、中央集権的な全国市場の形成に着手する。通商司の設置、商法司の廃止（一八六九年）は、市場政策が幕藩体制を前提とする全国的流通機構の再編から、外国貿易の展開にもとづく農民経済の進展に照応した新たな流通機構の形成へと転換したことを意味する。そして、それは廃藩置県を経た後の生糸売込会社（一八七三年設立）を頂点とする流通機構（いわゆる売込商体制）の成立へと連らなり、明治一〇年代にはともかくも在来産業の全面的破壊、国内市場の解体をまねくことなく、国内市場の従属的再編を達成するのである。(8)

明治一〇年代末より二〇年代初期の鉄道建設は、以上のような脈絡に沿って把握されなければならない。

さて、一般的に後進国への鉄道の導入は、既にマルクスが指摘しているように、輸出産業の発展を促進し、その国民経済の形成をきわめて跛行的なものとする。わが国においては、当時最大の輸出品は、生糸をはじめとする蚕糸類であるが、谷暘卿「駆悪金以火輪車之議」[9]（一八七〇年）において、はやくも蚕糸業地帯と首都東京を結ぶ鉄道建設（「東京ヨリ奥ノ福島ニ、信ノ上田ニ以テ二路ノ鉄道ヲ通ジ」）が構想されており、また両毛鉄道の建設に多大な貢献をなした田口鼎軒が、前橋での演説「生糸及鉄道」（一八八八年）において、「論者、必ず云はん、生糸と鉄道とは其関係なし、……略……是れ未だ鉄道の性質を知らざるものなり。……略……思ふに当地諸君は鉄道の開設以来生糸に如何なる影響を与へしやを実験せられたるならん。……略……余は実に鉄糸政略を執るものなり」[10]（傍点引用者）と生糸輸送手段としての鉄道の性格を簡潔に表現していることは、まずもって注目されてよい。明治一〇年代末より二〇年代初期の関東地方における鉄道建設の動向は、基本的には蚕糸業地帯と首都東京とを放射状に連結し、東京〜横浜間官設鉄道（一八七二年開業）によって開港場横浜へ結びつけるという鉄道網形成の構想の具体化であった。すなわち、「此等物産（生糸、織物……引用者）ノ産出地ハ我関東諸州殊ニ両野武信ノ間ニ散在セルモノトス、是ニ於テ此等諸州ト東京市若クハ横浜湊トノ交通ヲ謀リ、以テ旅客貨物ノ速達ヲ自在ニスルハ今日ノ最急務ニシテ、従来日本鉄道第一区若クハ第二区線又ハ両毛線ノ如キ因ヨリ此目的ヲ達スルニ庶幾カラント信ス」[11]のであった。

本節では、以上のような問題関心を踏まえて、「鉄道を敷くときには、すでに市場構造やその在り方がもう問題になっていて、交通手段一般として問題になっているのではない」[12]という視点から、幕末・維新期における新興の農村工業の発展（養蚕―製糸―織物業という社会的分業の一定度の発展）を背景として展開する商品生産・流通にもとづく社会的分業の結節点をなし、かつ横浜を媒介として外国市場と結ばれていた八王子をめぐる鉄道建設の動向を検討することを課題とする。

(1) ここでは、さしあたり一定の商品生産・流通の発展を基礎とする市場展開にもとづく私有鉄道というほどの意味に解しておきたい。

(2) 一般的に、後進資本主義国における鉄道建設の意義は、先進資本主義国におけるそれが産業革命の総括もしくは仕上げとして、道路網および水路網によってすでに形成されていた国内市場を内部的により密度を濃くする方向に作用したのに対して、産業革命の前提としての国内市場の形成＝再編を促進したといわれる（北条功「ドイツ産業革命と鉄道建設」、高橋幸八郎編『産業革命の研究』、一九六五年、所収、を参照されたい）。

(3) 鼎軒田口卯吉全集刊行会『鼎軒田口卯吉全集』第四巻、一九二八年、三六四―六六頁。

(4) さしあたって、富永祐治「明治二十年代の鉄道論議」（大阪商科大学『経済学雑誌』第七巻第六号、一九四〇年一二月）を参照されたい。なお、佐分利一嗣『日本之鉄道』が発表されるとすぐに、田口鼎軒の従弟で両毛鉄道の役員の経歴をもつ伴直之助が「佐分利一嗣君の著『日本之鉄道』を評論す」（『東京経済雑誌』、第五七四―七七号、一八九一年五月三〇日、六月六日、六月一三日、六月二〇日）を著わしており興味深いものがある。

(5) とはいえ、これはわが国における鉄道建設の軍事的・政治的意義（山田盛太郎『日本資本主義分析――産業資本確立期の再生産構造――』参照）を否定するものではない。

(6) 井上勝鉄道局長官「内陳書」、一八八七年三月（日本鉄道省『日本鉄道史』上篇、一九二一年、六六三頁）。

(7) 大塚久雄編『後進資本主義の展開過程』、一九七三年（第一部第一章、大塚久雄「総説――後進資本主義とその諸類型――」、同第三章、水沼知一「『日本資本主義論争』における『国民経済』問題」）、および水沼知一「明治後期における生糸輸出の動向――問題発見のための予備的検討――」（『社会経済史学』第二八巻第五号、一九六三年三月）、同「外国貿易の発展と資本の輸出」（『日本経済史大系』近代下、一九六五年）、同「昭和恐慌(一)――恐慌期における対外貿易関係と養蚕・製糸業の動向――」（隅谷三喜男編『昭和恐慌――その歴史的意義と全体像――』、一九七四年）

などを参照されたい。
(8) 海野福寿『明治の貿易——居留地貿易と商権回復——』、一九六七年、を参照のこと。
(9) 前掲『日本鉄道史』上篇、一九二一年、二七—三〇頁。
(10) 田口鼎軒「生糸及鉄道」(前掲『鼎軒田口卯吉全集』第四巻、三二三—三八頁)。
(11) 「毛武鉄道株式会社発起ノ趣旨」、一八九五年八月一三日(渋沢青淵記念財団竜門社編『渋沢栄一伝記資料』第九巻、一九五八年、三一四頁)。
(12) 交通史学会主催座談会「産業革命と鉄道の問題——主としてドイツ、イギリスの場合を中心として——」(『交通文化』第三号、一九六四年三月、九頁)。

二 明治前期八王子の商品流通と馬車輸送の展開

『八王子新誌』(第四号、一八八五年三月)に「八王子者在武之南多摩郡一名桑都養蚕枢要之地人口稠密少耕農多織工故商業日盛」とあるが、これは明治前期の八王子が養蚕、製糸、織物業の社会的分業の結節点としての位置にあり、それゆえ商業も活況を呈していたことを示唆している。

明治前期の八王子地方は、「農家の耕稼上に於ける利益の配分は上田一反の収穫米を二石とし地主小作人各々其半額を得而して小作人は其代価十分の七を作男に分与す又上畑一反の収穫を麦或は大豆一石六斗と見積り其代価の内より先づ金三円を引去り小を小作人より地主に納め其残額を十分し亦其七分を作男に給すざれば年に豊凶ありと雖も田地に在ては地主、小作人、作男の三者皆其所得の割合を仝ふし畑田にては地主の所得のみ毎年異なるなく小作人と作男との損益は大に豊凶に関係ある者なり」(1)といわれているような地主制の展開を示し、「当地及び近傍の重なる物産は織物、生糸、繭等にして其一ヶ年産出の価金概計織物は二百五十余万円糸繭合わせて二百余万円に下らす」(2)という製糸・織物業を中心とする農村工業地帯としての性格を色濃く示していた。

製糸業は、「長沼村の田代平兵衛中野村の萩原彦七此二人は各百人繰の器械を有し拝島村の島田次郎右衛門は廿五人繰の器械を有す是れ皆水車器械なり而て当駅の矢島文七は三十人繰の人力機械を有せり……略……其他坐繰器械十基内外を有する者十五六名に下らず」(3)という景況を示し、織物業においては「其梅沢(久二郎……引用者)氏の如きは機二十五基を備へ他は十二三基乃至五六基を備ふ而て其最も少き者は僅に三四基あるのみ……略……織屋の機数甚だ少き者あるは駅内の裏店或は諸村の農家に賃機なる者(織屋より糸を付与し手間賃を出して織らしむる者也)あるに由る故に織屋の盛否は其資本の大小に関し機数の多少は必すしも与からず」(4)という景況を示していた。そして、製糸・織物工女は、五―七年の年季奉公で八王子およびその近傍の相州地方から供給され(5)、原料繭は「未だ当地方の供給を以て其需要に充たすに足ず之を当国入間、高麗の二郡及相州高座、愛甲、津久井の三郡甲州山梨、都留の二郡等に仰」(6)いでいた。

このことから、直ちに明治前期八王子の商品生産の発展段階について断定することは必ずしも適当とはおもわれないが、部分的にマニュファクチュアや賃機を生みつつある小営業の成熟期といって大過ないであろう(7)。

そして、このような養蚕、製糸、織物業の社会的分業の一定度の展開を基礎に、八王子には織物市場五か所(横山宿に三か所、八日市宿に二か所)、生糸市場二か所(横山、八日市両宿に各一か所)および生糸検査所一か所が成立し、織物の販売先は東京―四分、関西―五分、他の各地―一分であり(8)、生糸の総産額は二四〇万円(七万二

〈第Ⅱ-1表〉　八王子における卸売商・仲買商の推移

取扱商品	1885年		1886年		1887年		1888年	
	卸売	仲買	卸売	仲買	卸売	仲買	卸売	仲買
呉服	2	8	2	8	2	8	2	8
生糸	20	25	20	27	25	40	25	45
蚕種及繭	10	10	10	10	10	25	10	30
米穀類	3	23	3	23	5	24	5	24
醤油	3		3		4	2	3	3
酒	4	5	4	5	4	5	4	5
魚	5		5		5		5	
茶	3	4	3	4	3	4	3	4
菓子類	8		8		8		8	
鉄器	2		2		2		2	
鉄鋼	1		1		1		1	
小間物	4	6	4	6	4	6	4	6
西洋小間物	2		2		3		3	
木材							2	
青物		5		5		5		
鶏卵								

（備考）『神奈川県統計書』，1885—88年より作成。

千貫目）で、そのうち一四〇万円が横浜を通じて海外へ輸出され、残りの一〇〇万円が八王子の織物原料として消費されていた。[9] 因に、一八八五（明治一八）年より八八（明治二一）年までの八王子の取扱商品別卸売商、仲買商の数の推移を示せば〈第Ⅱ-1表〉のごとくであり、生糸仲買商の顕著な増加が注目される。

かくして、「抑八王子ノ市場タルヤ、生糸織物ヲ最トシ、繭及炭等之ニ次ク、実ニ津久井・愛甲・高座・西南北多摩ノ六郡及ヒ山梨県下ノ販売場ニシテ各品一回此市場ニ上リ、或ハ上ラザルモ、運輸多クハ此地ヲ経過シ、而後東・西京横浜及ビ其他ノ地方ニ輸搬シ、又米塩其他日需用品ハ各郡及ビ東京神奈川等ヨリ八王子ニ輸シ、而テ津久井郡及山梨或ハ遠ク長野県下ニ陸送ス」[10] という状況を現出し、八王子は、武・相・甲・信州の養蚕、製糸、織物業地帯[11]の商品生産と商品流通にもとづく

〈第II-2表〉　東京〜八王子間馬車輸送の展開

名　称	出願人(営業人)	出願年月日	認可年月日	中継所	馬車の種類及運行馬車数	輸送物品	所要時間	備　考
甲州街道馬車会社	東京府士族 宮井　宗玄 室田　嘉一	1872年 8月31日	1872年 10月25日	1か所 (場所不明)	2頭立、両府より毎日各2輛	郵便物および一般貨客	4時間	
	八幡宿 榎本　繁蔵 番場宿 矢嶋九兵衛	1878年 4月30日		4か所 国領宿 高井戸宿 内藤新宿 柴崎村	1匹4輪馬車往復	乗客	4時間	甲州街道番場宿より東京美土代町まで
田島軒		1879年頃				一般貨客		
商盛社		同上				同上		
	東京府下 高山　幸助	1880年 5月19日	1880年 5月29日	1か所 高井戸	1頭牽荷馬車	同上		

（備考）　東京都『東京市史稿』市街篇，第53巻，1963年，同第61巻，1969年，山梨県立図書館『山梨県史』第7巻，1964年，八王子市史編纂委員会『八王子市史』上巻，1968年，より作成。

社会的分業の結節点であり、この意味であたかも「内国全体の大坂に於る如[12]」き様相を呈していたのである。

このような八王子をめぐる交通路は、日野、府中を経て東京に至る甲州街道と槍（鑓）水、木曽、原町田、河井の諸村を経て神奈川に出で横浜に達する横浜街道の二路が開けており[13]、明治一〇年代には馬車輸送がかなりの活況を呈し、明治一〇年代末より二〇年代初期の鉄道建設の前提をなしていた。

甲州街道東京〜八王子間にはじめて馬車輸送の営業が出願されたのは一八七二（明治五）年のことであり、

その後の馬車輸送の主なものを示せば〈第Ⅱ-2表〉のごとくである。そして、明治一〇年代末（一八八五年）の東京～八王子間における馬車輸送の展開の状況については、『東京経済雑誌』が以下のごとく伝えている。

「東京八王子間は路程十二里にして甲州街道中平坦連綿第一の地なり而して此の街道に往来運搬を要する旅客及び荷物は山梨全県下と長野県の幾分となり左れば其の旅客や貨物や固より少しとせず是に於て但馬軒、松静舎両会社の成立せるあり各々本店を八王子に置き支店を東京に設け日々時間を定めて馬車を通行せしめ以て専ら旅客貨物の便を謀れり而して其の需要供給の釣り合ひ曽て過不足を生せず随ひて其の賃銭も高からず又た低くからず主客互に其の利を同くせしが此の頃八王子軒と云へる一会社の新に設立ありしかば頓に需要供給の権衡を失ひ三社相ひ争ふて旅客貨物を吸引せざるべからざることとはなれり是に於て乎始て競争起り甲者賃銭を引き下ぐれば乙者は割引を為し丙者亦た之に倣ひ遂に十二里間一人の客賃二十銭に至れり豈に廉ならずや夫れ競争は経済世界の常体にして人力の敢て制止し得べきに非らざれは我們は其の筋に於て間に入り周旋する等の事は自然の道理に抵衡して反て害を為すことを信ずるものなれば飽くまで自然の興廃に委せられんことを請ふものなり。(14)」

このように、東京～八王子間の馬車輸送は「経済世界の常体」（＝競争原理）が成立しうるまでの活況を呈していたのであるが、当時の東京～八王子間運送貨物および旅客数量を示せば〈第Ⅱ-3表〉のごとくであり、「当時同地（八王子……引用者）を発着する車輛は、荷馬車のみにても一日上下各五十台の多きに達し、其の一日の輸送能力一万貫乃至一万二千五百貫に及(15)」ぶほどであった。

一方、八王子より原町田を経て横浜に達する横浜街道の馬車輸送は、一八七五（明治八）年神奈川県知事中

〈第Ⅱ-3表〉　東京〜八王子間運送貨物及旅客調査

	年　間	一日平均
諸荷物	112,967頓	309日頓5分
乗合馬車	29,565輛	87輛
（乗客人数）	118,260人	348人
人力車	156,205輛	428輛
（乗客人数）	152,205人	417人

（備考）『東京経済雑誌』第348号，1886年12月25日，より作成。

島信行によって以下のごとく上申されている。中島は、八王子〜横浜間の商品流通（絹織物、生糸など）の活発なることを指摘し、しかしながら八王子より原町田を経て横浜に至る「道路嶮岨ニテ人力車ノ往復モ出来兼」、距離的にみても不利な八王子〜東京〜横浜というルートで商品流通が展開されている現状を憂えて、八王子より原町田を経て横浜に直結する馬車道を開通し、あわせてわが国経済の発展をはかることを願い出ている。[16] この馬車道は、甲信地方の蚕糸業地帯をヒンターランドとする八王子市場を開港場横浜に直結することを主眼としたものであるが、それは、馬車道開通費用醵集の配分（横浜—二万円、信甲両州—一万円、八王子—一万円）[17]が示すように、甲信地方および八王子の利害にかかわるばかりでなく、むしろ横浜の利害が優先するものであった。八王子をめぐる運輸改良（＝鉄道建設）——（一）井上鉄道局長官の「鉄道布設拡張之儀ニ付上申」[18]、（二）甲武鉄道（八王子〜新宿間）、（三）武蔵鉄道（八王子〜川崎間）——問題が日程にのぼるのはまさにこのような時期（一八八六年）であった。[19]

以上のように、明治一〇年代末には、八王子と京浜地方との間の生糸を基軸とする商品流通関係を基盤として、鉄道建設の問題が提起される——それは、まさに田口鼎軒の鉄道建設の前提としての「養生の地」（＝経済的下部構造）の成熟を踏まえた市場的要請にもとづくという意味で自生的な鉄道であるが[20]——に至るのであるが、同時にこの時期は、明治政府の政策的指導によって、横浜売込商による流通独占（＝生産者支配）としての売込商体制が確立する時期でもあった。

(1)〜(6)「武州八王子の景況」(『東京経済雑誌』第五二―五三号、一八八一年二月一五日、二月二二日)。

(7) 正田健一郎「八王子周辺の織物・製糸」(地方史研究協議会編『日本産業史大系』四、関東地方編、一九五九年)を参照のこと。

(8)(9) 河合辰太郎「八王寺《ママ》産業視察記」、一八八六年(『多摩文化』第一三号、一九六三年五月、四頁)。

(10)「運輸の不便」、一八八一年(八王子市史編纂委員会『八王子市史』下巻、一九六八年、八九七頁)。

(11) 各地方の農業生産に占める蚕糸関係品の割合は次表のごとくである。

	蚕糸類	米		蚕糸類	米
長野	四四・〇%	三八・〇%	埼玉	三四・九%	五九・四%
山梨	四九・三%	四五・〇%	神奈川	三九・三%	三五・二%

(備考) 農商務省編『興業意見』、一八八四年(大内兵衛、土屋喬雄編『明治前期財政経済史料集成』第一八巻―二、一九六四年)より作成。

(12) 前掲「武州八王子の景況」。

(13) 同前。なお、水運については「駅下に一水あり浅川と名く源を安下山に発し小仏高尾等の渓水を受け下流多摩川に合す水量名の如く運輸の用を為すに足らず……略……往時高瀬舟を浮べんと試みたれとも遂に行きざりしと云ふ……略……其水運ハ到底望むべからざる者の如し」(傍点引用者)とある。

(14)「東京八王子間の時間馬車競争す」(『東京経済雑誌』第二九三号、一八八五年一一月二八日)。

(15)「東京八王子間運送貨物及旅客調査」(『東京経済雑誌』第三四八号、一八八六年一二月二五日)。なお、田口鼎軒は東京〜八王子間の馬車輸送の展開を踏まえて、さらにこれを甲府まで延長し、甲州をも上州、横浜とならんでわが国の経済発展の一大中心地とすることを提言しているが、あわせて注目されるべきである(田口鼎軒「甲州街道論」、一八八〇年、前掲『鼎軒田口卯吉全集』第四巻、所収、一二頁、同「甲州街道」、同「甲府の資本」、『東京経済雑誌』第二四号、一八八〇年四月一〇日)。

(16) 神奈川県立図書館『神奈川県史料』第一巻、一九六五年、三一頁。なお、八王子〜原町田〜横浜間の馬車道開設は、

西長沼の製糸家田代半兵衛、松木村の製糸家井草孝保などによっても試みられている（前掲『八王子市史』上巻、八九七―九八頁）。

(17)「横浜八王子間の道路」（『東京経済雑誌』、第一一五号、一八八四年五月二四日）。

(18) 前掲『日本鉄道史』上篇、五五七―六二頁。

(19) なお、河合辰太郎前掲報告書には、八王子の運輸改良について「扨て又其物産を運搬するの通路は、東京との間は頗る平坦にして毎日十二回の馬車往復ありて極めて利便なり、而して横浜との間は山壑多くして通行便ならず、其海外輸出の為めに運送する製絲は常に馬背を藉ると云ふ。又山梨県の界には有名なる小仏峠の険峻あるを以て往復実に困難なり今若し該道路は東京との間には鉄道を敷設し、横浜との間には、馬車道を開き、山梨県との間には小仏峠を開鑿せば該地方は今より幾層の富を増進するなるべし」（二頁）とある。

(20) 内田義彦「日本資本主義と局地的市場圏――田口鼎軒の鉄道論――」（有沢広巳・東畑精一・中山伊知郎編『経済主体性講座』第七巻、歴史Ⅱ、一九六〇年）を参照のこと。

三　甲武鉄道と武蔵鉄道

甲武鉄道は、はじめ「国家富饒ヲ溝スルハ物産ノ繁殖ヲ計ルニ若ハナシ而シテ之カ振興ヲ望ムハ運輸其他ノ便ヲ開クヘキハ勿論ニシテ」(1)という立場から「織物其他内地日用ノ品物ヲ産出スルコト不少矧ンヤ現今海外輸出品ノ要部ヲ占ムル生糸産地中ニ於テ屈指ノ地ナル」(2)八王子を東京に連絡する目的で計画された馬車鉄道が、蒸気鉄道に変更され、「京浜間及ひ赤羽品川間の鉄道に連絡して重もに甲信地方より輸送する貨物を運搬する見込」(3)をもって建設されたものである。

一方、武蔵鉄道は、「従来横浜・八王子間ノ道路タル頗ル嶮悪ニシテ、運輸交通ノ便ナキガ為メ、管下三多摩郡ハ勿論、山梨県下等ヨリ輸出スル所ノ生糸、織物其外ノ物産ヲ横浜港へ運搬スルニ、従来一旦之ヲ東京ニ迂回シ、然ル後再ビ横浜ニ回漕スルノ大不便ヲ免レズ、商業上最モ不利益ノ点多キヲ以テ、今鉄道ヲ八王子・川崎間ニ布設セバ八王子・横浜間ノ交通ハ忽チ開通シ、前述ノ不便不利ヲ免ルルノミナラズ、該鉄道ハ京浜間官設鉄道ニ接続スルヲ以テ東京・八王子間ノ交通モ充分ノ便益ヲ得一挙両得ノ策ナリ」[4]と、甲武鉄道に対する競願という関係で、八王子〜横浜間の運輸の便をはかることを第一義的な目的としたものである。そして、これは武蔵鉄道建設の積極的な推進者であった横浜の生糸売込商原善三郎が、後に自からの半生を回顧して「総ての便利を与へて全国の生糸を此地（横浜……引用者）に集め忍ひ得る権利と利益とは之を割て世界の商売を此地に招き横浜を以て世界生糸の中心市場たらしめ世界生糸の繁栄を横浜に壟まらにせんと期したるなり即ち余輩の下半期は此目的を以て終始一貫して今日に至れるものなり」[5]と述懐していることからも容易に推測されるように、生糸市場八王子と開港場横浜との最短経路を直結し、生糸輸出の増大をはかるという意図をもつものであった。

ところで、この甲武・武蔵両鉄道の競願問題に、実は成立期日本資本主義の国内市場形成の特質が反映されており、それを解明することが本節の課題ともいえる。清水保吉著「八王子鉄道論」、および山県有朋の建議「汽鑵車鉄道布設之件」がその糸口を与えてくれるとおもわれるので、さしあたってこれらの検討から論を進めたいとおもう。

清水保吉はその著「八王子鉄道論」において、（Ⅰ）新宿線（甲武鉄道）と（Ⅱ）川崎線（武蔵鉄道）とを比較検討したのち、「以上陳述スル処ヲ以テ見レハ距離工費工事営業ノ四点ヨリ観察ヲ下ストキハ無論第二線（川崎線……引用者）ヲ可トス而シテ単ニ商業上ニ就テハ東京ノ商業ヲ害スルトノ説アレドモ之ニ対スル横浜ノ繁盛

甲武鉄道および武蔵鉄道路線略図

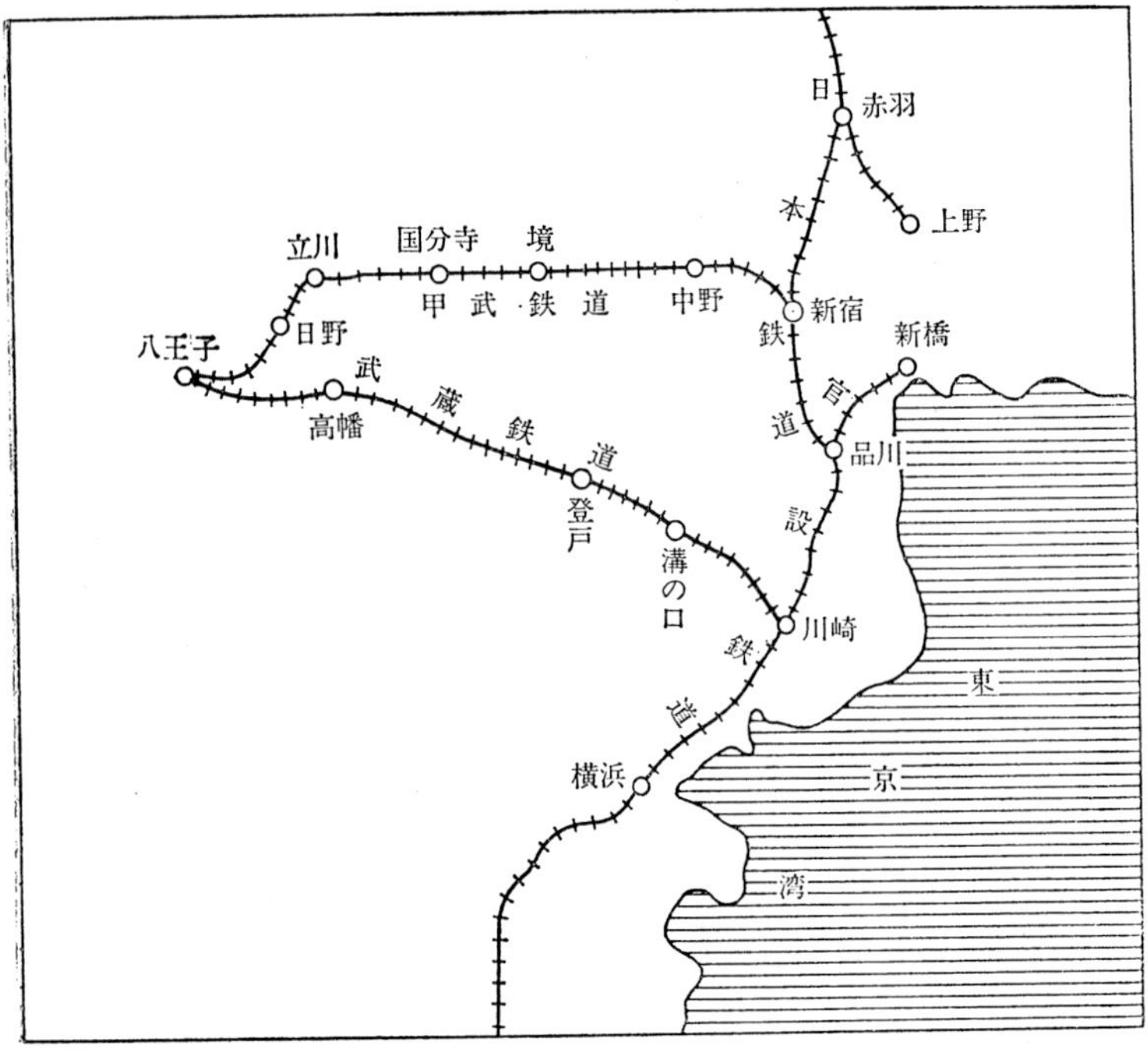

ヲ来スノ利アリ」(6)と結論し、商業上の比較に関して以下のごとく述べている。

「八王子地方幷ニ山梨県郡内ヨリ輸出スル処著大ノ物品ハ生糸幷ニ絹布ニシテ多クハ海外ニ輸出シ他ハ上方地方ニ売捌クモノナリ然ルニ上方幷ニ田舎地方ニ八王子絹ヲ売捌クニ旧慣アリ一旦東京著名ノ呉服屋ノ手ニ交附シ其店ノ商標ヲ附シ各地ニ輸送スト云ヘリ如斯ハ一時ノ姑息ニシテ文化ノ進ムニ従テ次第ニ消滅シ八王子店ノ商標ヲ以テ満天下ニ八王子絹ヲ流布セシムルハ八王子商家の奮発ト勉励ニ由テ得ラルヽモノナリ此事ニ付テハ東京ノ商権ノ幾分ヲ害スルナルベシ八王子幷ニ郡内地方ニ輸入スル物品ハ米酒醬油其他雑貨ニシテ是迄多クハ東京ヨリ輸入セリ然

ルニ右物品ハ東京ニ於テ産出スルニアラズ又製造スルニアラサルナリ川崎或ハ横浜線ノ成立スルニ於テハ酒類ノ如キハ摂州或ハ勢州又ハ尾州等ヨリシ米ノ如キハ稲毛ヨリスベシ是亦幾分ノ東京商権ヲ害スルモノナリ青梅飯能所沢等ノ木綿ハ其原物海外ニ仰キ製造ノ後又海外ニ輸出スルモノ少ナカラズ田舎地方ニ供給スルモ少許ニアラザルナリ是亦川崎線或ハ横浜線ノ成立ニ因テ東京ノ商権ヲ害スルナリ其他狭山ノ茶ノ如キ亦同一ナリ之ヲ要スルニ新宿線ノ成立スルニ於テハ東京商権ニ於テ左迄妨害ナラザルモ川崎或ハ横浜線ノ成立ニ依テ其幾分ヲ害スベシ之ニ反シ地方則チ産地ニ於テハ幾分ノ利益ヲ増進スルベシ之ト共ニ横浜ノ利益モ少ナカラザルベシ」(7)（傍点引用者）。

清水保吉は、八王子および郡内地方より輸出される生糸、絹布に注目しつつ、新宿線（甲武鉄道）を採用する場合は、旧来の東京の問屋を結節点とする商品流通機構は維持される。これに対して川崎線（武蔵鉄道）を採用する場合は、旧来の商品流通機構にかわって、開港場横浜を結節点とする新たな商品流通機構が成立し、東京の商権は妨害を受けるが、逆に生産地および横浜の利益は増大すると指摘する。さらに同氏は、鉄道建設の意義を「要スルニ運搬ノ便ヲ開キ殖産ノ道ヲ起スニアリ」(8)と把握した上で、川崎線の採用により八王子と横浜を直結することは、東京の衰頽にもかかわらず横浜の繁栄をもたらし、「而シテ此繁盛ハ東京ニ生スル衰頽ヨリ寧ロ大ナルモ決シテ小ナラザルヲ信スルナリ」(9)として、川崎線（武蔵鉄道）の採用を支持するのであった。そして、このような清水の主張の背後には、「日本ノ通商首都ハ他日横浜ニ移スニ至ルカモ知ルヘカラス」(10)という横浜＝通商首都論、すなわち横浜を結節点とする市場圏形成の構想が存していたのであった(11)。

この清水保吉の「八王子鉄道論」に対して、鉄道技術官僚である渡辺洪基は「強チ横浜ニ直輸スルヲ以テ貿易商業ノ得タルモノト云ヒ難シ」[12]として反論を展開するのであった。渡辺は、この八王子〜新宿間と八王子〜川崎間の路線選定問題を「線路ヲ確定スル一段ニ至リテハ商業上ニ大関係ヲ有スルモノニ付決シテ軽卒ニ論スヘカラス」[13]と重視し、清水保吉「八王子鉄道論」とは全く逆に、むしろ八王子〜新宿間の路線を採用すべきであると主張するのであった。渡辺の論旨は多岐にわたっているが、八王子、郡内地方から横浜へ輸送される主要な貨物である輸出生糸については「生糸ノ価ハ甚タ高貴ナルモノナレハ譬ヘ線路ヲ東京ニ取ルトスルモ為メニ増加スル運搬費ハ品価全体ニ対シテハ僅々ナル比例ナリ」[14]と、八王子〜川崎間の鉄道を建設して横浜までの輸送距離を敢えて短縮するメリットはそれほどないとしている。むしろ、当該地方の綿布輸出の状況、乗客輸送の便、さらには軍事的な観点をも考え合わせれば、「其線路ヲ八王子ヨリ新宿ニ取ル方得策ナラント信ス」[15]というのであった。そして、こうした渡辺の立場は明治政府の側、たとえば内務卿山県有朋などの立場を代弁するものであった。

すなわち、この清水保吉著「八王子鉄道論」とは対蹠的に内務大臣山県有朋の建議「汽罐車鉄道布設之件」は、以下のごとく甲武、武蔵両鉄道を比較検討し、甲武鉄道の建設を主張しているのである。

「鉄道布設ノ件ニ付、別紙両通稟申ノ旨ヲ按ズルニ、其川崎・八王子間ニ布設セントスルモノハ線ヲ八王子ニ起シ、東京・横浜ノ中間ナル川崎ニ於テ既成ノ官線ニ結ビ、京浜両地ノ便ニ供セントスルニ在リト雖モ、此等各地ニ関係ヲ有セル場所ニ於テ布設スル鉄道ハ、必ズ首府ヲ以テ基点トシ、而シテ他ノ各名邑要区ニ連絡ヲ取ルヲ原則トセラルルノミナラズ、八王子ヨリ直チニ之ヲ川崎ニ延クトキハ、第一八王子ニ亜ギ著名ナル所ノ青梅・飯能・所沢等ヨリスル貨物及乗客ハ、皆逆行八王子ニ赴クニアラザルヨリハ、遠ク線路ノ中央前後ナル地ニ至ラザレバ汽車ノ便ニ由ルヲ得ザルベシ。然ルニ八王子ヨリ之ヲ東京ニ達セシムルトキハ、青梅ニ飯能ニ所沢ニ皆容易ニ八王子以南便宜ノ停車場ニ出デ自由ニ上下シ得ルノ便アルノミナラズ、概シテ沿線ニ係ル著名地ノ多分ハ彼ニ在ラズシテ此ニアレバ、到底南向川崎ニ直達セシムルヨリ少シク東向進行シ、東京ニ於テ既成線路ニ会セシムル方新設線路及既成線路ヲ利用スルノ効多ク、地形然ラザルヲ得ザルモノアリトス。又横浜・八王子間ノ関係タル多クハ、其季節ニ於テ一時僅々少量ノ生糸其他ヲ輸出スルニ過ギズシテ、東京・八王子間ノ如ク一歳間百貨ノ出入行旅ノ送迎ヲ絶タザルノ関係トハ大差アル哉ニ認メラルレバ、横浜ノ便否ニ係ル一点ヨリ言フトキハ、或ハ少シク遺憾ナキヲ得ザルトスルモ、其ガ為メ首府ノ関係ヲ枉ゲ計画ノ大要ヲ誤ルベカラズ。[16]」

ここには、東京を結節点とする旧来の商品流通機構にのっとり、生糸輸出も含めて関東西郊の商品生産地帯を把握するという意図がみられ、その背後には前述の横浜＝通商首都論に反対する渡辺洪基の「横浜ハ実ニ通商港市ナリ又通商港市トシテ可ナリ其他ノ事項ニ於テハ運輸ノ集点トナスヘキノ地ニアラス而テ東京ヲ距ル僅々ノ里数ノミ横浜ノ繁昌ハ取リモ直サス東京ノ繁昌ナリ[17]」（傍点引用者）という東京を中央市場とし、横浜をその外港（＝通商港市）とするという市場圏形成の構想が看取される。事実、ここには「明治十五年より十七年に至る三ケ年間横浜港を出入したる各品の東京を経過したる割合は東京を経て横浜へ積出したるもの平均六割八分東京を経ずして各地より直接に横浜へ積出したるもの平均三割二分（以上輸出品）にして又横浜より直に各地へ積出したる高は平均三割、横浜より東京へ積出したるもの凡七割なりとは知られける[18]」という事情、すなわち、「将来信越・甲・武・常・野及奥羽地方ヨリ運輸シ来ル貨物並ニ此等ノ地方ヘ向テ供給スベキ貨物ハ皆必ズ東京湾ニ由リテ集散スベキ」[19]という関係が存していたのである。[20]

以上、われわれは清水保吉の所論および山県有朋の建議を素材として、甲武・武蔵両鉄道の競願問題にみられる明治前期八王子の鉄道建設の動向を、主として市場圏の形成という側面から検討してきたが、この競願問題は、結局のところ山県有朋の建議のとおり、折からの軍事的要請とも相俟って、一八八七（明治二〇）年七月四日、武蔵鉄道の創立願書は却下され、一八八九（明治二二）年八月一一日甲武鉄道八王子〜新宿間三七・二キロメートルが「日本鉄道会社支線の位置に立ちて、之に其の工事及ひ運輸一切を委託し」[21]て開業されるに至った。そしてこれより先の一八八五（明治一八）年三月一日、日本鉄道線赤羽〜品川間が開業されていたので、「八王子町ト横浜市トノ交通連絡ハ迂遠ナレトモ甲武、日本、官設等の三鉄道線路ニヨリテ僅ニ交通運輸ノ便ヲ得」[22]ることになり、「八王子町ヨリ輸出シ又横浜ヨリ輸入スルモノハ遠ク東京方面ヲ迂回スル」[23]ことになったのである。そして、ここに東京を中央市場とし横浜をその外港に位置づけ、しかも外国市場にリンクされるという明治政府の市場形成の構想が実現する[24]のであった。

次に、甲武鉄道の株主および役員構成について若干の検討を加えておきたい。〈第Ⅱ-4表〉によれば、五〇〇株以上の大株主は、久松定謨、伊達宗徳などの華族、高利貸的株式取引業的銀行資本の立場から鉄道投資に参加した雨宮敬次郎、安田善次郎および横浜生糸売込商の田中平八らが占めており、地元の三多摩地方在住の株主は、『立川市史』下巻（一九六九年）によれば、一八九一（明治二四）年現在で指田茂十郎、田村半十郎などをはじめとして、青梅の生糸商、八王子の機業家ら合計三三名で、持株合計は一、四七八株にすぎない。また甲武鉄道の役員構成の変遷をおってみても、地元からは指田茂十郎が顔を出しているにすぎない。[25]このように、甲武鉄道においては三多摩の蚕糸、織物業関係者の指導性はきわめて弱いものといわざるを得ない(26)。

甲武鉄道の開通は、従来八王子〜東京間を四時間で結んでいた馬車輸送にかわって、同区間を一時間一四分で連絡するという交通運輸上の革命的変革をひきおこし、その結果、八王子は「甲武線開設以来、附近一帯に於ける物資の集散地として、著しく町勢の発展を来し、日常運搬する諸貨物の数量は夥しき巨額に達し、爾来益々発達隆昌の度を加へ(27)」たのであった。そして、〈第Ⅱ-5表〉は、甲武鉄道の官設鉄道および日本鉄道との連絡運輸による貨物運輸数量を示したものであるが、甲武鉄道発貨物数量がその絶対量および増加率において、官設鉄道および日本鉄道発貨物数量を著しく凌駕しており、このことから甲武鉄道が八王子を結節点とする蚕糸、織物業地帯を東京、横浜の商圏にくみいれる商品流通路線として機能したことがうかがわれる。すなわち、「従来東京を唯一の市場とした織物も、漸次其販路を（京阪、名古屋などへ……引用者）拡張すると共に生産額も著しく増加(28)」したが、その輸送経路は、「東京ヘハ甲武鉄道ニ依リ直接ニ輸送シ京阪名古屋等ヘハ先ツ東京迄甲武線ヲ利用シ新橋ニテ東海線ニ積換(29)」えられることになり、また生糸に関しても、座繰生糸は八王子機業の原料として消費されたが、器械生糸は「横浜ニ輸送シ売残トナリタルモノガ八王子ニ転送セラルル(30)」というこ

〈第Ⅱ-4表〉　甲武鉄道会社株主一覧

（Ⅰ）大株主（500株以上）

株主名	持株数	府県	備考
雨宮敬次郎	3,410	東京	私鉄王，甲州資本
久松　定謨	2,500	〃	華族
安田善次郎	1,853	〃	安田銀行頭取
伊達　宗徳	833	〃	華族
田中　平八	762	横浜	横浜生糸商

（Ⅱ）三多摩地方の株主

	人数	株数
西多摩郡（青梅の生糸商）	17名	1,022
南多摩郡（八王子の機業家）	12	220
北多摩郡	4	236

（備考）　中西健一「鉄道資本の形成―日本私有鉄道史序章―」（大阪市立大学経済学部『経済学年報』第9集，1958年11月，p.236，立川市史編纂委員会『立川市史』下巻，1969年，p.935，より作成。

<第Ⅱ-5表> 甲武鉄道の官設鉄道・日本鉄道との連絡運輸(貨物)

年　次	A	指数	B	指数	C	指数	A/C	B/C
1889	6,685トン	100	10,259トン	100	16,914トン	100	39.5%	60.7%
1890	10,458	156	14,782	144	20,540	121	50.9	72.0
1891	12,338	185	41,629	406	51,510	305	24.0	80.8

(備考) 日本国有鉄道『日本国有鉄道百年史』第1巻, 1971年, p. 629, より作成。但し, A一官設鉄道及び日本鉄道発甲武鉄道着貨物数量, B一甲武鉄道発貨物数量, C一合計 (A+B) である。

とになった。(31)

また、甲武鉄道の建設請願と前後して甲信地方の蚕糸業地帯を東京を迂回せずして直接横浜に連絡するという構想のもとに、「御殿場より甲府を経て松本に達する」(32)甲信鉄道が松本の在地商人・地主、山梨地方の生糸問屋、京浜地方の生糸売込商などによって計画されたが、これも一八九〇年恐慌で挫折した。こうして甲武鉄道は三多摩および山梨、長野の東山地帯の蚕糸、織物業地帯を京浜地方に結びつける咽喉たる機能を有することになったのである。(33)

以上、要するに明治前期八王子をめぐる鉄道建設の動向は、甲武・武蔵両鉄道の競願問題として現象し、結局のところ甲武鉄道の建設によって、三多摩・甲信地方の蚕糸、織物業の発展を基盤に形成される新たな流通機構を、首都東京を中央市場とし、開港場横浜をその外港とする市場圏のもとに再編しようとする明治政府の市場構想の具体化として展開されたのである。

(1)(2) 「東京八王子間鉄道馬車布設及ヒ会社設立願」、一八八五年(『埼玉行政文書』明一七四七)。
(3) 「東京八王子間汽車鉄道」(『東京経済雑誌』第三四三号、一八八六年一一月二〇日)。
(4) 「川崎八王子間鉄道敷設願ニ付上申」(日本国有鉄道『日本国有鉄道百年史』第二巻、一九七〇年、五〇四—五〇五頁)。
(5) 原善三郎『生糸貿易論』、一八九八年、二頁。なお、原善三郎はその後、横浜と八王子を直結する横浜鉄道の建設を一八九四年、一八九六年、一八九七年の三度にわたって請願している（本田紀久子「横浜鉄道にみる私有鉄道の一構造」、『交通文化』第五号、一九六五年三月、を参照のこと）。
(6) 清水保吉「八王子鉄道論」（『工学会誌』第六四巻、一八八七年、二四二―四三頁）。
(7) 同前、二三六―三七頁。
(8) 同前、二四一頁。
(9) 同前、二四二頁。
(10) 同前、二四九頁。
(11) これに関連して、横浜～八王子間の鉄道建設と一体となって、原善三郎（生糸売込商）、小野光景（生糸売込商）、木村利右衛門（唐糸金巾取引商）、朝田又七（回漕業）らを有力メンバーとする横浜商業会議所から「横浜築港論」が提起されていることはきわめて興味深い（「横浜港波止場建築の建議」、原義夫『横浜商業会議所八〇年史』、一九六〇年、および「横浜八王子間鉄道布設の建議」、『東京経済雑誌』第一〇六二号、一九〇〇年一二月二九日）。
(12)(13) 清水保吉前掲論文、二四四頁。
(14)(15) 同前、二四五頁。
(16) 山県有朋「汽鑵車鉄道布設ノ件」一八八六年（前掲『日本国有鉄道百年史』第二巻、五〇五頁）。
(17) 清水保吉前掲論文、二四九頁。
(18) 「東京商工会議事」（『東京経済雑誌』第二九二号、一八八五年一一月二一日）。
(19) 「東京商工会議事要件録」第二八号、一八八八年二月（渋沢青淵記念財団竜門社編『渋沢栄一伝記資料』第一九巻、一九五八年、七頁）。
(20) なお、これに関連して関東各地の生産地帯から東京へ放射状に収斂される鉄道建設と一体となって「東京築港論」（『東京市史稿』港湾篇、四、一九二六年、二一六頁）が、あたかも前註の「横浜築港論」と論争の形をとって提起されている。なお、田口鼎軒は、「鉄道は則ち開港場に至るまでの運輸を便にするものなり」（「開港」、前掲『鼎軒田口卯吉全集』第四巻、四八六頁）という立場から、「東京論」（同前、第五巻）を著わし、横浜にかわって東京築港論を展開し、東京を互市の中心市場とする「商業共和国」を構想している。

(21) 「鉄道会社の新立は合併若くは延長の利に如かざるべし」（『東京経済雑誌』第四八三号、一八八九年八月一七日）。

(22) 「横浜鉄道起業趣旨」（神奈川県史編集室『神奈川県史』資料編一八、一九七五年、五九〇頁）。

(23) 「横浜鉄道運輸交通説明書」（同前、五八九頁）。

(24) たとえば、松方正義は東京〜横浜間鉄道について「漸次各地ノ鉄道ヲ構造スルモ此線路ニ接続セハ則チ各地ニ散布スル鉄道ノ始源ト為スヲ得可シ、蓋シ東京ノ港湾ハ海水浅潟ニシテ大船巨舶ノ入泊ニ難ク、貿易上ニ便ナラス、而モ今此鉄道ヲ布設シテ其便ヲ助ク、以テ能ク益々東京ノ殷富ヲ増シ商業繁盛ヲ極メ」と述べている（松方正義「理財稽蹟」、一八七八年、前掲『明治前期財政経済史料集成』第一巻、一九六二年、二三二頁）。

(25) 前掲『日本国有鉄道百年史』第二巻、五一八頁、および同第四巻、一九七〇年、三六一頁。

(26) 石井常雄氏は「両毛鉄道における株主とその系譜」（『明大商学論叢』第四巻、第九・一〇号、一九五八年七月）において、両毛鉄道の株主構成と役員構成とを詳細に検討し、「金融・銀行業者の両毛鉄道に対する支配力は、きわめて強く、両毛地帯における一部の買継商をのぞいての指導性は明確でなく、ましてや、織物生産者の指導性は失われていた」（一四八頁）と述べ、これをもってわが国における「自生型」鉄道の限界性を指摘しているが、このことは甲武鉄道の場合、より以上に顕著なものとなる。それは、基本的には「（八王子の……引用者）機屋は皆多額の資本を有せずして、規模甚だ小なり、毎市五十品を出すは其最も巨大なる者にして、足利、桐生の機屋には遠く及ぶこと能わざる也」（傍点引用者、河合辰太郎前掲報告書、三頁）という自生的なマニュファクチュアの生成発展の両毛機業地帯との比較におけるより一層の不十分性に求められるであろう。

(27) 鉄道院『本邦鉄道の社会及経済に及ぼしたる影響』中巻、一九一六年、一〇一〇頁。

(28) 同前、一〇一一頁。

(29) 東京高等商業学校『八王子地方機業調査報告書』、一九〇二年、六五頁。

(30) 同前、三六頁。

(31) しかしながら、甲武鉄道は、八王子を除けば「新しくできた、中野、境、国分寺、立川、日野駅はいずれも人家のまばらな村落にぽつんと置かれたようなかっこうのもの」（関島久雄「甲武鉄道㈠」、『政治経済論集』第一一巻第二号、一九六一年一一月、七七頁）であり、「この段階における東京の近郊農村の開発にほとんど影響を与えなかったうえ、沿線の住民の利益にも配慮されないままで敷設されていった」（石塚裕道『日本資本主義成立史の研究——明治国家と殖産興業政策——』、三五八頁）。

(32)「甲信鉄道」（『東京経済雑誌』第三七四号、一八八七年七月二日）。なお甲信鉄道についての詳細は、拙稿「鉄道開通前山梨県物産移出入概況——佐分利一嗣『甲信鉄道』を中心に——」（『地方史研究』一七九号、一九八二年一〇月）を参照されたい。

(33) それゆえ、甲武鉄道は株式市場において「関東地方に於ける既成線中の人気鉄道」（『鉄道雑誌』第四号、一八九六年六月一六日）となった。

四　おわりに

明治前期の関東地方における鉄道建設は、「何れも地方と東京を連絡の目的に出でたる所謂縦貫線[1]」としてなされ、東京、横浜を中心として関東各地へ放射状に伸びる鉄道網が形成され、地方と地方とを相互に連絡する横断線の建設は等閑に付されてきたところにその特質がみいだされ、「現在の鉄道敷設の計画にては総ての線の湊合点は東京なるが故に他の地方より他の地方に運搬されんとする貨客も必要なき東京に一度積卸を為さざるへからさる有様[2]」を呈していた。こうして東京、横浜を結節点として、関東各地の生産地帯を掌握するという市場圏の骨格が形成されるに至ったのである。明治前期八王子における鉄道建設の動向も基本的にはこのような関東地方の鉄道網形成の一環であった。そして、このような鉄道網の形成は、決して社会的分業の内部的な深化を促進するものではなく、「過去十数年に於ける東北の発達は局部的にして全体に亘らず、東京、横浜乃至蚕糸業地方に止り、其他の各地は依然として旧時の態を改めざるなり[3]」（傍点引用者）という商品経済の展開を促進するものであった。そして、これは、決して「自生的」な国内市場あるいは国民経済の形成を指向するものではなく、世界市場との接触という世界史的規定性のもとでの在来産業（蚕糸業）＝輸出産業の突出的発展という産業構造の再編に照応し、いわゆる「跛行構造型」国民経済の形成を指向するものであったといえる。

（1）（2）「東京附近の横断鉄道」（『鉄道雑誌』第九号、一八九六年七月二〇日）。
（3）「東北と西南」（『東京経済雑誌』第九九七号、一八九九年九月二三日）。

第二節　埼玉県下北埼玉郡地方における横貫鉄道

一　はじめに

一九六四（昭和三九）年の交通史学会主催による座談会「産業革命と鉄道の問題――主としてドイツ、イギリスの場合を中心として――」[1]は、わが国の鉄道史研究に新たな一石を投じたものとして注目される。産業革命と鉄道という問題をめぐって、日本、ドイツ、イギリスの場合を比較史的に議論していく中で、「市場構造と鉄道」という論点が提示されたのである。しかしながら、この市場構造と鉄道という論点については、その後の日本鉄道史研究において、あまり立ち入った分析はなされていないようにおもわれる。

ところで、明治二〇年代の後半は、第二次鉄道熱期とよばれ、空前の鉄道投資をひきおこした。関東地方においても私設鉄道の計画は、一八九六（明治二九）年三月三〇日の第七回鉄道会議に諮詢されたものだけでも三五社を数えるほどであった。(2) しかし、これらの計画のうち仮免許を受けたものがわずか一〇社にしかすぎないように、この期の私設鉄道の計画は多分に投機的動機にもとづいていた。とはいえ、この鉄道投資ブームは、単純に投機的性格をもっていたとのみ断定しえない面も持ちあわせていた。日清戦後の産業革命の進展とそれに伴う商品流通の拡大が、各地に中小私鉄の建設計画の簇生をもたらしたのである。(3)

こうした第二次鉄道熱期の状況を整理し、今後の鉄道建設の在り方に一定の方向を示唆しているのが、次の『鉄道雑誌』の一論説である。ここには市場構造と鉄道という問題について、非常に興味深い論点が示されているので、煩を厭わず長文を引用しよう。

「関東一帯の鉄道線路は……略……私設仮免状を得たる者を合すれは総計三十六線あれとも、何れも地方と東京を連絡の目的に出でたる所謂縦貫線なる者にして、其起点終点の中何れか東京若くは東京附近に採らさるはなく、其中二三横断線の性質を有するも敷設後他の影響に依て変化を受けたる者にて全く横断の性質を以て起りたる者は之れ無しと云ふへきなり。

然り而して試に地図を披ひて之を見れは所謂縦貫線なる者によりて東京と地方との連絡は殆んど余地なきまでに計画せられたり、否此上の計画は殆んど他線との競争線たるを免かれさる者にて此点に於ては東京附近も稍望を達したるか如くなれとも尚大に余地あり又計画せさるへからさる者は東京附近の横断線なりとす。何故に横断線は必要なるか、試に思へ東京と地方との連絡必要なると同時に地方と地方との連絡は亦必要なり、現在の鉄道敷設の計画にては総ての線の湊合点は東京なるか故に他の地方より他の地方に運搬されんと

北埼玉鉄道路線略図

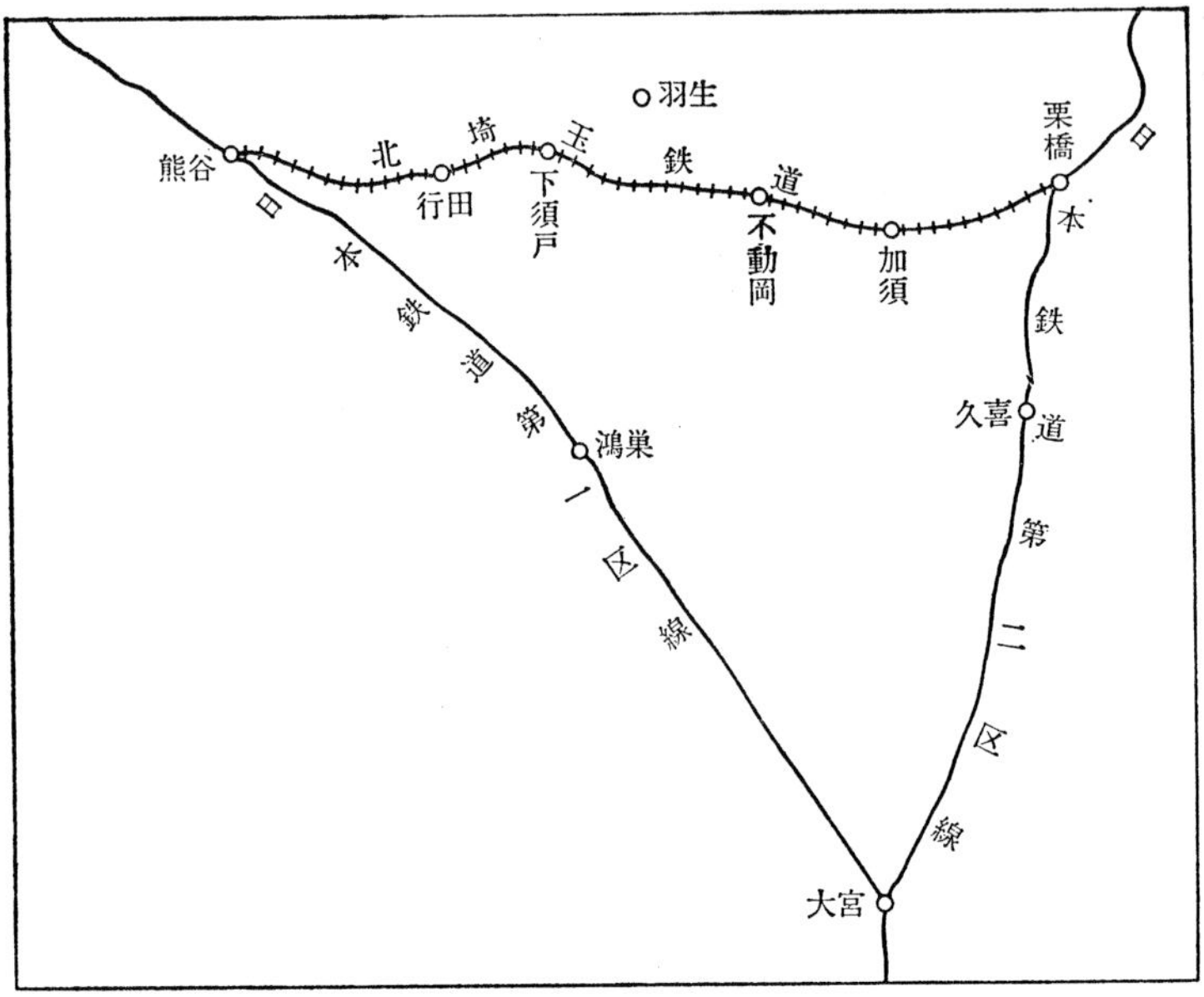

する貨客も必要なき東京に一度積卸を為さゞるへからさる有様にて、……略……最も不便と為す所なり、此際試に一つの横断線ありて甲武、日本鉄道、総武の如きを横断し居る者とせんか、前述べたる地方の貨客は強て一度東京に立寄るの煩雑を避け目的の地方に直接運搬せられ、其線路も多少の短縮あるは疑なく、運賃の上に於て又時間の上に於て廉且速かなるを得るの利益ありて横断線は東京附近の運輸交通上一日も欠くへからさる者なりとす、且つや利益の点に於ても関東の沃野人口繁密の地方を連絡する者には仮令起点終点を東京に得さるも其好望なるは余輩の保証する所なり」[4]（傍点引用者）

まずこの論説は、明治二〇年代末期の関東地方における鉄道建設の動向を、(一)地方と東京との連絡を目的とする縦貫線、(二)地方と地方との連絡を目的とする横断線との二類型に区分する。その上で、これまでの関東一帯に建設された鉄道は全て縦貫線であったと批判し、横断線の建設こそが現下の緊急の課題であると積極的に主張している。なぜなら横断線の建設は、運賃の低減と輸送時間の短縮をもって地方的商品流通の拡大を促進し、縦貫線と相俟って関東地方の商品流通を全体的な広がりにおいて展開するものと期待されるからであった。こうして、従来の縦貫線に対して、横断線の建設が要請されてくるところに、明治二〇年代末期の第二次鉄道熱期における関東地方の鉄道網形成過程の特質をみいだすことができるのである。(5) 本節は、こうした縦貫線と横断線とがそれぞれいかなる市場の形成を指向するものであるかを明らかにし、明治二〇年代末期の関東地方における鉄道網の形成過程を市場構造論的視角から把握することを課題とする。

ここで主な分析の対象とする埼玉県下北埼玉郡地方では、明治二〇年代末期に熊谷より行田、羽生、不動岡、加須、騎西を経て栗橋に至る、いわば北埼玉郡を横貫する鉄道建設（利根鉄道、北埼玉鉄道）が計画されている。北埼玉郡は、「青縞ノ製織ヲナスコト殆ント一般ノ風習」(6) とする綿業地帯を形成し、明治二〇年代には問屋制家内工業を広範に展開し、綿織物生産を大きく発展させていた。(7) 本節では、まず明治二〇年代北埼玉郡地方の市場構造と交通運輸の展開を概観する。その上で利根鉄道、北埼玉鉄道などの横貫鉄道（横断線）の建設計画について検討し、これらの鉄道がいかなる市場の形成を指向するものであるかを明らかにする。そして、この横貫鉄道の建設がついに実現をみなかったところにわが国における鉄道網形成過程の特質をみいだし、産業資本確立期における「市場構造と鉄道」という問題を論じたい。

(1)　『交通文化』第三号、一九六四年三月、所収。
(2)　『第七回鉄道会議議事速記録』第一〇号、一八九六年。

(3) 中西健一『日本私有鉄道史研究――都市交通の発展とその構造――』増補版、一九七九年、四五頁。
(4) 「東京附近の横断鉄道」(『鉄道雑誌』第九号、一八九六年七月二〇日)。
(5) この点については、第二章補論(二)「関東鉄道計画線(川越〜成田間)について」を参照されたい。
(6) 「埼玉県秩父絹・白木綿織物資料」青縞の部、一九〇九年(羽生市史編集委員会『羽生市史』追補、一九七六年、二二三頁)。
(7) 神立春樹『明治期農村織物業の展開』、一九七四年、第二章「北埼玉綿織物業の動向」を参照のこと。

二 明治二〇年代北埼玉郡の市場構造と交通運輸の展開

北埼玉郡長坂本与惣次郎は、埼玉県知事への答申(一八九〇年)で、北埼玉郡の物産産出状況について次のように述べている。

「農産物ハ米麦ヲ最トスレドモ木綿織物モ亦本郡特有産物ニシテ其産出額頗ル大ナリ、足袋ノ産出ハ忍町ノ特有ニシテ行田足袋ト称シテ広ク行ハル」[1](傍点引用者)

北埼玉郡の重要物産として、米、麦、木綿織物、足袋があげられている。これは、一八八二(明治一五)年における北埼玉郡重要物産の概算を表示した〈第Ⅱ-6表〉からも実証されるであろう。該表によれば、価額表示で米―二八・六パーセント、麦・小麦・裸麦―一〇・五パーセント、足袋・木綿織物―三一・一パーセントを占めている。

この地方の綿織物(青縞)生産は、明治二〇年代に高機を導入し、問屋制家内工業を広範に展開していく。

従来の東京問屋に連なる商品流通ルートの網の目に組み込まれていた旧商人層の間隙を縫って「東京問屋ト協約ナキ[2]」新興の商人層が登場し、名古屋・東北・京阪地方へと販路を拡大したのである。青縞は「足袋、腹掛、股引の原料其他労働社会一般の間に需要さるゝ[3]」ので、このような国内市場の拡大は、明治二〇年代の企業勃興に伴う大衆需要の増加によるものといえよう[4]。

また、行田の足袋生産も一八九二（明治二五）年の裁縫機械の採用を契機に分業化が進み、東北・北海道方

＜第Ⅱ-6表＞　北埼玉郡物産産出状況　(1882年)

物産名		産出額	価額	割合
普通農産	米	123,093石840	984,750円720	28.6%
	糯	17,296・015	14,182・724	0.4
	陸米	320・005	1,920・030	0.1
	麦	13,506・980	270,129・960	7.8
	小麦	21,501・240	86,004・960	2.5
	裸麦	2,819・453	7,894・468	0.2
	大豆	76,234・360	312,519・876	9.1
	小豆	4,458・750	21,402・000	0.6
	粟	1,436・416	4,021・965	0.1
	黍	148・750	297・500	—
	稗	26・400	47・520	—
	蕎麦	4,160・731	13,314・339	0.4
	蜀黍	541・890	1,083・780	—
	玉蜀黍	3,908斤000	7・960	—
	甘藷	366,069・000	2,196・414	0.1
	馬鈴薯	600・000	16・800	—
	小計	──	1,722,012・189	50.0
特有農産	実綿	905,839斤000	58,879・535	1.7
	麻	75・000	7・500	—
	藺	42,613・000	20,454・240	0.6
	生糸	5,245・000	41,960・000	1.2
	製茶	6,098・005	3,049・250	0.1
	莨	18,264・000	1,187・160	—
	菜種	4,358石325	28,329・113	0.8
	藍葉	619,263斤005	24,770・540	0.7
	木綿織物	785,000反	981,250・000	28.5
	足袋	454,000足	90,800・000	2.6
	清酒	18,858石690	471,467・250	13.7
	小計	──	1,722,154・588	50.0
合計		──	3,444,166・777	100.0

（備考）　古橋楊州・福田一麿編『埼玉県北埼玉郡郡治概表集覧』，1883年，より作成。

面の販路を開拓し、国内市場を拡大していく。すなわち、「本地方の製造卸足袋屋、及び足袋問屋は自ら販路を東北より北海道に拡張し、機械の使用と、安価なる工賃とを以て東京製品を駆逐す」[5]のであった。

かくして明治二〇年代の北埼玉郡は、青縞、足袋の生産を展開しながら国内市場の形成に参加しつつあった。因に、北埼玉郡の行田、羽生、加須の各市場では、青縞、白木綿、縞、足袋底類、米麦類などが取引されており、「埼玉県知事県内巡視録」（一八九〇年）には忍、羽生、加須の各町について次のような記述がみられる。

「足袋ノ産出多キヲ以テ下等ノ人及士族ノ婦女ハ悉皆足袋縫ヲ為シ」[6]（忍町長村上多熊答申）、「青縞ハ産出ヲ増加ス縦糸ハ洋糸ヲ用ヒ横糸ハ栗橋産ノ糸ヲ用フルニ依リ産出ヲ増ス」[7]（羽生町長松本保太郎答申）、「市場ハ青縞ノ交易地ナル……略……青縞ノ売買ハ当地ニテ一ケ年三拾四五万反アリ」[8]（加須町長柿崎政次郎答申）

それでは、この地方の交通運輸の状況はどのようであったか。鉄道建設計画が具体化する前提として以下考察してみよう。

明治二〇年代の北埼玉郡における主要道路の交通運輸の概況について表わしたのが〈第II-7表〉である。ここに掲載した道路の多くは、利根川の河岸（大越、村君、川俣、新郷、北河原、栗橋など）、あるいは日本鉄道第一区（高崎）線および第二区（東北）線の停車場（熊谷、吹上、鴻巣、栗橋、久喜など）に接続し、青縞、足袋、米、麦などの輸送を中心にかなりの活況を呈していた。この道路輸送の活況については、一八八八（明治二一）年に陸運貨物請負・人馬継立を主業務とする陸運営業が集中的に認可されていること[9]、および諸車所有台数の変遷の中で荷積用馬車が著しく増加していること（一八九〇年に人力車台数を凌駕）などからも傍証することができる。[10]

こうした輸送貨物の増加は、道路の破壊をもたらし、道路修理のための町村の負担はますます増大した。一

<第Ⅱ-7表>　明治20年代北埼玉郡における主要道路の交通・運輸概況

道路名(区間)	交通量						商品流通の概況
	調査年度	駄馬	荷車	人力車	旅人	荷積馬車	
	年	頭	輛	輛	人	輛	
鴻　巣～加須間	1887	7,560	15,840	14,400	54,000		「北埼玉郡加須町ハ恰モ郡中央四方貨物輻湊ノ地ニシテ郡内ノ産物ハ悉ク此地ニ出テ而シテ鴻巣町ヘ運搬シ鉄道ノ便或ハ松山間ノ新道ヲ経テ秩父郡ニ輸出シ又該地産出ノ薪炭木材等ハ此便ニヨリテ輸入シ人馬通行ノ頻繁ナル如斯」
上新郡～古河間	1887	5,440	1,440	7,560	32,760		「おもに栃木県藤岡のみの笠，茨城県水戸地方のたばこ・海魚等を加須・行田・熊谷へ輸送」
吹　上～川俣間	1892	16,300	25,200	46,800	72,000		「舟で館林から繰棉・繭，行田の足袋・青縞を運び肥料を利根川から行田・熊谷・東松山等へ輸送する重要路」
熊　谷～久喜間	1892	18,000	28,800	39,600	65,520		「北埼玉郡の中央を通り，熊谷・久喜両駅を結び，おもに米麦や青縞が輸送された」
加　須～大越間	1892	4,320	20,880	14,400	18,000		「上新郷古河道に接し，加須地方の米麦を舟で東京へ輸送し，茨城・栃木両県下のたばこ・農具・肥料等を加須町へ輸送」
騎　西～加須間	1892	5,400	10,080	13,680	26,280		
鴻　巣～騎西間	1892	7,560	20,520	18,000	57,600		
菖　蒲～騎西間	1892	6,120	11,520	8,280	7,200		
新　郷～古河間	1892	7,200	13,680	12,240	54,000		「諸県下（茨城，栃木，群馬，埼玉）ノ物産運輸日々盛大随テ人馬ノ通行頻繁ナルハ顕然ノ次第ニ有之」
加　須～川俣間	1892	2,160	12,600	11,520	7,200		「北ニハ利根ノ川流ニ依リテ舟楫ノ便アリ，利根ヲ越ユレバ群馬県ノ館林町ヘ通スル国道ト合スルアリ，又南ハ加須町ヨリ鷲ノ宮ヲ経テ久喜町ヘ通スル道路ニ接続スルアリテ交通ノ頻繁ナル決シテ他ノ一等公益道ニ譲ラズ」

鴻　巣～羽生間	1892	2,160	3,246	4,320	5,400		
熊　谷～新郷間	1892	9,200	12,240	10,080	54,000		
北河原～新郷間	1892	3,600	8,280	6,840	21,600		
栗　橋～大越間	1892	2,880	5,400	17,280	25,200		
栗　橋～加須間	1892	3,600	8,280	10,800	5,400		「日々交通スル処ノ荷物運搬ノ頻繁ナルコト世人ノ目ニテ疑ハサル処」
	1894	36,500	10,950	18,250	109,500	18,250	
熊　谷～酒巻間	1892	9,000	10,800	8,280	46,800		
忍　～酒巻間	1892	3,600	2,880	7,920	28,800		「群馬県邑楽郡ノ公益道路ニ連続可致要路ニシテ上州ニテハ旧時江戸道ト迄ニ称ヘ通行繁キ道筋ニ付」
箕　田～忍　間	1892	7,580	7,840	5,400	11,880		
不動岡～上村君河岸間	1893	5,600	8,280	6,330	15,400		「両県（群馬・栃木）下ノ産物ヲ運輸スルノ要路ニ当リ，本郡騎西菖蒲町地方ヨリ甘藷米穀等ヲ輸送シ，沿道地方ヨリモ穀類木綿及織物等ヲ彼ニ致シ，館林足利佐野地方ヨリハ織物鉄器（鍋釜ノ類）麻小麦粉石灰油粕其他肥料雑貨ヲ我ニ送リ，加之利根川漕運ノ便アリ百貨ノ出入是ガ多ク車馬行人常ニ跡ヲ絶タズ，沿道諸村モ其利ニ頼ルコト大ナリ」
不動岡～発戸河岸間	1893	2,500	5,205	10,550	18,000		
村君～不動岡間	1893	11,200	11,500	10,800	220,000		「此ノ三県（群馬・栃木・茨城）ヨリ吾ガ県下ニ輸入セラル物産ノ種類ハ，第一農具肥料及材木織物荒物煙草等枚挙ニ遑マアラズ，亦本県ヨリ輸出スル品物ハ米麦甘藷木綿織物等ノ如キ数品ナリ，故ニ本道ノ南方タル加須騎西菖蒲桶川鴻巣等ノ商家ハ，輸入輸出ノ種類総テ此ノ道路ヲ以テ従来運搬セシムルハ事実ニ徴シテ明カナリ，且此ノ商人等ガ東京仕入ノ物品及東京輸出ノ穀物類利根川運輸ノ荷物ニ於テハ，大越村字上川岸ヨリ通行最モ多キ」
不動岡～大越間	1893	18,000	25,000	10,800	210,000		
加　須～忍　間	1894	10,950	12,775	7,300	32,850	10,950	「貨物ノ運輸ハ上州館林及小泉赤岩辺ヨリ交通シ人馬及荷車等ノ通行特ニ頻繁」

菖　蒲～行田間	1894	58,760	56,400	51,600	351,000		「本場木綿白ノ産地南埼玉郡菖蒲町ヨリ該道路ヲ経テ行田町ヘ売買往復スル木綿白其他ノ荷物ハ大概日々平均数拾駄以上ノミナラス北埼玉郡種足共和広田村ノ如キハ青縞物産ノ地ニテ前三村ノ額ハ概略平均一日弐千五百反ヲ産出ス…略…又該村落ハ米麦産地ニシテ其田畑ハ仮リニ一千八百丁歩ニシテ此収穫ハ実ニ高大ナリ而シテ僅ニ飯料ヲ引去余ハ悉ク之レヲ行田町ヘ売却セサルヘカラス」
羽生～竜蔵河岸間	1895	5,475	14,600	21,900	76,650	15,330	「東京ハ勿論両毛常総ノ各要地ヨリ利根ノ水便ニ依テ羽生町及其以南ノ地ヘ輸入ノ貨物ハ皆同村大字本川俣長宮河岸ト前記竜蔵河岸トノ二ケ所ニ依テ揚卸ヲ為ス」
新　郷～大越間							「新郷以西ハ忍町熊谷町及吹上停車場等ニ達シ又大越以東ハ陸ハ古河町及栗橋町等ニ達シ利根川ハ東京ヲ始メ其他枢要ノ地ヘ達スル」
騎　西～藤原間							「茨木栃木両県下ノ物産本県内ニ輸入ノ要路殊ニ東京エ入荷物ハ皆同川岸揚ケニシテ運搬上最モ頻繁」
新　郷～栗橋間							「栗橋町ヨリ大越村ヲ経テ羽生町等ニ運搬スル貨物尠カラス」
忍　～北河原間							「忍領辺ヨリ産出スル米旛羅郡ノ麦鴻巣町ヨリ群馬県ヘ向テ輸送スル甘藷及群馬県下ヨリノ薪等最モ多シ其他群馬県小泉産ノ焼物北河原産ノ煉瓦百般商業ニ関スル雑貨ヲ運搬シ加之中山道吹上停車場ニ達スル路線ナレハ旅人等ノ通行モ最頻繁ナリ」

（備考）　羽生市史編集委員会『羽生市史』下巻，1975年，『埼玉県行政文書』明1764，明1791，明1801，明1805，その他より作成。

八八八（明治二一）年の県議会で「土木費支弁方法規定」が改定され、県道に対して地方税支弁の道が開かれると、[11]公益道路編入についての請願が相次いでおこなわれた。この請願では、「利根川漕運ノ便アリ百貨ノ出入是ガ多ク車馬行人常ニ跡ヲ絶タズ」[12]、「近来上野宇都宮塩竈間鉄道布設栗橋停車場開設以来大越羽生新郷等ヘ往復スル荷物一層ノ頻繁ヲ来シ」[13]などと、利根川の河岸における貨物輸送の混雑と日本鉄道東北線の開通に伴う道路輸送の増加、およびその結果としての「地元町村ノ負担ニ堪ヘ難」[14]きほどの道路破壊の進行などが指摘されている。また、一等道路に指定された吹上〜川俣間道路においては、その交通・運輸状況が「本道ハ南ニ鉄道ノ便アリ北ニ利根川舟揖ノ利アリテ上州館林地方ノ産物タル操綿及繭行田地方ヨリ足袋青縞等ヲ東京或ハ信州地方ヘ運搬シ又塩肥料等ハ舟揖ニ依リテ行田熊谷松山等ヘ輸入スルニ必ス此通路ニ拠レリ」[15]（傍点引用者）などと説明されている。

近世後期の江戸地廻り経済の展開は、農村への商品経済の浸透をもたらしたが、利根川水運は江戸との商品流通に少なからぬ役割を果たしていた。[16]こうした利根川水運の役割は、明治期に至っても衰えなかった。内国通運会社の通運丸が航行し、北埼玉郡でも大越、川俣、北河原などの各河岸がその寄航地になっている。[17]また、日本鉄道東北線（一八八七年上野〜塩釜間開通、一八九一年上野〜青森間全通）の建設は、北埼玉郡の青縞、足袋の東北地方への市場拡大をもたらした。かく、明治二〇年代の北埼玉郡は、利根川水運および日本鉄道を通じて国内市場を開拓しつつあった。こうした状況のもとで、前述のような北埼玉郡の道路輸送の活況がもたらされたのであろう。

北埼玉郡における交通運輸の改良は、早くも一八八九（明治二二）年の埼玉馬車鉄道株式会社の設立にみられる。この路線は、上新郷別所河岸〜忍町間、忍町〜熊谷駅間、忍町〜吹上駅間の三区間で、河岸と鉄道とを繋ぐものであった。[18] しかし、この計画は実現せず、その後日清戦争（一八九四—九五年）後の第二次鉄道熱期に至ると、〈第Ⅱ-8表〉に示したように私設鉄道の建設計画が簇生するのであった。該表は、この時期に発起計画された鉄道会社の計画の概要を示したものであるが、一八九四—九六（明治二七—二九）年の三年間に熊谷、東武、北埼玉、川俣、利根など、五つの鉄道会社の発起計画が集中しており、北埼玉郡はあたかも鉄道企業熱の様相を帯びていた。

　熊谷鉄道は、一八九四（明治二七）年六月二二日、根岸武香外一六名により資本金一一〇万円をもって発起されている。その路線は、「埼玉県大里郡熊谷町ヨリ行田羽生館林ヲ経テ栃木県足利町ニ到ル[19]」もので、「沿線数多ノ都邑ヲ連接シ併セテ熊谷川越地方ト足利桐生佐野地方トヲ連絡スルノ大利アルカ故ニ該地方ニ採リテハ必須ノ線路[20]」とその経済的効用が期待されていた。

　東武鉄道は、一八九五（明治二八）年四月六日、川崎八右衛門外一一名により資本金一八〇万円をもって発起された。その路線は、「東京市本所区ニ起リ東京府千住埼玉県下草加越谷粕壁杉戸久喜加須羽生群馬県下館林町ヲ経テ栃木県下足利町両毛鉄道株式会社足利停車場ニ至ル[21]」とされている。そして、その営業基盤は「東武鉄道ノ計画タルヤ運輸交通ノ便ニ関係ヲ有スルハ啻ニ栃木群馬埼玉諸県下ノ殖産興業ニ係ル貨物ノ輸送ノミナラス総武鉄道成田鉄道房総鉄道等ノ三線路ヲ通過スル貨客ニシテ東京湾若シクハ上武地方ニ向フ者ノ利便ヲ得ル事ハ枚挙ニ暇アラス[22]」と確固たるものがあった。

　北埼玉鉄道は、一八九五（明治二八）年一一月一四日、岡部広外二二名によって発起された「西ハ埼玉県熊

＜第Ⅱ-8表＞　明治20年代末期北埼玉郡における鉄道建設計画一覧

	熊谷鉄道	東武鉄道	北埼玉鉄道	川俣鉄道	利根鉄道
発起人	根岸武香（埼玉県大里郡）　外16名	川崎八右衛門（東京市本所区）　外11名	岡部広（東京市日本橋区）　外22名	柿沼谷蔵（東京市日本橋区）　外６名	辻新次（東京市本郷区）　外15名
出願年月日	1894年６月22日	1895年４月６日	1895年11月14日	1895年11月25日	1896年９月18日
出願路線	熊谷〜行田〜館林〜足利（19哩1/4）	越中島〜千住〜越ケ谷〜加須〜館林〜足利（52哩）	熊谷〜行田〜加須〜栗橋（18哩）	熊谷〜行田〜羽生〜川俣（12哩）	熊谷〜行田〜加須〜栗橋〜竜ケ崎〜金江津（61哩）
建設費（資本金）(A)	1,100,000円	1,800,000円	500,000円	250,000円	3,000,000円
収入総額(B)	132,356円	227,760円	78,840円	35,587円	365,062円80銭
内訳　貨物収入（割合）	49,794円（37.6%）	91,140円（40.0%）	23,652円（30.0%）	13,687円（38.5%）	222,650円（61.0%）
内訳　旅客収入（割合）	82,562円（62.4%）	136,656円（60.0%）	55,188円（70.0%）	21,900円（61.5%）	142,412円80銭（39.0%）
営業費(C)	53,860円	(94,900)	29,565円	19,710円	178,120円
営業益金(D)	78,496円	132,860円	49,275円	15,877円	186,942円80銭
営業係数(C)/(B)	(40.7%)	(41.7%)	(37.5%)	(55.4%)	(48.8%)
収益率(D)/(A)	(7.1%)	(7.4%)	(9.9%)	(6.4%)	(6.2%)
備考	1896年３月27日却下	1896年６月22日仮免許，1897年９月３日本免許，1899年８月27日一部開業	1896年３月27日却下，同年８月21日創立再願，1897年５月14日却下	1896年３月27日却下	1897年５月17日却下

（備考）『第７回鉄道会議議事速記録』第10号，1896年，『埼玉県行政文書』明2430，東武鉄道株式会社『東武鉄道六十五年史』，1964年，日本国有鉄道『日本国有鉄道百年史』第４巻，1972年，その他より作成。なお，（　）内の数字は筆者の算出によるものである。

谷駅ヲ起点トシ忍町ニ至リ公道ニ沿ヒ直ニ下須戸不動岡及加須町ヲ過キ東ハ同県栗橋駅ニ終ル横貫鉄道」[23]（傍点引用者）である。資本金は五〇万円で、「奥羽東北地方ニ輸送スヘキ米穀苧木綿ノ如キ貨物ノ此地方ト東京及東北地方トノ取引ニ関シ大ニ時間ト費用ヲ省略スル」[24]という経済的効果が期待されていた。

川俣鉄道は、一八九五年（明治二八）一月二五日、柿沼谷蔵外六名によって発起された「埼玉県大里郡熊谷町ヨリ行田ヲ経テ同県北埼玉郡川俣村利根川近傍ニ達スル」[25]鉄道で、資本金は二五万円であった。従来の内国鉄道が「専ラ都会ト都会トヲ連絡スルモノニシテ其運輸ノ目的モ亦旅客ニ傾キ貨物運送ニ至リテハ頗ル冷淡」[26]であったのに対して、この鉄道は「未タ曽テ動カサルノ貨物ヲ動スヲ以テ目的トスルモノナルカ故ニ経済ノ発達上頗ル有益ノ交通線路」[27]であった。

最後に、利根鉄道は辻新次外一五名によって発起され、資本金は三〇〇万円であった。その路線は、「埼玉県大里郡熊谷ヨリ北埼玉郡行田、加須及北葛飾郡栗橋町ニ至リ日本鉄道会社線ニ連絡シ更ニ利根川ヲ渡リ茨城県猿島郡ニ入リ右曲シテ八俣、弓馬田村等ヲ横貫シ筑波郡水海道町稲敷郡川原代及竜ケ崎町大徳源清田等ヲ経テ千葉県ニ入リ下総国埴生郡ノ北端ナル金江津町ニ達スル」[28]という遠大な計画であったが、熊谷〜栗橋間については北埼玉鉄道と全く重複している。

そして、前掲〈第Ⅱ-8表〉によればこれらの鉄道は、営業係数、収益率とも良好で他の私有鉄道に比較して遜色なく、また貨物収入の割合も比較的多く見積られている。とりわけ、北埼玉鉄道は営業係数―三七・五パーセント、収益率―九・九パーセントと見積られている。もちろん、当時鉄道建設の請願の際には営業収入が実際よりも多く見積られるのが普通であったから、この数字は割引いて考えなければならない。しかし、少くとも収支目論見において、これらの鉄道が営業として十分に成り立つと考えられていたことは、前述の道路輸送の活況と照らし合わせて留意されるべきであろう。

ところで、先に述べたように明治二〇年代の北埼玉郡では、既設日本鉄道第一区（高崎）線・第二区（東北）線を通じて国内市場の拡大が進行しつつあったが、これらの五鉄道はこの日本鉄道に対してどのような関係に立つものであろうか。この点について以下若干の資料を掲げておこう。

熊谷鉄道……「本鉄道ノ起点タル熊谷地方ト奥羽野州等ノ地方トニ於ケル旅客ノ交通物産ノ集散ニ対シテハ日本鉄道ノ東北線ト高崎線トノ分岐点タル大宮ヲ迂回セサルヲ得サルヲ以テ茲ニ本鉄道ノ布設ヲ看ハ迂路ニ依ルノ不便ニ抗シ時間ト運賃ヲ益スルコト尠カラサル(29)」

東武鉄道……「奥羽及中仙道線の如きは東武鉄道線と自ら其方向を異にするを以て互に利害の関係なし、……略……将来東武線の運搬に属すべきものは今日の日本鉄道線の運搬に属する物貨にあらずして寧ろ多くは現に船便馬車駄馬荷車等の運搬に属する(30)」

北埼玉鉄道（利根鉄道）……「本鉄道ノ起点タル熊谷地方ト奥羽野州等ノ地方トニ於ケル旅客ノ交通物産ノ集散ニ対シテハ日本鉄道ノ東北線ト高崎線トノ分岐点タル大宮ニ迂回セサルヲ得サルヲ以テ茲ニ本鉄道ノ布設ヲ看ハ迂路ニ依ルノ不便ニ抗シ時間ト運賃トヲ益スルコト尠カラサルモノトス又管下北埼玉郡地方ハ米穀木綿藍等ノ如キ重要物産ニ富ミオルモ鉄道ヲ利用スル点ニ於テ甚不便ヲ極メオルヲ以テ本鉄道ノ布設ヲ見ルニ至レハ該地方重要物産ノ輸出及肥料薪炭ノ輸入上頗ル便益ヲ得ル(31)」

川俣鉄道……「本鉄道ノ起点地タル管下熊谷地方及秩父郡等ト群馬県下館林附近其他栃木茨城ノ近県地方

等ニ於ケル運輸或（交……引用者）通ノ便ハ日本鉄道会社ノ東北線及高崎線并利根川ノ水運ヲ利用スルハ却テ不便ナルニ依リ本鉄道ノ布設ヲ見ルニ至ラハ旅客ノ交通穀物麦肥料并諸織物等重要物産ノ輸出入ハ専ラ随時ノ人車馬ニ依ルモノニ比シ彼我地方ニ便益ヲ与フルコト頗ル大ナリ[32]」

右の引用は、東武鉄道と他の四鉄道（熊谷・北埼玉・川俣・利根鉄道）とで、日本鉄道線に対する関係が異なっていることを示している。東武鉄道は、日本鉄道第一区（高崎）線・第二区（東北）線の中間に位置し「其（日本鉄道の……引用者）恩恵に浴するを得[33]」ない東武北武南毛地方を、「人民ノ往復物貨ノ集散頻繁ナルコト天下第一[34]」である首都東京に繋げるものである。すなわち、当時「現在東京ヲ起点トシテ地方ニ向フ鉄道ハ新橋上野飯田本所ノ四ケ所トス此四鉄道ノ運搬力ハ現今ノ貨物集散ニ既ニ不足ヲ告ゲ各停車場ニ貨物停滞山ノ如ク多キヲ見ル故ニ今日ノ不便ヲ匡正セント欲セバ更ニ数ケ所ノ新鉄道東京起点線ヲ増設スルヨリ急務ナルハナシ[35]」と東京と地方とを結ぶ縦貫鉄道の建設が要請されていた。東武鉄道はこのような要請に応えるものであり、日本鉄道をはじめとする従来の縦貫鉄道の欠如を補うものであった。

これに対して、熊谷、北埼玉、川俣、利根の四鉄道は、北埼玉郡地方と奥羽・野州地方との間の商品流通を、従来の大宮（日本鉄道第一区線と第二区線との分岐点）経由という迂回路の不便を克服して、さらに拡大することを目的としている。やや敷衍していえば、これらの鉄道は北埼玉郡の商品流通の実態に即して計画された北埼玉郡内の横貫鉄道ということができよう。そこで、次にこの横貫鉄道がいかなる市場の形成を指向するものであるかが問われなければならない。

（1）「巡視録」下、一八九〇年（『埼玉県行政文書』明九八三）。

(2) 前掲「埼玉県秩父絹・白木綿織物資料」、二四四頁。
(3) 「青縞に就ての一般視察」(『埼玉経済時報』第一九号、一八九九年一二月、一一頁)。
(4) 神立春樹前掲書、九九頁。
(5) 小島英一「北埼玉地方の足袋製造業」、一九二四年(大沢俊吉『行田足袋工業百年の歩み』、一九七一年、二四〇頁)。
(6)〜(8) 前掲「巡視録」下。
(9) 「(諸)陸運営業願」(『埼玉県行政文書』明一五一七)。
(10) 『埼玉県統計書』(一八八四—九七年)。
(11) 埼玉県議会史編さん委員会『埼玉県議会史』第一巻、一九五六年、八四八—四九頁。
(12) 北埼玉郡不動岡村外五ケ村「不動岡館林間公益道路編入願」、一八九三年九月五日(羽生市史編集委員会『羽生市史』下巻、一九七五年、三七二頁)。
(13) 北埼玉郡原道村村長曽根多賀蔵外二名「新郷栗橋間道路修築費ノ内地方税補助請求上申」、一八九二年六月四日(『埼玉県行政文書』明一七九一)。
(14) 北埼玉郡大越村外四ヶ村運送馬車荷車人力車営業人一同「村君不動岡間道路修築ニ関ル陳情書」、一八九三年一〇月三〇日(『埼玉県行政文書』明一七九一)。
(15) 「公益道路調」、一八八八年(『埼玉県行政文書』明一七六〇)。なお、この時期における北埼玉郡の交通・運輸の状況について、詳細は拙稿「明治二〇年代における道路輸送——利根川流域北埼玉郡を事例に——」(関東学園『松平記念経済・文化研究所紀要』第一号、一九八三年三月)を参照されたい。
(16) 楫西光速「序説」(地方史研究協議会編『日本産業史大系』四、関東地方編、一九五九年、一一頁)。
(17) 日本通運株式会社『社史』、一九六二年、一六〇頁。
(18) 斎藤新右衛門外五名「馬車鉄道布設願」、一八八九年一〇月二二日(『埼玉県行政文書』明一五二一)。
(19)(20) 根岸武香外一六名「熊谷鉄道株式会社創立申請書」、一八九四年六月二二日(前掲『第七回鉄道会議議事速記録』第一〇号、一二〇頁)。
(21) 川崎八右衛門外一一名「東武鉄道株式会社創立願」、一八九五年四月六日(東武鉄道株式会社『東武鉄道六十五年史』、一九六四年、一一九頁)。
(22) 川崎八右衛門外一一名「東武鉄道株式会社発起人意見書」、一八九五年九月二六日(同前、一一六頁)。
(23) 岡部広外二二名「北埼玉鉄道株式会社創立請願書」、一八九五年一一月一四日(『埼玉県行政文書』明二四三〇)。
(24) 「北埼玉鉄道株式会社起業目論見書」(『埼玉県行政文書』明二四三〇)。
(25) 柿沼谷蔵外六名「川俣鉄道株式会社創立願」、一八九五年一一月二五日(前掲『第七回鉄道会議議事速記録』第一〇号、一二九頁)。
(26)(27) 「(川俣鉄道)収支予算」(同前、一三二頁)。
(28) 辻新次外一五名「利根鉄道株式会社発起申請書」、一八九六年(『利根鉄道株式会社創立願書』)。
(29) 「熊谷鉄道利害調査東京府知事へ回答」、一八九六年一二月一〇日(『埼玉県行政文書』明二四三〇)。
(20) 堀越寛介外一六名「東武鉄道敷設に関する意見書」(前掲『東武鉄道六十五年史』、一一八―一一九頁)。
(31) 「北埼玉鉄道利害調査東京府知事へ回答」、一八九六年一一月一六日(『埼玉県行政文書』明二四三〇)。
(32) 「北埼玉郡川俣鉄道利害調査東京府知事へ回答」、一八九六年一月九日(『埼玉県行政文書』明二四三〇)。
(33) 前掲堀越寛介外一六名「東武鉄道敷設に関する意見書」、一一七頁。
(34)(35) 東武鉄道沿道町村委員総代「東武鉄道敷設ニ関スル意見書」(前掲『東武鉄道六十五年史』、一三五頁)。

三　北埼玉郡横貫鉄道の市場形成的意義

北埼玉郡における横貫鉄道が、いかなる市場の形成を指向するものであるかを考察するに際して、ここに極めて興味深い一資料『北埼玉横貫鉄道布設ヲ要スルノ理由書』(1)(一八九七年)がある。該資料は「熊谷栗橋間鉄道布設ニ関スル上願」(以下「上願」と略記する)と、それに添付された「埼玉県下大里郡熊谷町ヨリ北埼玉郡忍

＜第Ⅱ-9表＞「熊谷栗橋間鉄道布設ニ関スル上願」者名簿

		氏名	住所	職業・その他
北埼玉	1	今津徳之助	行田	足袋製造業，印刷業
	2	石島儀助	行田	本場青縞卸商，織底白木綿商，肥料商，忍商業銀行監査役，大地主（地価 10,329円304）
	3	栗原代八	行田	足袋製造業，本場青縞卸商，栗原工場（足袋，文化年間創業）経営
	4	宮川己之助	行田	酒卸小売商，肥料商
	5	松村平八	行田	
	6	古市直之進	忍	
	7	橋本甚五郎	行田	橋本工場（足袋，天明年間創業）経営，橋本喜助（足袋製造業，本場青縞卸商）後見人，忍商業銀行取締役，忍貯金銀行監査役
	8	大塚喜八	行田	
	9	森田藤蔵	行田	
	10	安岡儀兵衛	行田	呉服太物商
	11	中里源三郎	行田	鉄物商，肥料・砂糖商
	12	茂木勝之助	行田	
	13	高野重兵衛	行田	諸薬品・絵具・染料商
	14	佐藤啓三	行田	忍行社主宰者
	15	大沢専蔵	行田	足袋製造業，大沢足袋工場（明治15年創業）経営
	16	三嶋伊右衛門	行田	
	17	福田竹蔵	行田	
	18	富田治郎助	行田	質商，忍商業銀行取締役，忍貯金銀行監査役，大地主（地価 10,028円424）
	19	大沢久右衛門	行田	本場青縞卸商，白木綿・織底卸商，忍商業銀行発起人，忍貯金銀行監査役
	20	大嶋喜兵衛	行田	
	21	山田てる	行田	呉服太物商
	22	岩田音次郎	行田	
	23	松岡三五郎	星河村	忍商業銀行頭取，忍貯金銀行頭取，大地主（地価 11,206円444）
	24	安田利兵衛	行田	足袋製造業，青縞買継商，足袋地類問屋，織底白木綿商

郡	25	久保田長左衛門	行田	
	26	野本亀吉	加須	実業家
	27	富田繁三郎	加須	
	28	富田四郎兵衛	加須	砂糖商
	29	森三七吉	行田	足袋製造業，森工場（足袋，明治4年創業）経営
	30	佐藤和助	行田	青縞卸商，織物商
	31	横田庄右衛門	長野村	
	32	川嶋与一郎	行田	足袋製造業，青縞石底卸商，穀物商
	33	青柳常吉	行田	足袋製造業，青縞太物商
	34	牧野鉄弥太	行田	足袋製造業，青縞買継商，牧野足袋工場（明治7年創業）経営
	35	今泉浜五郎	行田	足袋製造業，綿縞商，今泉工場（足袋，明治7年創業）経営
大里郡	36	石川宗三	熊谷	
	37	茂木重蔵	熊谷	紙商
	38	赤田定太郎	熊谷	
	39	松本真平	熊谷	石原製粉所経営，熊谷の巨商松本平蔵（熊谷銀行頭取，熊谷貯蓄銀行取締役）の長男
北葛飾郡	40	橋本栄	栗橋	
	41	小林長三郎	栗橋	
	42	大嶋新治郎	栗橋	
	43	菅沼久兵衛	栗橋	
	44	小林元次郎	栗橋	

（備考）今津徳之助『北埼玉横貫鉄道布設ヲ要スル理由書』，1897年，鈴木喜八・関伊太郎『日本全国商工人名録』，1898年，田口浪三・高柳勘太郎『埼玉県営業便覧』，1902年，その他より作成。

<第Ⅱ-10表> 忍町（行田）移出入重要商工品概表（1894年）

	品名	数量	価額	割合	移出入地方
移入之部	白木綿	170,000反	59,500円	7.2%	忍町近郷，羽生，久喜，東京，上州，館林
	青縞	200,000反	200,000	24.3	忍町近郷，加須，羽生地方
	雲斉絞織	20,000反	12,000	1.5	東京，和歌山，愛知
	石底織	50,000反	50,000	6.1	忍町近郷，羽生地方
	洋糸	45,000斤	16,500	2.0	東京，横浜
	紡績和糸	105,000斤	33,250	4.0	東京，愛知，三重，栃木
	綿	92,000貫	42,900	5.2	忍町近郷，羽生地方
	繭	30,000石	75,000	9.1	忍町近郷，羽生・館林地方
	米	14,000石	177,700	21.6	忍町近郷
	大麦	9,000石	30,000	3.7	忍町近郷
	小麦	18,000石	90,000	11.0	忍町近郷
	清酒	540石	7,182	0.9	東京，北埼玉郡長野・荒木
	石油	6,000函	12,000	1.5	東京
	食塩	45,000石	16,000	2.0	東京
	合計	——	822,032	——	
移出之	足袋	1,800,000足	144,000円	21.1%	東京，北海道，栃木，福島，茨城，宮城，岩手，神奈川，千葉，山梨，秋田，長野，青森
	青縞	160,000反	160,000	23.4	三府，北海道，兵庫，神奈川，愛知，長崎，奥羽，石川，富山，新潟，長野，群馬，栃木，茨城，其他
	石底織	25,000反	25,000	3.7	東京，群馬，奥羽地方
	白木綿	30,000反	75,000	11.0	群馬
	繭	26,000石	65,000	9.5	長野，群馬地方
	生糸	400貫	13,300	2.0	横浜，川越町
	米	12,000石	88,850	13.0	群馬，埼玉県西部

部	大麦	6,000石	12,000	1.8	群馬，埼玉県西部
	清酒	5,000石	70,000	10.3	群馬，千葉，東京
	綿	67,200貫	30,000	4.4	東京，群馬地方
合計		—	683,150	—	

（備考）「知事巡視書類」（『埼玉県行政文書』明834），1894年，より作成。

町ヲ経テ北葛飾郡栗橋町ニ達スル鉄道布設ヲ要スル理由書」(以下「理由書」と略記する）とから成っている。「上願」は、次のように熊谷〜栗橋間鉄道（具体的には利根鉄道、あるいは北埼玉鉄道）の建設許可を願い出たものである。

「当忍町ハ埼玉県下熊谷ヨリ栗橋ニ達スル道路ニ当リ車馬ノ往復頗ル頻繁ニシテ県下無比ト称シ商工業モ追々発達致候処未タ鉄道ノ設無之近来益不便ヲ感シ候間目下出願中ニ係ル利根又ハ北埼玉鉄道創立会社ニ対シ其願意速ニ御許可被成下度別冊理由書並ニ物産表相添此段上願仕候也(2)」

この「上願」には、〈第Ⅱ-9表〉のように四五名の上願者が名を連ねているが、その七七・八パーセント（三五名）を北埼玉郡在住者が占め、しかもその多くは忍町行田を中心とする青縞卸商、青縞買継商、および足袋製造業者などであった。〈第Ⅱ-10表〉は「忍町（行田）移出入重要商工品概表」（一八九四年）であるが、青縞、足袋の移出入数量がかなりの割合を示し、その販路は関東、北陸、東北、北海道などにおよんでいる。こうした青縞、足袋を中心とする商品流通の展開を背景に、利根鉄道ないし北埼玉鉄道の建設が忍町行田の青縞卸商、青縞買継商、および足袋製造業者などによって要請されたものとおもわれる。そこで、次にその論旨を「理由書」から探ってみたい。

「理由書」は、「北埼玉郡地方ニ於テモ一ツノ横貫鉄道ヲ布設シテ其便益ヲ享受セントコトヲ欲スル所以(3)」をこの地方の独自の商品生産・流通の実態から説明する。まず、北埼玉郡の物産の生産状況について次のように述べている。

「抑モ埼玉県下北埼玉郡ハ……略……米麦大豆野菜綿花藍葉菜種等ノ農産物ニ富ミ……略……郡内又綿布足袋生糸清酒醤油等ノ製造品ニ豊カニシテ就中青縞ト行田足袋トハ最モ著名ナル物産ニ属セリ……略……忍町地方ノミニテモ毎年青縞五十万反ト足袋三百万足ノ産出アリ(4)」(傍点引用者)

ここでは、青縞、足袋の生産について特筆されていることが注目される。そして、こうした生産状況を示す北埼玉郡の「運輸交通ノ繁劇(5)」なる様相が、この地方の諸車所有台数によって傍証されている。

次に「理由書」は、この青縞、足袋二品の販路について「重モニ常総野州奥羽北海道地方ニ在ル(6)」と述べているが、その流通経路は「行田地方ヨリ輸送セント欲セハ加須町ヲ経テ栗橋町ニ出テ日本鉄道会社ノ奥羽線ニ依ルヲ以テ順略トス(7)」るのであった。日本鉄道第二区(東北)線の開通は、東北・北海道地方の市場開発を促進した。北埼玉郡の青縞、足袋は、この鉄道によって東北・北海道方面へ輸送されるのであるが、「理由書」は日本鉄道線までの輸送経路として、行田より加須を経て日本鉄道第二区(東北)線栗橋停車場に至るルートの重要性を指摘しているのである。しかしこのルートは、次のようにかなりひどい悪路で、貨物の渋滞、運賃の高騰をひきおこすこともしばしばであった。

「仮令ヒ県道ト名ツクルモ紆余縈回シ恰モ斗折ノ如ク又蛇行ニ似タリ加之ナラス其地質ハ粘土ニシテ砂石ニ乏シク路盤鞏固ナラス降雨日ヲ重ネ積雪融解スルトキハ泥濘殊ニ甚シク往キ車馬ノ交通ヲ絶チ貨物渋滞シ

テ殆ト搬出ノ途ナク平日ニ在テモ其運搬賃極メテ高価ナルニ悪路ノトキハ尚ホ二三割ヲ増加シ貨主ノ損失ヲ受クルコト実ニ意想ノ外ニアリ」[8]

従って、「栗橋方向ニ送ル貨物ハ仮令ヒ迂回ナルニモセヨ日本鉄道会社ノ中仙道線ニ依リ吹上停車場ヨリ大宮ヲ経テ奥羽線ニ移ス」[9]というルートをとらざるを得なかった。しかしながら「大宮停車場ハ往々荷閊エト称シ甚シキハ一ケ月余ノ長時間貨物ヲ渋滞セシ[10]め、「奥羽北海道地方ノ需用品ハ吹上ヨリ東京秋葉原停車場ニ輸送シ而シテ奥羽行ノ貨車ニ搭載スルニアラサレハ予定期間ニ於テ決シテ目的地ニ達スルコト能ハス」[11]のであった。

こうして、青縞、足袋の東北・北海道方面への輸送経路としては、行田より吹上に出て、そこから日本鉄道第一区（高崎）線により秋葉原停車場に達し、そこで第二区（東北）線に積みかえるというルートが専ら利用されることになった。こうしなければ期限内に貨物は目的地に到着しないのである。しかしながら、このルートにおいては「東京大宮間往復ニ費ス所ノ汽車賃ハ全ク謂ハレナキ損失」[12]となり、運賃の高騰をもたらすのである。「理由書」によれば、その損失額は〈第Ⅱ-11表〉のように見積られている。

〈第Ⅱ-11表〉　秋葉原～大宮間往復賃金損失表

種類	栗橋以北輸出物年額	大宮秋葉原間往復賃金	賃金総計
足袋	2,600,000足	1足に付3毛3糸	858円
綿布	400,000反	1反に付2厘6毛余	1,040円

（備考）　前掲『北埼玉横貫鉄道布設ヲ要スルノ理由書』より作成。

このような北埼玉郡の交通運輸の不便（輸送費の高騰、輸送期限の遅延）を改善する具体策として、熊谷より忍町を経て栗橋に至るいわゆる「北埼玉横貫鉄道」の建設が急務の課題とされたのである。そして、この目的に最も合致するのが、利根および北埼玉の両鉄道であった。すなわち、「理由書」は次のように結論的に述べている。

「而シテ目下熊谷町ヲ起点トシテ忍町ヲ経過シ栗橋町附近ニ達スル鉄道ノ布設ヲ請願スルモノ三四会社ノ多キニ及ヘリ今ヤ其線路ニ就キ精細ニ其利害ヲ計リ其得失ヲ較フレハ最モ能ク前述ノ目的ニ適合スルモノハ利根鉄道会社ノ設計線ニシテ之ニ次クモノハ北埼玉鉄道トス此鉄道ノ一ニシテ幸ニ布設ノ許可ヲ得ハ北埼玉郡ニ於ケル運輸交通ハ漸クニシテ其便ヲ増シ啻ニ商工業ノ発達ヲ促スノミナラス国力ヲ充実シ兵備ヲ拡張スルノ上ニ於テモ其毘益スル所豈ニ鮮少ナリトセンヤ[13]」

さらに注目すべきは、東武鉄道に対する「理由書」の評価である。これは、本節での問題設定の上から極めて興味深い論点を含んでいる。すなわち、「理由書」は「政府ハ先キニ東武鉄道ノ布設ヲ許可セラレタルニヨリ其鉄道ニシテ完成全通セハ北埼玉郡ニ於テモ今日ノ如ク甚シキ不便ヲ感セサルニ至ルベシ[14]」という見解に対して、次のような論駁を加えるのであった。

「是レ即チ北埼玉郡ノ地勢ト交通ノ状況ヲ詳カニセス又商工業ノ実情ヲ解セサルモノヽ説ナリ[15]」

そして、その論拠については次のように述べている。

「東武鉄道ハ東京足利間ノ連絡ヲ通スルモノニシテ利根及ヒ北埼玉鉄道ハ熊谷町ヨリ栗橋間ノ往復ニ利便ヲ与エ兼テ常総野州奥羽北海道ノ諸国ト南毛西武地方ノ物産ヲ交換シ需用供給ヲシテ遺憾ナカラシメンコトヲ期スルモノナリ故ニ東武鉄道ノ盛否ハ当地方ニ於ケル商工業ノ盛衰ト痛痒相関セサルモノナリ[16]」（傍点引用者）

ここで留意されるべきは、東武鉄道が利根・北埼玉両鉄道と明らかに性格の異なる鉄道として認識されていることである。すなわち東武鉄道は、東京〜足利間の交通運輸の便をはかるもので、北埼玉郡における産業の発

＜第Ⅱ-12表＞　東武鉄道株主の地域別分布(1899年)

道府県	株主数											株式数	割合
	1～9株	10～49株	50～99株	100～199株	200～299株	300～399株	400～499株	500～999株	1000株以上	総計	割合		
東京	15人	159人	53人	36人	21人	12人	3人	12人	10人	321人	52.4%	42,271株	79.8%
埼玉	45	55	13	5	1					119	19.4	2,784	5.3
群馬	32	64	7	5	1			1		110	17.9	3,364	6.3
千葉	3	9	1		2					15	2.4	682	1.3
栃木	2	7								9	1.5	177	0.3
長野		3	2	2						7	1.1	470	0.9
神奈川		2		2					1	5	0.8	1,220	2.3
大阪		2		1	1					4	0.7	362	0.7
富山		2	2							4	0.7	185	0.3
三重		2					1			3	0.5	520	1.0
滋賀			2			1				3	0.5	445	0.8
新潟		3								3	0.5	50	0.1
愛知		1	1							2	0.3	80	0.2
熊本		1	1							2	0.3	70	0.1
北海道			1							1	0.2	50	0.1
宮城		1								1	0.2	30	0.1
静岡			1							1	0.2	50	0.1
和歌山		1								1	0.2	30	0.1
兵庫				1						1	0.2	100	0.2
不明			1							1	0.2	60	
合計	97	312	84	52	26	13	4	13	11	613	—	53,000	—

(備考)　東武鉄道株式会社『第四回報告』, 1899年9月, より作成。

〈第II-13表〉 利根鉄道株式会社発起人一覧（1896年）

氏名	住所	所得税	地租	備考
辻　新次	東京市本郷区	69円685	22円360	仁寿生命保険合資会社社長，東京女学館館長，貴族院議員
山口平太夫	東京府南多摩郡	28・230	286・044	農業
奥田　直弘	東京府北豊島郡			子爵
川崎芳之助	東京市京橋区	25・565		株式取引所仲買，播但鉄道会社株主
半沢平三郎	福島県伊達郡			大地主(地価 17,777円380)
山脇　善助	東京市京橋区	210・160	305・614	清酒問屋
川崎徳之助	東京市日本橋区	15・750		米穀商
小林吉之助	東京市日本橋区	31・170		両替店，東京株式取引所仲買
内田　匡輔	東京市京橋区	5・100		第十五国立銀行四等役
松本竜之助	東京市芝区			
河合徳兵衛	東京市麹町区			
白金　亀吉	東京市日本橋区	22・500	5・504	廻米問屋
本多　実方	東京市赤坂区	64・410	15・996	子爵(旧信濃飯山藩主)，貴族院議員
加東　徳三	東京市日本橋区	617・500	32・539	第百三十二国立銀行頭取，株式会社品川銀行取締役，房総鉄道会社取締役
今井　文吉	東京市日本橋区	84・240		第百三十二国立銀行取締役兼支配人，房総鉄道会社株主
中川　良知	神奈川県中郡			

（備考）『利根鉄道株式会社創立願書』，1896年，交詢社『日本紳士録』第3版，1896年，鈴木喜八・関伊太郎『日本全国商工人名録』，1898年，その他より作成。

展および市場の拡大に資するものではなく、むしろ東京中心の市場形成を指向するものであった（＝縦貫鉄道）。これに対して利根・北埼玉両鉄道は、北埼玉郡の商工業および商品流通の実態に即しており、この地方の市場拡大を促すものであった（＝横貫鉄道）。従って「理由書」の作成者である忍町行田の青縞卸商、青縞買継商、および足袋製造業者などの立場からすれば、「是レ某等カ利根若クハ北埼玉鉄道創立者ノ願意ニ賛同シ其採

＜第Ⅱ-14表＞　北埼玉鉄道発起人株主一覧（1895年）

	氏名	株数	金額	住所	所得税	地租	営業税	備考
東京市	岡部　広	150株	7,500円	日本橋区通	45円930			江戸川製紙㈱監査役
	浜口吉右衛門	150	7,500	日本橋区小網町	590・000			醤油・塩・荒物問屋
	鳥海清左衛門	150	7,500	京橋区八丁堀	74・160	157円854		砂糖問屋
	小池佐一郎	150	7,500	日本橋区箱崎町	15・825			東京商品取引所理事
	奥　時之助	150	7,500	深川区掘川町				米穀商
	河村隆実	150	7,500	京橋区元数寄屋町	36・885			書籍商，河村合名会社，共伸社社員
	榧木寛則	100	5,000	下谷区仲徒町				弁護士
	加藤正治	100	5,000	本所区千歳町	7・240	9・898		薪炭商
	山田英太郎	100	5,000	牛込区市ヶ谷				
	駒林広運	100	5,000	麻布区谷町				
	藤山雷太	100	5,000	芝区金杉新沼町	73・365			王子製糸㈱専務取締役，東京印刷㈱取締役
	榊原浩逸	100	5,000	麹町区飯田町	5・360			
	佐分利一嗣	50	2,500	本郷区元町				土木建築士
埼玉県	根岸武香	300	15,000	大里郡吉見村				興業貯蓄銀行・農工銀行・熊谷銀行監査役，武蔵鉄道創立委員，大地主，多額納税者
	橋本喜助	200	10,000	北埼玉郡忍町行田	125・476		155円980	足袋製造卸業，本場青縞卸商
	菅沼友吉	200	10,000	北葛飾郡栗橋町				料理店旅舎
	清水近太郎	150	7,500	北埼玉郡加須町				青縞買継商・埼玉木綿織物産盛同業組合長，加須銀行頭取
	石島儀助	100	5,000	北埼玉郡忍町行田	20・850		91・640	本場青縞卸商，織底白木棉・肥料商，大地主
	小林長三郎	100	5,000	北葛飾郡栗橋町				
	柿崎政次郎	100	5,000	北埼玉郡加須町				
	富田繁三郎	100	5,000	北埼玉郡加須町				
	橋本　栄	50	2,500	北葛飾郡栗橋町				
	小林元三郎	50	2,500	北葛飾郡栗橋町				

（備考）「北埼玉鉄道株式会社起業目論見書」（『埼玉県行政文書』明2430），前掲『日本紳士録』第3版，前掲『日本全国商工人名録』，田口浪三・高柳鶴太郎『埼玉県営業便覧』，1902年，その他より作成。

＜第Ⅱ-15表＞　北埼玉鉄道発起人株主地域別分布（1895年）

		株主数							株式数	割合
		50株	100株	150株	200株	300株	合計	割合		
東京市		1人	6人	6人	人	人	13人	56.5%	1,550株	53.5%
埼玉県	北埼玉郡		3	1	1		5	21.7	650	22.4
	北葛飾郡	2	1		1		4	17.4	400	13.8
	大里郡					1	1	4.4	300	10.3
合計		3	10	7	2	1	23	—	2,900	—

（備考）　前掲「北埼玉鉄道株式会社起業目論見書」より作成。

納ヲ請フ(17)」と、利根ないし北埼玉鉄道、すなわち「北埼玉横貫鉄道」の建設を要請したのは、けだし当然のことであろう。

事実、東武鉄道は、「発起人意見書」にも次のように述べられているように、東京湾の築港と相俟って東京中心の市場形成に果たす役割が期待されていた。

「東武鉄道ノ線路ハ東京越中島ヲ起点トセシ事ナレハ他日東京湾築港竣成ノ期ニ至ツテハ更ニ其利便ノ著シキ事最モ大ナリトス(18)」

ところで、東武鉄道の発起人株主の構成は、原六郎、今村清之助ら他の鉄道、銀行などの役員を兼任する「京浜間知名の豪商紳士(19)」によって占められていた。また、一八九九（明治三二）年の株主の地域別分布を表示したのが＜第Ⅱ-12表＞である。東京在住の株主が、株主数で五二・四パーセント（三二一名）、株式数で七九・八パーセント（四二、二七一株）を占めており、他を圧倒している。埼玉県在住の株主は、株主数で一九・四パーセント（一一九名）、株式数で五・三パーセント（二、七八四株）を占めているが、東京在住株主に五〇〇株以上の大株主が二二名いるのに対して、多くは一〇〇株以下の小株主（一一三名）であった。そして、前掲「上願」出願者で東武鉄道の株主に加わっているものは皆無である。このような株主構成上の特質からも、東武鉄道に対する「理由書」の先の評価は妥当なものといえよう。

とはいえ、一方の利根鉄道においても発起人株主構成は、中央依存的性格が強い。利根鉄道の発起人株主は〈第Ⅱ-13表〉に示したとおりで、半沢平三郎（福島）、中川良知（神奈川）を除く他の一六名は全て東京在住の株主である。株式取引所仲買、銀行役員などの名がみられるのは、この鉄道が鉄道株投機という側面をもちあわせていたことを示すものであろう。

しかしながら、〈第Ⅱ-14表〉の北埼玉鉄道の発起人株主構成は、若干性格を異にしている。すなわち、〈第Ⅱ-14表〉から発起人株主の地域別分布を示すと〈第Ⅱ-15表〉のようになる。東京在住の発起人株主が、株主数、株式数ともに過半数をこえているとはいえ、北埼玉・北葛飾・大里各郡の沿線在住者が、株主数で四三・五パーセント（一〇名）、株式数で四六・六パーセント（一、三五〇株）を占めているのである。そしてこの中には、橋本喜助、清水近太郎、石島儀助などの青縞卸商、青縞仲買商、および足袋製造業者が名を連ねている。因に、橋本喜助および石島儀助は、これに大沢久右衛門を加えて忍町行田の三大青縞問屋と称されていた。[20]また橋本喜助は、「足袋ノ産出ハ忍町ノ特有ニシテ……略……橋本喜助一手ニ売捌ク」[21]といわれるほどの足袋製造問屋でもあった。清水近太郎は、天保期より創業を開始したといわれる加須町の著名な青縞買継商であった。[22]このような北埼玉鉄道の発起人株主構成からも、北埼玉横貫鉄道の建設が、この地方の利害に深くかかわっていることを傍証できるようにおもわれる。[23]

以上、『北埼玉横貫鉄道布設ヲ要スルノ理由書』の検討から、熊谷より忍町を経て栗橋に至る北埼玉横貫鉄道（具体的には利根、北埼玉の両鉄道）が、いかなる市場の形成を指向するものであるかを考察してきたが、ほぼ次のように結論できよう。すなわち、この横貫鉄道は明治二〇年代における北埼玉郡の青縞、足袋を中心に展開する商品生産・流通の実態に即して計画されている。そして、東武鉄道などの縦貫鉄道の建設が、東京中心の中央集権的な市場構造の形成を指向するものであるのに対し、この横貫鉄道は北埼玉郡の地方的商品流通の拡大を促し、東京中心のそれからは相対的に自立する市場構造の形成を指向するものであった。

(1) 日本国有鉄道中央鉄道学園図書館所蔵資料。
(2) 今津徳之助外四三名「熊谷栗橋間鉄道布設ニ関スル上願」、一八九七年二月六日、一頁(『北埼玉横貫鉄道布設ヲ要スルノ理由書』)。
(3)(4) 今津徳之助「埼玉県下大里郡熊谷町ヨリ北埼玉郡忍町ヲ経テ北葛飾郡栗橋町ニ達スル鉄道布設ヲ要スル理由書」、一八九七年二月九日、一頁(同前)。
(5) 同前、三頁。
(6)(7) 同前、一頁。
(8) 同前、一頁。なお、足袋、綿布、米穀の行田〜栗橋間陸運賃金は次表のとおりで、「悪路ニ際シテハ各二三割ヲ増加ス」との注が付されている。

種類	一駄一里間の賃金	一駄の個数	忍町行田栗橋間(七里間)賃金
足袋	一三銭三厘	一、八〇〇足	九三銭一厘
綿布	一三銭三厘	二〇〇反	九三銭一厘
米	八銭	二俵	五六銭

(9)〜(12) 同前、二頁。
(13) 同前、三頁。なお、当時の雑誌『八州』第二〇号、一八九六年一月、にも「北埼玉鉄道の好況と重要物産」と題する次のような記事がみられる。
「前号の誌上にも記したる北埼玉鉄道の現況なりといふを聞くに同鉄道は未だ鉄道会議の決定なきにも拘はらず

発起株の如きは既に満株となりたるが上にも続々申込人ありてこれが挨拶に困しむ有様なり斯る次第なれば通常株主とならんとする者も多く会社は坐して株主を得つゝありといふ若し同鉄道布設願書の出づるあらば政府は無論其願意を容るゝなるべし聞く此線と競争を試みんと企てたる川俣鉄道は苦辛経営して株主を募集し居れるが北埼玉鉄道の競争線としては勝ち得べき理由を発見するに苦しむ元来両社鉄道が如何なる目的を有するかは多々なる原因あるべしと雖ども共に忍町行田を通過するの意を察せば同地より輸出する重要物産(青縞、足袋、米麦、蔬菜)を目的としたるは其一なり而して右物産中第一を占むるは足袋、青縞等にて多くは奥羽北越に向て輸出せらる昨年忍町行田より輸出したる足袋は千五百万以上にして青縞は二百万反の多きに及べり当時輸送の手続きは吹上より大宮に送り奥羽線に積込むときは殆んど三四十日を要す故に吹上より東京秋葉原に送り同所より更に奥羽線に積載して送るも十日を出でずして輸入地に送るを得斯の如き状況なれば輸出地たる忍町行田は常に大宮秋葉原間の運賃に二重払ひを為し居る姿なり此一原因によりて考ふるも川俣鉄道は北埼玉全郡の利益を進捗するの具とならず加須栗橋を経て奥羽線に連結する北埼玉鉄道の勝ること万々なりと云ふ」(傍点原文のまま)。

(14) 同前、三―四頁。
(15)〜(17) 同前、四頁。
(18) 前掲「東武鉄道株式会社発起人意見書」、一二六頁。
(19) 前掲堀越寛介外一六名「東武鉄道敷設に関する意見書」、一三〇頁。
(20) 大沢俊吉前掲書、三八頁。
(21) 前掲「巡視録」。
(22) 前掲『羽生市史』下巻、二九九頁。

四　おわりに

日清戦争を境に、わが国資本主義は著しく発展した。紡績、製糸、その他の軽工業部門で産業革命が急速に進行し、農村の手工業経営の発達も顕著であった。こうした国内経済の展開は、都市とその周辺の生産地とを結ぶ商品流通網だけでなく、都市と都市、生産地と生産地とを結ぶというように極めて複合的な商品流通網を形成するのであった。産業革命の進展に伴う商品流通＝市場構造の変化は、当然鉄道網の形成にも一定の変化をもたらさずにはおかなかった。(1)関東各地に東京を経由せずに、地方と地方とを直結するいわゆる横貫鉄道の建設計画が続出したのである。(2)

本節で検討してきたように、明治二〇年代末期の北埼玉郡における鉄道建設の動向にも、このような傾向が反映されていた。東武鉄道という縦貫鉄道に対して、利根鉄道、北埼玉鉄道のような横貫鉄道の建設が計画されたのである。これらの横貫鉄道は、青縞、足袋生産を中心に展開しつつあったこの地方の国内市場形成の動きを、さらに促進する輸送手段として期待された。そして、このような国内市場の形成は、明らかに東京を中核とする中央集権的な市場構造からは相対的に自立するものであった。

しかしながら、こうした北埼玉郡における鉄道建設計画の動向は、横貫鉄道としての利根鉄道（一八九七年）・北埼玉鉄道（一八九六年）の却下、縦貫鉄道としての東武鉄道への免許状下付（一八九七年）・開業（一八九九年）という結果に帰着するのであった。すなわち、この時期の関東地方における鉄道網形成過程の特徴は、このような横貫鉄道の建設がほとんど実現をみることなく、東京と関東各地の生産地帯とを結ぶ縦貫鉄道が、東京を中心に放射状の鉄道網を描いていくところにみいだすことができる。このことは、関東各地の生産地帯が東京（およびその外港としての横浜）の支配下にはいったという歴史的事実を示すものである。(3)

軍備拡張とそれを支えるための殖産興業（輸出振興）とを政策基調とする日清「戦後経営」期において、鉄道は第一に軍事的目的から、第二に生糸、羽二重など輸出向け商品の輸送に資するものとして建設されていった。(4) こうした中では、国内市場の拡大に重点をおく北埼玉横貫鉄道（利根鉄道、北埼玉鉄道）の建設は、まさに「鉄道敷設ノ急須ヲ認メサル」(5) のであった。また、この北埼玉横貫鉄道の建設が実現をみなかった要因には、その建設を担う主体の脆弱性をも指摘しておかなければならない。利根鉄道の発起人株式構成における中央依存的な性格については既に述べた。北埼玉鉄道は、仮免許の申請が却下された後、一八九六（明治二九）年八月二一日に創立再願が企てられている。しかしその発起人の中には、根岸武香を除いて先に北埼玉鉄道発起人株主に名を連ねていた埼玉県在住の株主は一人もみられない。ましてや、前掲「上願」に名を連ね、北埼玉横貫鉄道建設の重要な推進力であった北埼玉郡の青縞卸商、青縞買継商、および足袋製造業者などの名は一人もみいだせないのである。かくて、前述した「理由書」の主張にもかかわらず、北埼玉郡の青縞卸商、青縞仲買商、および足袋製造業者などは、自力で自からの市場開拓のための鉄道建設を推進していく内部自生力を欠如していたといえる。そして、この北埼玉鉄道創立再願の企ても、翌一八九七（明治三〇）年五月一四日、「北埼玉鉄道株式会社ノ発起並ニ鉄道敷設之件難聞届」(6) として却下されていくのであった。

ところで、このような北埼玉郡における鉄道建設の動向は、産業資本確立期の日本資本主義の展開の中でどのように位置づけられるであろうか。明治政府は、その権力が確立するとともに、より強固な東京中心の市場政策を鉄道網整備の中に具現していった。松方正義は、早くも一八七八（明治一一）年、「漸次各地ノ鉄道ヲ構造スルモ此線路（京浜間官設鉄道……引用者）ニ接続セハ則チ各地ニ散布スル鉄道ノ始源ト為スヲ得可シ、蓋シ東京ノ港湾ハ海水浅瀉ニシテ大船巨船ノ入泊ニ難ク、貿易上ニ便ナラス、而モ今此鉄道ヲ布設シテ其便ヲ助ク、以テ能ク益々東京ノ殷富ヲ増シ商業繁盛ヲ極メ」(7)と東京を中心市場に横浜をその外港として位置づけ、関東各地の生産地帯を東京、横浜に直結するという鉄道網の形成を構想している。そして、このような明治政府の鉄道政策（＝市場政策）は、例えば甲武鉄道（八王子〜新宿間）と武蔵鉄道（八王子〜川崎間）の競願に際して、これを二者択一の問題として提起し、「此等各地ニ関係ヲ有セル場所ニ於テ布設スル鉄道ハ、必ズ首府ヲ以テ基点トシ、而シテ他ノ各邑要区ニ連絡ヲ取ルヲ原則トセラルル」(9)と述べて甲武鉄道を支持した山県有朋の建議などに具体化されていく。横貫鉄道建設計画の挫折、縦貫鉄道の実現という明治二〇年代末期の北埼玉郡における鉄道建設の動向も、以上のような脈絡に沿って理解されるべきであろう。

そしてさらに注目すべきは、北埼玉郡においてこの時期、「綿織物業の停滞衰退とこれにかわる蚕糸業の発展」(10)という産業構造の変化が進行していることである。明治二〇年以来の桑園面積の漸増、棉作付面積の漸減という傾向がつづいていたが、ついに一九〇〇（明治三三）年に前者が後者を凌駕している。(11)輸入棉花の増大によって実棉生産の中止を余儀なくされた農家の多くが養蚕農家へと転換したのである。また『埼玉県統計書』によれば、一八九四（明治二七）年、行田に糸・繭市場が初めて登場し、翌一八九五（明治二八）年には、羽生にも糸・繭市場が成立し、さらに同年、行田・加須には洋糸市場もみられるのであった。そして、こうした中で北埼玉郡の織物業は、明治三〇年代以降漸時そのウェイトを低下していくのである。

こうした事態は、まさに産業資本の確立を告知する明治二〇年代末期—三〇年代において、この地方の商品生産・流通のメカニズムが、基本的に先進資本主義国の利害のもとに再編成されながら体制内にくみこまれていったことを意味するものとおもわれる。そして、青縞卸商、青縞買継商、および足袋製造業者などによって、その建設が積極的に要請された北埼玉横貫鉄道（利根鉄道、北埼玉鉄道）建設計画の挫折、そしてむしろ彼らによって否定されていた縦貫鉄道（東武鉄道）の実現という結果に帰着する北埼玉郡の鉄道建設の動向は、こうした産業構造、市場構造の転換と密接に関連しているのである。周知のように、日本資本主義は世界市場の規定を受けて、蚕糸業の比例を失した肥大化という産業構造のひずみを生じながら、跛行構造型後進資本主義（大塚久雄編『後進資本主義の展開過程』、一九七三年）としての特質を鮮明にしながら確立していくのであるが、こうした特徴は、以上にみたこの時期の鉄道網形成過程の中にも集中的に表現せられている。[12]

（1）日本国有鉄道『日本国有鉄道百年史』第四巻、一九七二年、二二四—七頁。
（2）前掲『鉄道雑誌』（第九号）には、「是に於てか今や機運も横断線計画の時節に向ひたる者と覚ほしく、已に其筋に出願に及ひたる者数線路あるに至れり」（傍点引用者）とある。
（3）前掲『日本国有鉄道百年史』第四巻、二二四—二七頁。
（4）本書の第一章「全国的鉄道体系形成過程の特質」を参照されたい。なお、北陸機業地は一八九六（明治二九）年の敦賀〜福井間鉄道の開通によって、既設の長浜〜金ケ崎間鉄道（一八八四年開通）、東海道官設鉄道（一八八九年全通）を通じて横浜と鉄道で直結した。このことは、運賃の低減と輸送日数の短縮をもたらし、輸出向羽二重生産は

「彼我の取引頗る敏活となり、欧米向輸出は玆に一層増進し……略……産額は一躍して二千万円以上に達し、機数二万三百余台に上れり」（鉄道院編『本邦鉄道の社会及経済に及ぼしたる影響』中巻、一九一六年、九八三頁）と著しい発展を示した。北埼玉郡織物業が明治三〇年代以降停滞的な様相を呈していくのと対蹠的である（神立春樹前掲書）。

（5）「北埼玉鉄道株式会社発起竝鉄道敷設ノ件（諮詢第二〇四号）」（前掲『第七回鉄道会議議事速記録』第一〇号、一二四頁）。

（6）『根岸家文書』一五五六。

（7）伊藤好一「八王子鉄道と八王子市場圏」（多摩中央信用金庫『多摩のあゆみ』第二号、一九七六年二月）。

（8）松方正義「理財稽蹟」、一八七八年（大内兵衛・土屋喬雄編『明治前期財政経済史料集成』第一巻、一九六二年、二三二頁）。

（9）山県有朋「汽鑵車鉄道布設之件」、一八八六年（前掲『日本国有鉄道百年史』第二巻、五〇五頁）。なお、この甲武・武蔵両鉄道の競願問題については、第二章第一節「八王子における鉄道建設の動向」を参照されたい。

（10）田村正夫「埼玉県における明治初期の繊維産業」（『歴史地理学紀要』第六号、一九六四年一二月、六一頁）。

（11）前掲『羽生市史』下巻、二三七、二六〇頁。なお、新井寿郎「埼玉県の養蚕地域の変貌」（『埼玉大学紀要』社会科学編、第一二巻、一九六四年三月）および永瀬順弘「日本『産業革命期』の繭市場について――埼玉県を中心として――」その一、その二（『経済と経済学』第二六、二八号、一九六九年四月、一九七〇年三月）も参照のこと。

（12）なお、この点については滝沢秀樹『日本資本主義と蚕糸業』、一九七八年、第一編第一章「《生糸貿易基軸体系》の成立とその歴史的意義――明治前期の埼玉県における蚕糸業と綿業の分析を中心に――」も参照されたい。

補論㈠　両毛鉄道足利〜神奈川間路線延長計画について

一　はじめに

大日本帝国憲法の制定（一八八九年）を画期として始まる明治二〇年代、日本は中央集権国家形成への道をひたすら歩んでいた。東京は全ての権能を集中する「帝都」として育成される(1)一方で、近世後期以来農村工業の抬頭を背景に成長してきた関東地方の在方市は、東京＝中央に対する地方都市として位置づけられ、その自立的な展開は阻止されていくのであった。すなわち、そこには「東京ハ啻ニ政治上ノ中心タルノミナラズ将ニ商業上ノ中心タラントスル(2)」という市場政策の貫徹をみいだすことができるのである。

こうした近代日本の歩みは、鉄道建設の過程にも象徴的に現われていた。東京の産業発展が明治政府の官業的・富国強兵的な殖産興業政策のもとで推進されてきたということは既に大阪との比較で実証されているが(3)、同時に明治政府は東京を中心とする経済圏の育成を鉄道政策の中に具現していくのであった。事実、既に本章の各論説が明らかにしてきたように、明治一〇年代後半の日本鉄道（上野〜前橋間）の開通以後における関東地方の鉄道建設は、東京から各地へ放射状に伸びるいわゆる縦貫線の実現という形で推進せられ、東京を中心と

両毛鉄道路線略図

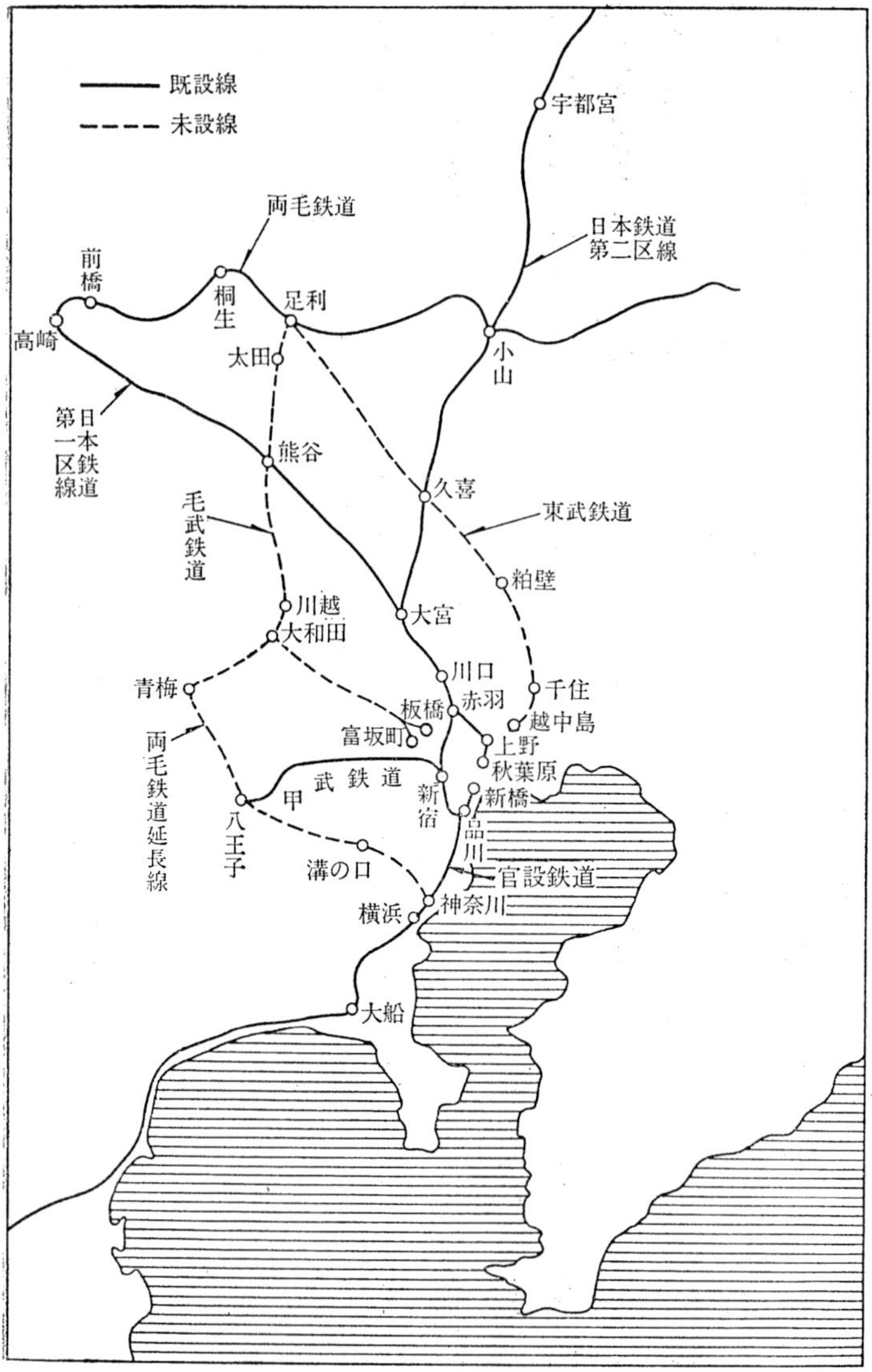
既設線
未設線
宇都宮
両毛鉄道
日本鉄道
第二区線
前橋
桐生
足利
高崎
小山
太田
第一区
日本鉄道線
熊谷
久喜
東武鉄道
毛武鉄道
粕壁
川越
大宮
大和田
川口
千住
青梅
板橋
赤羽
越中島
富坂町
上野
秋葉原
両毛鉄道延長線
甲武鉄道
新宿
新橋
八王子
品川
溝の口
官設鉄道
横浜
神奈川
大船

する鉄道網が形成されるのであった。しかし、もとよりこのような鉄道網は直線的・短絡的な過程を辿って形成されてきたものではなく、多くの矛盾・対抗を孕みつつ迂余曲折を経験した後に実現したとみるべきである。ところで、この補論(一)は両毛鉄道足利〜神奈川間路線延長問題について若干の検討を試みるものであるが、それはこの両毛鉄道足利〜神奈川間路線延長計画が提起され、後に挫折していくその過程の中に以上に述べた明治政府の鉄道政策の一端を垣間見ることができるようにおもわれるからである。

(1)　石塚裕道「明治前期における都市計画——東京について——」(東京都立大学都市研究会編『都市構造と都市計画』、一九六八年)。

(2)　「東京商工会議事要件録」、一八八八年(渋沢青淵記念財団竜門社編『渋沢栄一伝記資料』第一九巻、一九五八年、七頁)。

(3)　たとえば、石塚裕道『日本資本主義成立史研究——明治国家と殖産興業政策——』、一九七三年、菊浦重雄『日本近代産業形成期の研究』、一九七七年、などを参照されたい。

二　両毛鉄道の研究史

両毛鉄道(小山〜前橋間、一八八九年全通)の研究史をふり返るとき、まず島恭彦氏の研究に注目しなければならない。両毛鉄道は、佐野、足利、桐生、伊勢崎などの両毛機業地帯を貫通する鉄道であったが、島氏はこれを「生産力の発達と市場の展開に応じて何程かの自生力をもって発展した鉄道の少数の例」(1)と、その自生型産業鉄道としての性格を、石炭輸送を目的として設立された筑豊鉱業鉄道とともに高く評価したのである。

この島氏の規定によって、両毛鉄道は日本における「自生型産業鉄道[2]」の一典型として把握されるようになり、以後の研究はこの規定にそって進展していくことになるのであった。

その後、この両毛鉄道について、本格的な研究を試みたのは石井常雄氏であった。石井氏は、両毛鉄道を日本における「自生型」鉄道分析への手がかりにするという問題意識から、その経営史を正面から取り扱い、「両毛鉄道会社における株主とその系譜[3]」、「両毛鉄道会社の経営史的研究[4]」という二本のすぐれた論文を発表した。この二つの論文は密接に関連するものであるが、石井氏は前者の論文で両毛鉄道の株主構成を分析し、両毛地方の機業家の両毛鉄道に対する投資力がきわめて弱かったことを明らかにした。そして、後者の論文では両毛鉄道の成立・発展・崩壊の過程を分析しつつ、前者の論文と合わせてその「自生型産業鉄道」としての性格の脆弱性を指摘している。また、中西健一氏も『日本私有鉄道史研究――都市交通の発展とその構造――』において、両毛鉄道の性格に触れつつ「本来的な産業鉄道として確立しえなかったことは、旅客収入が七〇%を占めていた事実からでも判断しうる[5]」として、その「自生型産業鉄道」としての性格の脆弱さを指摘している。

こうしてみると、これまでの両毛鉄道に関する諸研究は、両毛鉄道をわが国における「自生型産業鉄道」の典型的な事例として取り上げた上で、その「自生型産業鉄道」としての性格を貫徹していくことができなかった点を強調し、ここにわが国鉄道発達史の一つの特徴をみいだすという論理構成になっているようにおもわれる。両毛鉄道の「自生型産業鉄道」としての性格を高く評価した島氏においても、両毛鉄道が日本鉄道の支線として建設されざるを得なかったという創立時の事情とかかわって、「その海外への出口を特権会社日本鉄道と国鉄に扼されていた」(6)とその市場基盤の脆弱性を指摘することを忘れてはいなかった。

ところで、ここで分析の対象とする両毛鉄道足利〜神奈川間延長線の問題は、既に先に紹介した石井氏の論文「両毛鉄道会社の経営史的研究」において取り上げられている。石井氏によれば、一八九二（明治二五）年一〇月一日、両毛鉄道は日本鉄道の経営支配を離れて独立経営の第一歩を踏み出すが、両毛鉄道足利〜神奈川間延長線の出願は、東京乗り入れと前橋〜渋川間の延長計画とともに、運輸市場の狭隘性を打破して独立経営の発展を維持するための手段であると位置づけられた。従って、その路線延長計画の挫折は同時に独立経営の崩壊をも意味したわけである。

このように、石井氏にあっては両毛鉄道の経営史に即して足利〜神奈川間路線延長計画の問題が取り上げられていたが、ここでは若干視角をかえて、産業資本確立期における鉄道網形成過程の一経過点の問題として位置づけて若干の検討を試みることにしよう。

（1）島恭彦『日本資本主義と国有鉄道』、一九五〇年、五七頁。
（2）「自生型産業鉄道」という概念は、しばしば個別鉄道史研究の際の分析基準として用いられている。たとえば、本田紀久子「横浜鉄道にみる私有鉄道の一構造」（『交通文化』第五号、一九六五年四月）、山田秀「明治中期産業鉄道会社経営の一分析——筑豊興業鉄道会社の経営史的考察——」（福岡大学『大学院論集』第一一巻一号、一九七八年八月）などを参照されたい。
（3）『明大商学論叢』第四一巻、第九・一〇号、一九五八年七月、所収。
（4）明治大学『商学研究所年報』第四集、一九五九年七月、所収。
（5）中西健一『日本私有鉄道史研究——都市交通の発展とその構造——』増補版、一九七九年、三六頁。
（6）島恭彦前掲書、五七頁。

三 両毛鉄道足利〜神奈川間延長線の出願とその背景

両毛鉄道会社が、足利〜神奈川間および大和田〜東京間の路線延長を出願したのは、一八九五(明治二八)年九月四日のことであった。(1) この延長線の出願に至る経過については前掲石井論文「両毛鉄道の経営史的研究」に詳しいが、そこではこの路線延長計画が、両毛鉄道の経営史に即して競争線(毛武鉄道)の出願→独立経営の危機→路線延長の出願→出願却下→独立経営の挫折と崩壊＝日本鉄道会社への買収という脈絡で捉えられていた。すなわち、同年三月に毛武鉄道会社が足利〜東京(小石川)間の鉄道建設を出願したことによって、両毛鉄道の独立経営が危機に瀕したことが両毛鉄道延長線(足利〜神奈川間、大和田〜東京間)出願の直接の契機となったというのであるが、そのこと自体は疑いえない事実といってよいようにおもわれる。しかし、ここではこの石井論文を踏まえた上で、産業資本確立期の関東地方における鉄道網形成過程の問題として、両毛鉄道足利〜神奈川間路線延長計画の出願とその挫折の意味を考えてみることにしたい。まず、われわれは「両毛鉄道(足利神奈川間、大和田東京間)延長線布設目論見書」(2)(一八九五年九月)なる資料の検討から始めよう。

この「両毛鉄道延長線布設目論見書」の構成は、㈠「両毛鉄道線路延長ノ理由」、㈡「起業目論見書」、㈢「足利神奈川間(約六拾七哩半)布設建設費及営業収支予算」、㈣「大和田東京間(約拾三哩半)布設建設費及営業収支予算」から成っている。そして、両毛鉄道路線延長の出願に至る会社側の意図は、「両毛鉄道線路延長ノ理由」において詳細に記されている。そこで、最初にこの「両毛鉄道線路延長ノ理由」の記述を紹介しつつ、両毛鉄道足利〜神奈川間延長線の出願に至る経緯とその意義について検討を加えよう。

「両毛鉄道線路延長ノ理由」は、まずその前段で両毛鉄道の現状について次のように述べている。

「両毛鉄道ハ東小山ニ於テ日本鉄道第二区線ニ連リ南ハ東京北ハ奥州地方東ハ常磐地方ニ連リ西ハ前橋ニ於テ日本鉄道第一区線ヲ受ケテ上毛武蔵ニ連リ又官線横川ヲ以テ碓氷ヲ越ヘテ信越ニ接ス其間五拾弐哩ノ間栃木、佐野、足利、桐生、伊勢崎等ノ各駅相連リテ局部ノ交通ヲ資シ兼テ東京横浜ニ運輸ヲ便ス線路ノ形勢ヲ以テスレハ東常磐両総ヨリ北奥羽地方ト西信越地方即チ奥州街道ト中山道及ヒ越後街道トヲ連絡スル者ナリト雖モ当初線路ノ経画《（ママ）》局部ノ利便ヲ主トスルヲ以テ彎曲自ラ多クシテ線路ノ長キヲ加ヘタルト日本鉄道株式会社線ノ大宮線アルカ為メニ東西連絡ノ用ニ至リテ実際甚タ軽微ナリトス局部ノ旅客貨物運搬ノ用ニ至リテハ内地貨物ノ聚散地タル東京ヨリ東海道京坂ニ至リ又外国貿易ノ中心タル横浜ニ至ル皆ナ迂路ヲ取ラサル可カラス況ンヤ局部ノ交通ナル者ハ其貨物定期ヲ以テ各主要ノ市場ニ集リ次テ再ヒ足利、桐生ナル線路ノ中央ニ輻輳シ以テ東南ニ向ツテ輸出シ又ハ之ニ従テ輸入スル者ナリ」[3]

右の引用にみられるように「両毛鉄道線路延長ノ理由」は、両毛鉄道の起終点である前橋、小山がともに日本鉄道会社線に接続しており、その運輸市場がきわめて狭隘であったという点を強調している。桐生、足利を中心とする両毛機業地帯で生産される織物は、その多くが東京・横浜市場へ輸送されるものであったが、両毛鉄道はその輸送需要を掌握しきれていないのである。それにしても、この問題をもう少し具体的に考察するためには、明治一〇年代後半の足利における鉄道誘致運動について触れておかねばならない。

日本鉄道第一区線上野〜熊谷間が開通して間もなくの一八八三（明治一六）年一一月二八日、栃木県足利の機業家市川安左衛門、同じく織物買継商の木村半兵衛らによって、日本鉄道第二区線を両毛機業地帯の中心市場足利へ誘致しようという意図のもとに、次のような「鉄道線路之儀ニ付御願」が県令三島通庸に宛てて提出された。

「抑々鉄道ヲ敷設スルノ要旨、運輸交通ヲ便ニスルノ一点ニアル可シ故ニ之ヲ敷設スル幹線ノ如キハ最モ物産貿易交通ノ市場及ヒ衆庶往復ノ繁劇ナル地ヲ貫通セシムルハ必要ノ儀ト被存候然ラハ上州ノ桐生大間々野州ノ足利佐野栃木鹿沼宇都宮ノ如キハ商業最盛ニシテ物産貿易及ヒ車馬往来輻湊ノ要地ナリ……略……故ニ此数市場ハ関東中多ク有ルヘカラサル都邑ト云フモ敢テ過言ニ非サル可ク幸手古河二市場ノ比ニアラス然リ而シテ此数市場ヲ外ニシテ別ニ線路ヲ求ムルハ鉄道敷設ノ要旨ヲ得ルト云フ可ンヤ……略……故ニ私共同心協力シテ五拾万円余（即チ拾万株金）ヲ募集致シ置候間之ヲ該社ノ株金トナシ熊谷ヨリ足利町佐野町栃木町鹿沼駅ヲ経テ宇都宮ニ達スル線路ニ決定セラレ右各所ヘ停車場設置相成度私共懇望ノ至リニ耐ヘズ」(4)

足利では、既に日本鉄道会社の設立に際して、木村半兵衛（一〇、〇〇〇円）、市川安左衛門（五、〇〇〇円）ら一三人が七〇、〇〇〇円の出資をしていたが(5)、日本鉄道会社第二区線の路線選定問題が具体化するにおよんで、彼らは自から五〇〇、〇〇〇円の株金を払い込んで、日本鉄道第一区線中の熊谷から分岐して足利、佐野、栃木、鹿沼を経て宇都宮に至る路線建設を「万一前述セシ線路ヲ採ラスシテ他ニ転換スルノ議アラハ私共株金募集ノ素志ニ之レナキヲ以テ断然株金ハ払込マサルノ儀ニ御座候」(6)とかなり強い態度で主張し、足利への鉄道誘致運動を展開したのである。その論拠はいうまでもなく、「足利、桐生ニ於テハ織物ノミニテ一ヶ年輸出凡一千万円、輸入ニ於テハ洋糸、生糸、染料ノミニテ年七百万円ニ降ラス」(7)と表現されるような両毛機業地帯の経済的繁栄にあった。

しかし、このいわば両毛迂廻案ともいうべき足利への日本鉄道第二区線の誘致運動は、当時の鉄道行政の最高責任者たる井上勝鉄道局長官の認めるところとならず却下されていくことになった。すなわち、井上は、日本鉄道第二区線の路線選定にあたって、この両毛迂廻案と現在の東北線にあたる大宮分岐案について、建設費、工期などかなり多岐にわたって比較検討を加えた上で、両毛迂廻案を却下し大宮分岐案をとるよう裁定を下したのである。しかし、井上が両毛迂廻案を却下していく真の理由は、「此線路（両毛迂回案……引用者）ハ甚タ迂廻ヲ極メ、縦令一地方ニ利アリトスルモ大ニ他ニ損失ヲ被ラシムヘク、到底幹線敷設ノ主旨ニ適セサルモノナリ」(8)という点にあったものとおもわれる。日本鉄道第二区線は、当然のことながら「東京、青森間ヲ連絡スルノ幹線」(9)の一部であるわけであるから、一定の地域的利害に左右されることなく「幹線ノ趣旨」(10)にもとづいて建設されるべきであり、そうした視角からみるならば両毛迂廻案は、両毛機業地帯という一定の地域的利害にのみかかわるもので日本鉄道第二区線としては適当でない、むしろ大宮分岐案の方が適当であるというのであった。そして、さらに井上は、「若シ夫レ足利ハ従来ノ道路ニ安スル能ハストセハ鉄道幹線ニ最モ接近セル所ヨリ別ニ馬車道或ハ鉄道支線ヲ開通シ」(11)と、幹線鉄道（日本鉄道第二区線）へ両毛機業地帯を結びつける馬車道あるいは鉄道支線を建設することで、両毛機業地帯の交通運輸は一定の改善をみることができるとも述べていたのである。政治的・経済的国内統一を急ぐ明治政府にとって、東京〜青森間の幹線鉄道の速成こそがなによりも優先されなければならず、そのためにも両毛機業地帯という特定の地域の利害は等閑に付されることになったのである。

こうしてともかくも、日本鉄道第二区線両毛迂廻案は、東京〜青森間の幹線建設を早期に実現しようという井上勝鉄道局長官の前に挫折していくのであった。その後、足利の機業家らは馬車鉄道の建設を出願して、日本鉄道線と両毛機業地帯との連絡をはかるが、[12] 結局この計画も実現せず、両毛地方における鉄道建設は「両毛ヲ横断シテ日本鉄道会社ノ第一区線ト第二区線トヲ連絡[13]」する両毛鉄道の開通までまたなければならなかった。

両毛鉄道会社が設立されたのは、一八八六（明治一九）年一一月であるが、その設立に至るまでには以上のような足利の機業家、織物買継商らによる鉄道誘致運動の経過があった。そして、そのような鉄道誘致運動の背景には、いうまでもなく桐生、足利を中心とする両毛機業の発展とそれに伴う市場の形成をよみとることができるのである。ここで両毛機業それ自体の発展を追求することは本来の課題ではないので詳細な分析はさけることにするが、石井常雄前掲論文「両毛鉄道会社の経営史的研究」は、この点を検討して両毛鉄道設立前後の両毛機業の発展段階を「明治十年代に展開された両毛織物業の近代的マニュファクチュア形成は、明治十年から十八年にいたる不況の克服策として導入されたバッタン（飛梭機）、ジャカード（紋織機）等の『機械』採用によって、工場制への準備をすすめた[14]」時期として評価している。

こうした両毛地方における織物業の展開がこの地方の商品流通を活発にし、それが旧来の人肩馬背による陸上輸送や河川舟運をしてこの地方の商品流通と市場形成の阻止要因たらしめることは当然予想されることである。ここに、大量輸送にして迅速かつ運賃の低廉な近代的輸送手段たる鉄道の導入を必要としたのであり、両毛機業地帯の商品流通と市場の形成に照応して、鉄道導入の機は既に熟していたといえるようにおもわれるのである。なお、両毛鉄道会社設立当時におけるこの地方の商品流通の状況は、たとえば栃木県知事樺山資雄、群馬県知事佐藤与三による「鉄道布設ノ儀伺」が「抑桐生、足利ハ両野地方工業ノ中心ニシテ織物ノ産生ハ関東第一ニ位シ栃木、佐野、大間々、伊勢崎等之如キモ特有ノ物産数種ヲ占メ為メニ貨物運搬ノ頻繁ナルハ殆ント他ニ其類ヲ見サルノ景況ナリ」(15)と述べているように、両毛鉄道の出願にかかわって作成されたいくつかの文書からうかがうことができるし、また数量的には両毛機業地帯の貨物移出入状況を示した〈第Ⅱ-16表〉(16)から確認することができる。さらに、この両毛鉄道の建設にあたって、終始その運動をリードした田口鼎軒が両毛鉄道の建設にのぞんで「両毛の桐生、足利、佐野の如きは、是れ我邦のマンチェストルなり……略……両毛の諸機場をしてマンチェストルの如くならしめん」(16)と述べていたということは余りにも有名であるが、このような田口鼎軒の主張は、――田口は両毛鉄道の初代社長に就任した。従って、田口は『東京経済雑誌』、その他の誌上で独自の立場から「鉄道論」を展開していたが、その理論の実践の場が両毛鉄道であったともいえる(17)――以上に述べてきた両毛鉄道の性格を傍証するものといえる。

かくて、両毛鉄道は両毛地方における織物業の発展と市場の拡大に応じて建設された鉄道ということができるが、それはまた日本鉄道会社の支線として初めて認可されたという点にいま一つの特徴を有するものでもあった。両毛鉄道は、その起終点を日本鉄道会社第一区線および第二区線の前橋、小山にとっており、その路線わずか八四キロメートルにすぎず、井上勝鉄道局長官の言葉を借りれば、まさに「日本鉄道会社ノ線路トハ幹支一体離ルヘカラサル」(18)関係にあり、その経営および技術は設立以来日本鉄道会社の支配下におかれることになったのである。そして、このことが開業後の両毛鉄道会社の経営を圧迫することになるのであった(19)。

以上に述べてきたように、両毛機業地帯の製品および原料は、両毛鉄道の建設によって京浜地方に直接鉄道

＜第Ⅱ-16表＞　両毛機業地帯貨物移出入状況

年次	出入別	桐生	足利	栃木	佐野	合計
一八八三年	移入	184,280駄 6,088千円	266,030 1,073	318,815 1,829	465,652 2,685	1,234,777 11,678
	移出	63,374駄 3,439千円	149,268 8,325	297,300 1,722	367,945 2,326	877,887 15,814
	出入合計	247,654駄 9,528千円	415,298 18,399	616,115 3,552	833,597 5,011	2,112,664 36,495
一八八四年	移入	172,258駄 4,987千円	246,123 10,021	305,682 1,699	419,772 2,525	1,143,835 19,233
	移出	63,490駄 3,470千円	139,615 8,268	275,648 1,692	343,839 2,272	822,592 15,702
	出入合計	235,748駄 8,457千円	385,738 18,289	581,330 3,391	763,611 4,798	1,966,427 34,936
一八八五年	移入	177,214駄 4,414千円	225,903 8,969	291,820 1,838	384,159 2,307	1,079,096 17,531
	移出	78,885駄 2,538千円	146,091 7,732	254,692 1,626	315,079 2,037	794,747 13,935
	出入合計	256,099駄 6,953千円	371,994 16,702	546,512 3,465	699,238 4,345	1,873,843 31,466
3か年合計		739,501駄 24,939千円	1,173,030 16,702	1,743,907 10,409	2,294,456 14,155	5,950,894 102,895
1か年平均		246,500駄 8,313千円	391,010 17,797	581,302 3,469	764,818 4,718	1,983,600 34,115

（備考）「桐生，足利，佐野，栃木地方貨物輸出入調」（『東京経済雑誌』345号，1886年 12月4日）より作成。なお，一部数字が整合しない箇所もあるが原資料の記載のとおりとした。

で輸送されることになった。しかし、それは前橋、小山経由で日本鉄道第一区線および第二区線に繋がり日本鉄道線で京浜地方に輸送されるというように、甚だ迂路をとらざるを得ないものであった。しかしながら明治二〇年代における両毛地方の織物業は、このような路線だけでは支えきれないまでに発展していたということができる。すなわち、「両毛鉄道線路延長ノ理由」は次のように述べるのである。

「然ルニ両毛鉄道創設ノ時ニ当リテハ各地方ノ蚕糸、麻、綿ヲ始メ栃木、足利、桐生、伊勢崎等ニ於ケル絹、綿、麻ノ製品今日ノ発達ヲ見ス特ニ足利、桐生等ノ絹、綿製品ニ至リテハ多クハ内地ノ用ニ供シ海外輸出ノ額今日ノ如ク多量ニ至ラサリシカ故ニ原料ノ輸入、製品ノ輸出共ニ亦タ運輸ノ急要ヲ見サリシナリ今ヤ両毛地方ニ於ケル絹、綿ノ製品一箇年産出スル処一千余万円其八分ハ海外輸出ノ貨物ニ属シ其原料モ亦其八分ハ横浜市場ニ仰ク駸々トシテ進ミツヽ在ルモノ亦此方向ニ於テシ到底従前ノ如キ迂路ニ依ルヲ許サス」[20]

両毛鉄道の開通前後からの足利および桐生における織物生産額を内地織物、輸出織物別に示すとそれぞれ〈第Ⅱ-1図〉および〈第Ⅱ-2図〉のとおりである。一見して内地織物に比較して輸出織物の生産額の伸びが著しいということがわかる。足利織物は明治一〇年代後半に「明治十七、八年ノ頃ニ及ビ悪評ハ殆ンド其極度ニ達シ」[21]というように松方デフレ下の景気の沈滞と化学染料の使用・粗製濫造の影響を受けて極度の衰退に陥っている。その後、明治二〇年代に入ると一時的に足利織物は景気を回復するが、一八九〇（明治二三）年恐慌のもとで内地織物の生産は再びおちこむことになった。しかし、この間輸出織物の生産は絹織物を中心に増加を示し、そうした傾向はその後も一貫している。そして、輸出織物の生産は日清戦争期（一八九四〜九五年）にも増加し、この頃になると内地織物の生産から輸出織物の生産に転換する機業家も出現してくる。桐生織物の場合も足利織物の場合とはほぼ同様のことがいえる。輸出羽二重の生産を中心に、輸出織物の生産額が著しい伸び率を示すのであった。そして、こうした輸出織物生産の増大が、両毛機業地帯と横浜市場との関係を強めていくのである。「第十五回両毛鉄道実際報告」（一八九四年下半季）は、この点について以下のように述べている。

＜第Ⅱ-1図＞　足利織物における
販路別生産価額の推移

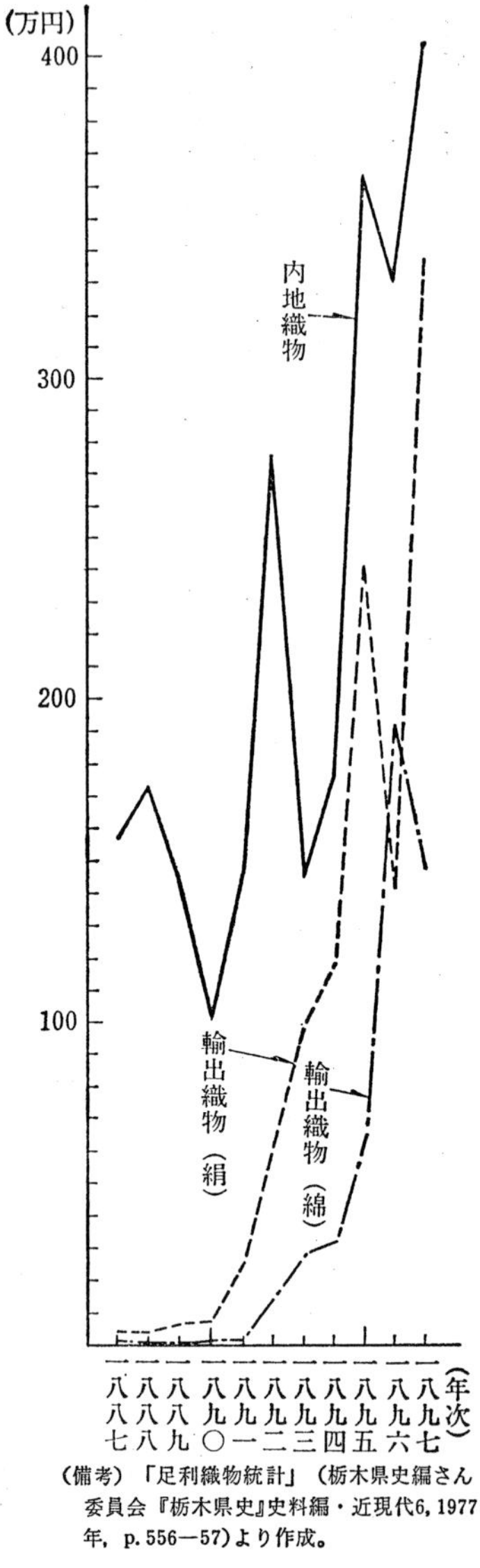

（備考）「足利織物統計」（栃木県史編さん委員会『栃木県史』史料編・近現代6, 1977年, p. 556—57)より作成。

＜第Ⅱ-2図＞　桐生織物における
販路別生産価額の推移

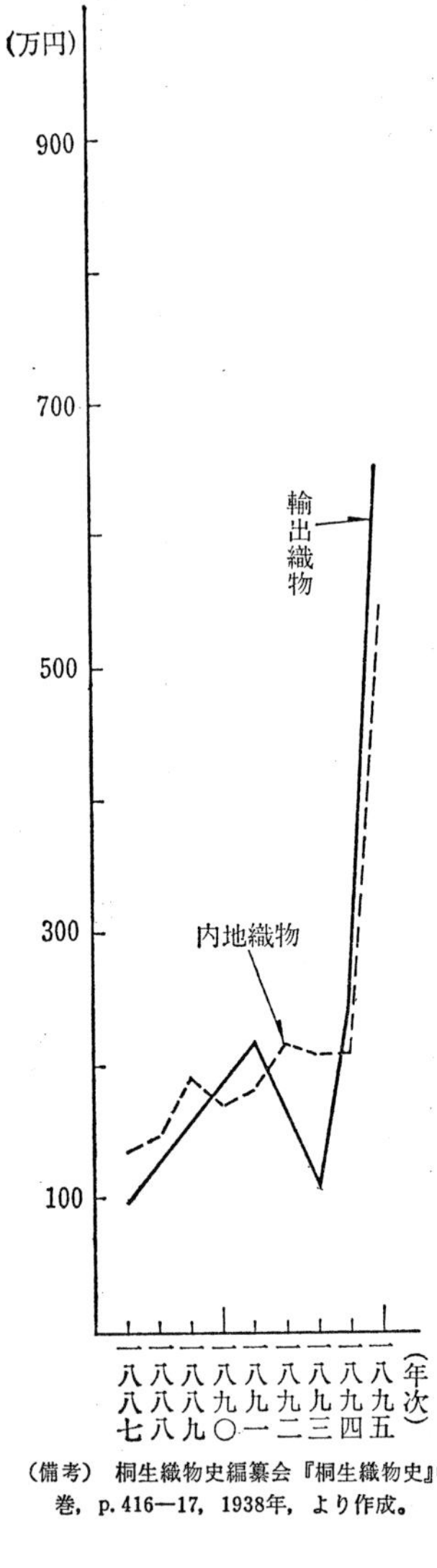

（備考）桐生織物史編纂会『桐生織物史』中巻, p. 416—17, 1938年, より作成。

「春来桐生足利等ノ産出ニ係ル海上輸出織物ハ頓ニ好況ヲ呈シ其横浜等ヘ向ケ送出スル斤量ハ実ニ弐拾壱万七千三百斤ニシテ即チ前季ノ倍額ニ達シ[22]」

一方、原料生糸の移入という側面からも両毛機業地帯は横浜市場との関係を深めていった。両毛機業地帯では、従来主として上州の座繰糸を使用しており、前橋、境、大間々などの生糸市場から購入していたが、長野、山梨県などの東山地方における器械製糸業の発展に伴い、横浜からの生糸移入量が増大していくのである。一八九五（明治二八）年の足利では、横浜からの移入生糸は二、八〇七個（一個の容量は九貫）で、前橋からの仕入れ糸（四、八九六個）についで第二位となっている[23]。

このようにして両毛地方の織物業は、製品（織物）の販路と原料の移入という二つの側面からますます横浜市場に強く結びつけられるようになったのである。先に引用した「両毛鉄道線路延長ノ理由」は、以上のような両毛機業の展開を踏まえて、両毛鉄道設立時と比べて両毛機業地帯の市場構造に若干の変化があったことを示唆しているものといえる。

ところで以上にみてきたような両毛機業地帯の発展は、当然のことではあるが両毛地方をめぐる鉄道網形成のあり方にも反映されていた。そのことについて、同じく「両毛鉄道線路延長ノ理由」は次のように述べている。

「之ト同時ニ関東各重要ノ地東京若クハ横浜ニ達スル捷便ヲ思ヒ東西南北各々鉄道敷設ノ経画(ママ)アリテ主府ト両毛地方トノ連絡当今ニ比シテ幾分ノ改良ヲ見ルニ至ルヘシト云フト雖トモ両毛線路ハ益々区々ノ断片ト為リテ一小局部ノ運搬ニ縮退シ費用愈嵩ミテ収入コレニ伴ハス遂ニ維持スルニ苦シムニ至ルノミナラス各地

〈第Ⅱ-17表〉　東武・毛武両鉄道会社の起業計画概要

		東武鉄道	毛武鉄道
出願路線		越中島(東京)～足利間(52哩)	板橋(東京)～足利間(57哩)
発起人		川崎八右衛門(東京)外 11名	久能木宇兵衛(東京)外 10名
出願年月日		1895年 4月 6日	1895年 8月
資本金 (A)		1,800,000円	2,000,000円
収入総額 (B)		227,760円	303,634円 375
内訳	貨物収入	91,140円	115,933円 125
	(割合)	(40.0%)	(38.2%)
	旅客収入	136,656円	187,701円 250
	(割合)	(60.0%)	(61.8%)
営業費 (C)		94,900円	100,375円
営業益金 (D)		132,860円	203,259円 375
営業係数 (C)/(B)		41.7%	33.1%
収益率 (D)/(A)		7.4%	10.2%

(備考)　前掲『東武鉄道六十五年史』,『鉄道院文書』より作成。

方ヨリ小鉄道線路ヲ敷設スルトキハ小会社分立シテ営業上不経済ノ弊ヲ来シ其敷設ハ単ニ局部区々ノ運輸ヲ便ニスルモ鉄道ノ大脈絡ヲ害シ既設鉄道ヲ妨害スルニ止マラントス」[24]

日清戦争（一八九四〜九五年）後の第二次鉄道企業熱の影響を受けて、関東地方では多くの私有鉄道の建設が出願され小会社分立の様相を呈しはじめた。こうした中で、両毛鉄道はますます一小局部の鉄道となる危険性を増してきたが、とりわけ、足利と東京を直結する東武[25]・毛武[26]両鉄道会社の出願は、両毛鉄道の経営をおびやかすものとして現われたのである。これらの鉄道はいうまでもなく前述の両毛機業地帯における輸出織物生産の発展に促されて出願されたものとおもわれるが、その起業計画の概要は〈第Ⅱ-17表〉に示したとおりである。そして、この東武・毛武両鉄道が既設の両毛鉄道に対していかなる影響を与えるかについては『鉄道雑誌』(第四号) が次のように予測していた。

「今日の新線中尤も同社 (両毛鉄道会社……引用者) に影響を与ふる事大なる者は毛武、東武の二線に若く者なかるへし……略……両線路とも足利を起点として東京に達す者なれは一は高崎線に対し一は小山以南の奥羽線に対し比較的に距離を短縮したるは云ふまでもなく両毛地方の足利より東は佐野岩船西は桐生大間々附近の旅客貨物は両線路の為に吸収せらるゝは無論にして此れか為に或人の推算に依れは両毛鉄道の損失は年々一万四五千円に至るへしと云ふ者あり」(27)

このように、東武・毛武両鉄道の両毛鉄道におよぼす影響は決定的であった。東武・毛武両鉄道の路線は足利〜東京間の距離を従来の両毛鉄道および日本鉄道 (第一区線、第二区線) を経由するルートに比較して短かいので、もしこれらの鉄道が実現すれば、両毛鉄道はこれまで担当していた多くの輸送貨物が奪われてしまうという経営上の危機に直面するというのである。つまり、両毛鉄道の輸送市場がきわめて限られたものになってしまうのである。両毛鉄道の東京および神奈川への路線延長計画は、こうした経営危機の中で、それを打開するために出現したといえるのである。

しかし、両毛鉄道の路線延長計画の独自性は、東武・毛武両鉄道の計画と異なって、足利と東京を結びつけるのみでなく、むしろ足利を横浜市場に直結することにあったようにおもわれる。そこで、次にこの両毛鉄道の路線延長計画をめぐる鉄道会議の議論を検討し、この時期の関東地方における鉄道網のあり方について考えてみよう。というのは、鉄道敷設法第四章によって「政府ノ諮詢ニ応シ鉄道工事著手ノ順序及鉄道公債ノ金額ヲ議定スルモノ」(28) として設定された鉄道会議の議論の中には、当時の政府の鉄道政策がある程度反映されていると考えられるからである。

（1） 日本国有鉄道『日本国有鉄道百年史』第四巻、一九七二年、三三一頁。
（2） 『埼玉県行政文書』明一七四七。
（3） 「両毛鉄道（足利神奈川間、大和田東京間）延長線布設目論見書」（『埼玉県行政文書』明一七四七）。
（4） 木村半兵衛外一四名「鉄道線路之儀ニ付御願」、一八八三年一二月二八日（『鉄道院文書』）。
（5） 「日本鉄道会社出金人名録」、一八八一年五月二一日（足利市史編さん室『近代足利市史』第五巻、一九七九年、五二一―二二頁）。
（6）（7） 前掲「鉄道線路ノ儀ニ付御願」。
（8）～（11） 井上勝「日本鉄道会社第二区線路ノ儀ニ付上申」、一八八四年一一月（『鉄道院文書』）。
（12） 小泉友次郎・初谷佐四郎「足利ドコービル鉄路馬車会社創立願」、一八八四年一〇月一七日（前掲『近代足利市史』第五巻、五二三―二六頁）。
（13） 浅野総一郎外一七名「両毛鉄道会社創立請願書」、一八八六年一一月二九日（前掲『日本国有鉄道百年史』第二巻、一九七〇年、四八二頁）。
（14） 石井常雄前掲論文「両毛鉄道会社の経営史的研究」、一六三頁。
（15） 栃木県知事樺山資雄・群馬県知事佐藤与三「鉄道布設ノ儀伺」、一八八六年一二月三日（『鉄道院文書』）。
（16） 田口鼎軒「両毛鉄道布設の結果を豫察す――下野国安蘇郡唐沢山に於て演説――」、一八八七年五月（鼎軒田口卯吉全集刊行会『鼎軒田口卯吉全集』第四巻、一九二八年、二六七頁）。
（17） 田口鼎軒の「鉄道論」の性格については、内田義彦「日本資本主義と局地的市場圏――田口鼎軒の鉄道論――」（有沢広巳・東畑精一・中山伊知郎編『経済主体性講座』第七巻、歴史Ⅱ、一九六〇年）を参照のこと。
（18） 井上勝「（両毛鉄道敷設認可ノ件ニ付伺）」、一八八七年七月二六日（『鉄道院文書』）。
（19） この点については、木村半兵衛「両毛鉄道特別取調書」（一八九一年九月）が詳細に述べているところである（石井常雄前掲論文「両毛鉄道会社の経営史的研究」を参照のこと）。

(20)　前掲「両毛鉄道延長線布設目論見書」。
(21)　「栃木県産業要覧」、一九〇九年一〇月（栃木県史編さん室『栃木県史』史料編・近現代六、一九七七年、一六頁）。
(22)　石井常雄前掲論文「両毛鉄道の経営史的研究」、一九五頁より重引。
(23)　高等商業学校『両毛地方機織業調査報告書』、一九〇一年、七五頁。
(24)　前掲「両毛鉄道(足利神奈川間、大和田東京間)延長線布設目論見書」。
(25)　東武鉄道は、一八九五（明治二八）年四月六日に川崎八右衛門ら一二名によって発起されたが、その経済的意義については、榎本謙次郎外六名「東武鉄道敷設ニ関スル陳情書」（一八九五年七月一五日）が次のように述べている。
「桐生足利ノ織物ノ如キ其販路ノ遠クシテ且ツ広キ啻ニ之ヲ内国ニ供給スルノミニアラス実ニ遠ク海外ニ輸出セリ而ルニ其ノ之ヲ京浜ノ間ニ致ス今日ニ在テハ頗ル迂回ノ線路ニ由ラサルヲ得ス、其無用ノ時日ト賃銀トヲ費ス之ヲ積算セハ実ニ驚クヘキ者アラン一旦東武鉄道開通ノ日ニ至ラハ殆ンド直線ノ経路ニ由リテ京浜ノ間ニ出ツル事ヲ得テ其ノ輸送ノ迅速ニシテ賃銀ノ減少ヲ得ルハ固ヨリ数ノ見易キ者タリ此レ啻ニ内国需用ノ急ニ応スルニ便ナルノミニアラス豈ニ貿易市場ニ於テ亦巨利ヲ博スヘキ者ニアラスヤ」（東武鉄道株式会社『東武鉄道六十五年史』、一九六四年、一三七頁）。
(26)　毛武鉄道は、一八九五（明治二八）年八月一三日、久能木宇兵衛ら九名によって発起されたが、その経済的意義については「毛武鉄道発起ノ趣旨」（一八九五年八月一三日）が次のように述べている。
「本邦海外輸出品ノ首位ニ在ルモノハ先ツ指ヲ生糸羽二重絹『ハンケチ』其他ノ織物等ニ屈セザルヲ得ス、然リ而シテ此等物産ノ産出地ハ我関東諸州殊ニ両野武信ノ間ニ散在セルモノトス……略……従来日本鉄道第一区若クハ第二区線又ハ両毛線ノ如キ因ヨリ此目的ヲ達スルニ庶幾カラント信スト雖トモ、線路ノ方嚮ニ於テ稍ヤ迂遠ノ遺憾ナキニ非ス」（渋沢青淵記念財団竜門社編『渋沢栄一伝記資料』第九巻、一九五八年、三二四頁）。
(27)　「関東一帯の鉄道線路」（『鉄道雑誌』第四号、一八九六年六月一六日）。
(28)　日本鉄道省『日本鉄道史』上篇、一九二一年、九六四頁。

四　両毛鉄道足利〜神奈川間路線延長計画の挫折

両毛鉄道延長線をめぐる鉄道会議の議論に立ち入る前に、その起業計画の概要をまとめておこう。「起業目論見書」、「足利神奈川間（約六拾七哩半）布設建設費及営業収支予算」、および「大和田東京間（約拾三哩半）布設建設費及営業収支予算」などの諸資料からその起業計画をまとめたのが〈第Ⅱ-18表〉であるが、足利〜神奈川間、大和田〜東京間ともに貨物収入の割合が全収入のほぼ四〇パーセント近くを占めており、当時の私鉄としては比較的貨物収入の比率の高い鉄道ということができる。また、資本金に対する純益金の割合も良好である。

次に、この両毛鉄道延長線建設の意義についてみることにするが、「両毛鉄道線路延長ノ理由」はその点について「各線路ヨリ横浜若クハ東京東海道京阪ニ達スル旅客貨物ノ哩程ニ於テ得ル所ノ者莫大ニシテ」(1)と述べている。そこで、「両毛鉄道線路延長ノ理由」の述べるところによって、足利、前橋、川越、大和田、田無などの関東各地から東京および横浜に至る距離を、両毛鉄道延長線を利用した場合の新線路とこれまでの旧線路について比較すると〈第Ⅱ-19表〉のとおりであり、いずれの場合も新線路の方が旧線路に対して大幅に距離を短縮していることがわかる。

しかし、両毛鉄道延長線建設の意義は、単なる距離の短縮のみにとどまらない。それは、たとえば埼玉県の入間高麗郡長平井光長が「大和田神奈川間ハ製茶生糸等横浜ヘ直送ノ便及之レニ伴フ所ノ商売ノ往復少ナカラ

＜第Ⅱ-18表＞　両毛鉄道延長線起業計画概要

		Ⅰ	Ⅱ
出願路線		足利～大和田～神奈川間（67哩1/2）	大和田～富坂町（東京）間（13哩 1/2）
建設費（A）		2,500,000円	500,000円
収入総額（B）		335,196円 728	65,737円 777
内訳	貨物収入	130,683円 132	24,651円 682
	（割合）	（39.0%）	（37.5%）
	旅客収入	204,513円 596	41,086円 095
	（割合）	（61.0%）	（62.5%）
営業費（C）		111,416円 325	20,449円 425
営業益金（D）		223,780円 403	45,288円 352
営業係数（C/B）		33.2%	31.1%
収益率（D/A）		9.0%	9.1%

（備考）「両毛鉄道（足利神奈川間，大和田東京間）延長布設目論見書」（『埼玉県行政文書』明1747）より作成。

サルヘキ」[2]（一八九六年九月一四日）と述べているように、製茶、生糸などの重要輸出品を横浜へ直送する輸送手段として、沿線地域の経済発展に資するものとしても期待されていたのである。

いずれにしても両毛鉄道延長線は、「両毛鉄道線路延長ノ理由」が次のように述べているように、足利、大和田、溝の口など関東各地の主要諸地域をそれぞれ連接しつつ、日本鉄道、甲武鉄道などの東京へ収斂する既設の縦貫鉄道を横貫する一大環状線を形成するものであった。

「本社ハ延長線ヲ足利ニ起シ太田、妻沼ヲ経テ日本鉄道線路熊谷ニ第一連絡ヲ取リ則チ両毛地方ノ貨物旅客ト信越及南野西武ヲ此ニ集中シ之ヨリ松山ヲ経テ川越ニ達シ此ニ川越鉄道ニ依リテ東南秩父地方ヨリ来ル者ヲ受ケ大和田ニ於テ東京トノ連絡ヲ設ケ東南ニ去リテ甲武鉄道線ニ連絡シテ甲州及八王子青梅地方ノ旅客貨物ヲ受ケ直チニ溝ノ口ニ於テ南武地

〈第Ⅱ-19表〉　両毛鉄道延長計画に際しての新・旧路線比較

区　　間	旧線路		新線路		差引哩数	備　　考
	主な経由地	距　離	主な経由地	距　離		
足利～横浜間	小山，大宮，赤羽，品川	93哩 1/4	熊谷，川越，八王子，川崎	69哩 1/4	24哩	両毛線路中東佐野ヲ経テ岩船，大間々，伊勢崎ニ至ル亦多少ノ得ル所アルモノトス
足利～東京間	小山，大宮，赤羽	71哩 3/4	熊谷，川越，大和田	57哩	14哩 3/4	東西佐野伊勢崎ニ至ル亦多少得数アリ
前橋～横浜間	高崎，大宮，赤羽	90哩 3/4	熊谷，川越，八王子，川崎	82哩 3/4	8 哩	凡ソ熊谷ニ於テ本線ニ移リ横浜ニ至ルモノ皆此得哩アリ信越地方ヨリ来ルモノ是ナリ
川越～横浜間	国分寺，新宿，品川	52哩 3/4	大和田，八王子，川崎	35哩 1/4	17哩 1/2	
川越～東京間	国分寺，新宿	35哩 1/2	大和田	22哩 1/2	13哩	
大和田～横浜間	(陸行)，所沢，国分寺，新宿，品川	28哩 (汽車哩程)	八王子，川崎	25哩 3/4	2 哩 1/4 (陸行を除く)	
田無地方～横浜間	(陸行)，境，新宿，品川	30哩 3/4	八王子，川崎	18哩 1/4	12哩 1/2 (陸行を除く)	此得哩ハ境以西ノ甲武線，川越線及青梅線ノ各地方ヨリ横浜ニ直輸スル旅客及貨物ハ皆此慶ニ頼ル者ナリ

(備考)「両毛鉄道線路延長ノ理由」(『埼玉県行政文書』明1747) より作成。

方ノ便利ヲ達シ集メテ直チニ東南神奈川ニ於テ官線ニ連リ横浜及ヒ東海道京阪ニ連絡セントス」(3)

ところで、この両毛鉄道延長線の件が鉄道会議で取り上げられたのは第七回鉄道会議においてであった。ここでは毛武鉄道との競願線として取り扱われたが、そこでの議論の内容については石井前掲論文「両毛鉄道会社の経営史的研究」においても若干紹介されている。しかし、石井氏はそれを「鉄道会議の討論は、この段階における両毛鉄道の性格を特徴的にうきぼりにしている」(4)という観点からとりあげているのみで、さほど深い分析を試みているわけではない。そこでここでは、市場形成との関連を重視して関東地方における鉄道網形成過程の一環として両毛鉄道延長線の意義を考えるという視角から鉄道会議の議論を再検討することにしよう。なぜなら、この作業を経ることによって、結果として両毛鉄道延長線の計画が却下されていくその論理を探りあてることができるようにおもわれるからである。

両毛鉄道延長線出願の却下を最も強く主張するのは犬塚勝太郎であった。そこで、まずこの犬塚の議論を聞くことにしよう。長文ではあるが煩は厭わないことにする。

「両毛ヲ省イテ毛武ヲ択ビマシタ附随ノ理由ノ中ニハ大体時日ノ点ニ於キマシテモ毛武ノ方ガ先キデアリ且ツ既成ノ鉄道ノ延長ト云フ点カラ言ヘハ小会社ノ分離ヲ防グト云フ点デ両毛ノ方ニ許シテ宜イト云フ訳モアリマスガ此延長ノコトニ至ツテハ非常ナ延長デゴザイマシテ斯ゝル延長ハ単純ナル延長ト申スヨリハ殆ント両毛会社其者ノ性質ヲ変ヘテ仕舞フト云フ位ノ延長デアラウト思ヒマス斯ゝル延長ヲ譬ヘバ両毛ニ許ストスレバ両毛ト云フ名前ガ殆ンドナクナツテ両毛デハナイ殆ント武蔵ノ方ヘ這入ツテ来ルト云フ訳ニナツテ実際両毛ノ延長ト云フヨリハ殆ンド一ノ新シイ線路ノ起業ト見タ方ガ適当デアリハセヌカト思フ位ノコトデアリマス既設会社ノ延長ト云フ点ニ就キマシテハ八番(岡田長職……引用者)ノヤウナ考モ莫キニシモアラズデゴザイマスガ今申上ゲマシタ理由ヲ以テ毛武ノ方ニ許シタ方ガ宜カラウト考ヘマシタノデゴザイマス且又両

毛ノ願出タ書類ニ就テ種々考察ヲ下シテ見マシテモドチラヲ幹線トシドチラヲ支線トシタカト申シマスルト両毛ノ本線ト取ツタノハ足利ヨリ神奈川ヘ至ルノヲ以テ幹線ノ目的トシタヤウデアリマス、ソレカラ大和田ヨリ東京ニ至ル方ヲ支線トスル計画ヲ立テタヤウニ願書ニ見エマスカラ旁々ソレ等ノ理由ヲ参酌シテ先ツ時日ノ速イ毛武ノ方ヘ許シタ方ガ宜カラウト云フ考ヲ以テ定メマシタ(5)」

以上、犬塚は毛武鉄道の方が両毛鉄道延長線よりも出願が早かったといういわゆる先願権を最終的な根拠として両毛鉄道延長線の出願を却下すべきであるとしている。しかし、犬塚がこうした結論を引き出していくにはかなり無理な論理と事実の曲解とが伏在していることは右の引用を丹念に読むならば容易に現解できるであろう。

それは、毛武鉄道という新たな鉄道会社の出願を認可するにあたって、当然予想される小鉄道会社の分裂を防ぐという立場からの反論に対して犬塚が予め用意していた論理である。小鉄道会社の分裂を防ぐという私設鉄道方策は、既に一八九三（明治二六）年一二月二八日の鉄道会議で確認されていたことであるが、犬塚は両毛鉄道延長線は既設鉄道の延長線というよりはむしろ新線の建設とみなしうるものであるとして、この点では毛武鉄道となんら異なるところはないとしている。そして、両毛鉄道延長線は足利〜神奈川間を本線として大和田〜東京間を支線としていることもその却下の理由にあげ、最終的にどちらを採択するかを判断する決定的な要因は出願の時期の問題に帰着するという論理構成をとっているのである。しかし、両毛鉄道延長線はあくまで両毛鉄道会社の延長線であって新線の計画ではないし、足利〜神奈川間を本線とし、大和田〜東京間を支線としていることがその却下の理由となることには理解しがたいものがある。

こうして、犬塚の議論が論理的に整合していないことは誰の目にも明らかであるが、鉄道会議の場でこの点について犬塚に最も強く反論を展開したのが田健治郎であった。そこで次に、これまた長文であるが煩を厭わず田の述べるところを聞くことにしよう。

「今此両毛ト毛武ト比較シテ見テ其先願権ト云フモノヨリ重イ理由ガアレバ両毛ニ許シテモ宜シイカト思フ、ト云フモノハ此両毛鉄道ト云フモノハアレ丈ケノ既設鉄道デ営業ヲヤツテ居ル、ソコヘ持テ往ツテ其停車場ヘ横付ケニ線ガ出来ルト、此両毛ノ現在ノ既得権……略……ト云フ程デモアリマセヌケレドモ、幾クカ損害ヲ与ヘルコトハ論ハナイ明カナコトデアル、其損害ヲ受ケルト云フ点ガ一ツアル、ソレカラモウ一ツハ此鉄道ヲバラ〳〵ニ許スト云フコトハ甚ダ往ケナイコトデアルカラシテ成可ク是ハ纒メルガ宜イト云フコトハ是ハ鉄道行政ノ上ニ余程重イコトデアル……略……ソレデアリマスカラ此両毛ノ既得ノ権利ヲ保護シテヤルト云フコトハ必要デアル、ソレカラシテ此小会社ノ分立スルト云フコトヲ防ガンナラヌト云フコトハ鉄道行政上重モナル点デアル故ニ一月ヤ二月早カツタ遅カツタト云フコトバカリデ以テ毛武ヘ許スト云フコトニハ及バヌダラウト思ヒマスカラ、此理由ハ先願権ト云フコトヲ私ハ打破ブルニ十分価値アル理デアラウト考ヘマスル(6)」

「幹線支線ト云フコトハサウ鉄道ノ上ニ重キヲ置クモノデハナイカラ神奈川ノ方ヲ本線トシテ東京ヘ引クノヲ支線トシテアルガ、ソレハ見ルニ及バナイ(7)」

このように、田健治郎の議論は犬塚の先願権を根拠として毛武鉄道を認可していく議論に対する真正面からの反論であった。田は、㈠既設鉄道である両毛の既得権の保護、㈡小鉄道会社の分立を防ぐという私設鉄道方策上の基本原則の方を鉄道の先願権よりも優先させるのである。そしてまた、両毛鉄道の幹・支線問題についてもそれはとるに足らないものであるとして、先願権を根拠として毛武鉄道の認可を主張する犬塚の見解を否定するのである。

以上、毛武鉄道の認可を主張する犬塚と、それを否定する田の鉄道会議での発言を検討してきたが、両者の議論を比較すれば田の方に論理的整合性を認めざるを得ない。しかし、犬塚が敢えて先願権のみを根拠として毛武鉄道を認可しようとしたのにはいま一つ理由があった。すなわち、犬塚は、この鉄道会議の席上で次のように述べていた。

「先ヅ八王子カラ高崎ニ至ル線、ソレカラ東京ヨリ足利ニ至ル線、此二線ヲ以チマシテ大体ノ二系路ト致シマシタ方ガ系路上ニ於テ尤モ宜シカラウト云フ考ヘデアリマス」(8)

これは、犬塚が東京付近の鉄道建設出願の許否を決定する上で、どのような路線をとる鉄道を認可していくべきかという問題についての基準を定めるために発言したものである。犬塚によれば、八王子〜高崎間、東京〜足利間の二系路をとる鉄道がまず認可されていかなければならない鉄道であった。こうした立場からすれば、毛武・両毛競願問題について足利〜東京間の鉄道建設を出願した毛武鉄道に軍配があがるのは当然であった。両毛鉄道延長線は足利〜神奈川間の路線を幹線として出願していたために、右の基準にあわないものとして却下されていくのであった。すなわち、「本願線路中大和田神奈川間ハ鉄道布設ノ急須ヲ認メス其他ノ線路ハ諮詢第百九十一号毛武鉄道株式会社発起人ニ其布設ヲ許可スヘキ線路ト方向目的ヲ同フスルモノナルヲ以テ本願書ハ之ヲ却下セントス」(9)と結論されたのであった。

(1) 前掲「両毛鉄道延長線布設目論見書」。
(2) 『埼玉県行政文書』明一七四七。
(3) 前掲「両毛鉄道延長線布設目論見書」。
(4) 石井常雄前掲論文「両毛鉄道の経営史的研究」、一九六頁。
(5) 「第七回鉄道会議議事速記録」第一〇号、一八九六年、八一―八二頁。
(6) 同前、八六―八七頁。
(7) 同前、八六頁。
(8) 同前、七六頁。
(9) 同前、四二―四三頁。

五　おわりに

以上検討を加えてきたように、両毛機業地帯の中心市場足利を直接的に横浜市場に連結しようとする両毛鉄道会社の試みは失敗に帰した。これは、両毛鉄道会社の経営史に即してみれば、既に石井前掲論文「両毛鉄道会社の経営史的研究」が指摘しているように、両毛鉄道会社の独立経営の崩壊＝日本鉄道会社への従属を意味する象徴的な出来事ということができる。

しかし、ここではこれをむしろ関東地方における鉄道網形成過程の問題としてとらえることにするが、そうした立場にたてば、これは東京を中心に放射状の鉄道網を形成することで中央集権的な国内市場を創出しようとする明治政府の伝統的な鉄道政策の論理の必然的帰結にほかならなかったといえる。

補論㈡　関東鉄道計画線（川越〜成田間）について

一　はじめに

明治前・中期における関東地方の鉄道は、ほぼ次の二類型に分類できる。

㈠　首都東京を中心として各地へ放射状に伸びる路線で、日本の主要な幹線鉄道として成長していく鉄道。東京〜横浜間官設鉄道をはじめとして、東海道線、日本鉄道、甲武鉄道がこの類型に含まれる。

㈡　第一類型の鉄道を相互に連絡する横断連絡鉄道。両毛鉄道、水戸鉄道などの明治二〇年代初期に建設された鉄道がこの類型に含まれる。

そして、これらの鉄道は、都市とその後背地を結ぶ鉄道としてその後建設された川越、青梅、房総、総武などの鉄道と相俟って、東京、横浜を中核とする放射状の鉄道網を形成するのである。(1)

しかし、明治二〇年代の末期に至ると、このような鉄道網の形成のあり方に一定の批判が生じ、関東地方における鉄道網の形成に新たな方向性が提示されてくる。例えば、『鉄道雑誌』（第九号、一八九六年七月）が以下のように述べているがごとくである。

「関東一帯の鉄道路線は……略……官設及ひ私設仮免状を得たる者を合すれは総計三十六線あれとも、何れも地方と東京を連絡の目的に出でたる所謂縦貫線なる者にして、其起点終点の中何れか東京若くは東京附近に採らさるはなく、其中二三横断線の性質を有するも敷設後他の影響に依て変化を受けたる者にて全く横断の性質を以て起りたる者は之れ無しと云ふへきなり。

然り而して試に地図を披ひて之を見れは所謂縦貫線なる者によりて東京と地方との連絡は殆んど余地なきまでに計画せられたり、否此上の計画は殆んど他線との競争線たるを免かれさる者にて此点に於ては東京附近も稍望を達したるか如くなれとも尚大に余地あり又計画せさるへからさる者は東京附近の横断線なりとす。何故に横断線は必要なるか、試に思へ東京と地方との連絡必要なると同時に地方と地方との連絡は亦必要なり」(2)（傍点引用者）

明治二〇年代末期、関東地方には多くの私設鉄道の建設が計画されるのであるが、『鉄道雑誌』の著者は、これらの鉄道を「何れも地方と東京を連絡の目的に出でたる所謂縦貫線」であると批判し、この時点において建設の急を要するのは、「地方と地方との連絡」を目的とする横断線(3)であると主張するのであった。

ここに、明治前・中期における関東地方の鉄道網形成過程の特質を考察する場合、重要な問題が内包されている。冒頭で述べたように、明治前・中期における関東地方の鉄道網は、東京を中心とする放射状の鉄道網として完成されていくのであるが、しかし、そのような鉄道網の形成は、決して直線的・短絡的な過程を辿ったのではない。明治二〇年代末期には、地方産業の勃興に伴い地方と地方とを連結する横断線の建設が計画され、東京を結節点とする放射状の中央集権的な鉄道網からは相対的に自立するところの地域的（ないし地方的）な鉄道網形成の可能性をみいだすことができる。(4) 換言すれば、東京を結節点とする放射状の鉄道網と東京を中心に同心円状に建設される鉄道網との重層的な絡みあい、これが明治二〇年代末期―三〇年代初期の関東地方における鉄道網形成過程の特色の一つということができる。前掲『鉄道雑誌』の引用は、以上のことを示唆しているようにおもわれる。

しかし、管見の限りでこのような横断線の実体については、これまでのところほとんど明らかにされていないようにおもわれる。そこで、この小論では、前掲『鉄道雑誌』において「東京附近の横断鉄道」の一例としてとりあげられている関東鉄道株式会社計画線川越〜成田間鉄道についてその概要を紹介し、あわせてわが国における鉄道史研究上の一論点を提示したいとおもう。

(1) 日本国有鉄道『日本国有鉄道百年史』第四巻、一九七二年、二二一―二二七頁、二九一―九三頁。
(2) 「東京附近の横断鉄道」(『鉄道雑誌』第九号、一八九六年七月二〇日)。
(3) 前掲『鉄道雑誌』(第九号)は、横断線の事例として、関東鉄道(川越〜成田間)、武総循環鉄道(大宮〜八日市場間)、成川鉄道(川越〜成田間)、武総鉄道(本所〜成田間)、武総鉄道(川越〜八日市場間)、福成鉄道(成田〜福岡町間)の各鉄道を掲げている。
(4) 前掲『鉄道雑誌』(第九号)によれば、「横断線は東京附近の運輸交通上一日も缺くへからさる者なりとす、且つや利益の点に於ても関東の沃野人口繁密の地方を連結する者には仮令起点終点を東京に得さるも其好望なるは余輩の保証する所なり」と、これらの横断線が営業として採算がとれることが指摘されている。

関東鉄道路線略図

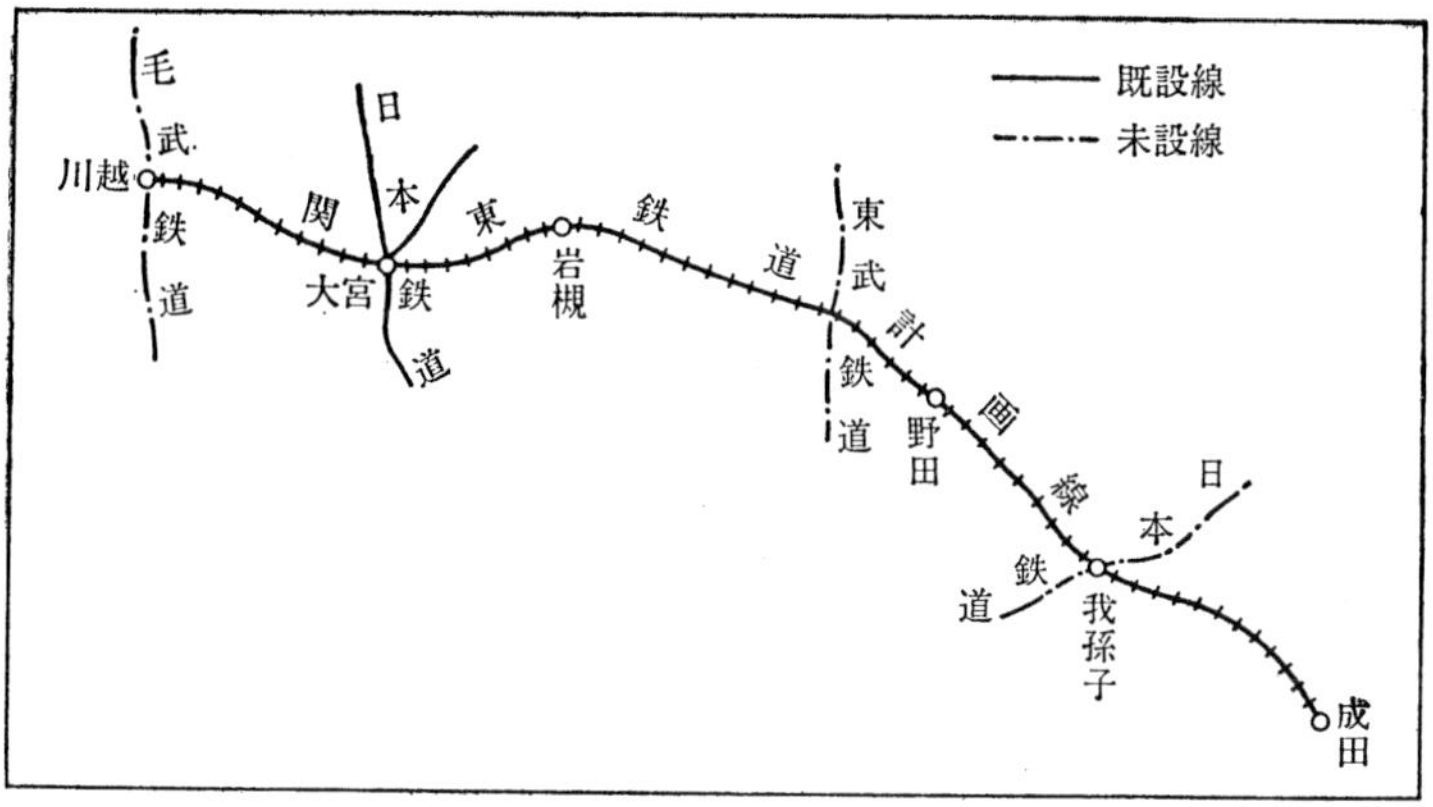

二　川越〜成田間鉄道の概要

関東鉄道株式会社は、一八九六（明治二九）年四月一四日、加藤徳三外九名を発起人として、私設鉄道条例により創立申請がなされた。「関東鉄道株式会社創立申請書」によれば、創立発起人の鉄道建設の意図は以下のごとく記されている。

「埼玉県入間郡川越町ヨリ仝県北足立郡大宮町仝郡岩槻町千葉県東葛飾郡野田町仝県南相馬郡我孫子村及仝郡布佐村ヲ経テ仝県下埴生郡成田町ニ至ルノ間ニ鉄道ヲ敷設シ運輸事業相営度其期スル所人口物産ノ稠密豊富ナル市邑ニ拠リテ関東ニ於ケル既設未設ノ各鉄道線路ヲ横貫連結シ更ニ之ヲ総房ノ半島ニ連絡セシムルニ有之」(1)

翌一八九七（明治三〇）年三月三一日、関東鉄道は「本願線路中我孫子成田間ヲ除キ其他ノ線路ニ就キ願意ヲ聞届ケ」(2)られ、仮免許状を下付された。我孫子〜成田間の路線が除外されたのは、「我孫子成田間ハ諮詢第三七九号北総鉄道株式会社発起人ニ許可スヘキ線

＜第Ⅱ-20表＞　関東鉄道株式会社発起人一覧

（Ⅰ）　創立申請時以来の発起人

氏名	株数	金額	住所	所得税	地租	職業・その他
	株	円		円	円	
加藤徳三	1,500	75,000	東京市日本橋区	617.500	32.539	第百三十二国立銀行頭取，品川銀行株式会社取締役
岡部広	1,500	75,000	東京市日本橋区	45.930		紙商，江戸川製紙株式会社監査役
河村隆實	1,000	50,000	東京市京橋区	36.885		書籍商，林河村合名会社共伸社社員
林策一郎	1,000	50,000	東京市京橋区	35.040		革具商，林河村合名会社共伸社業務担当社員
小池佐一郎	1,000	50,000	東京市日本橋区	15.825		東京商品取引所理事
広部清兵衛	1,000	50,000	東京市日本橋区	144.060		広部銀行頭取，株式会社東京商品取引所監査役
山田英太郎	1,000	50,000	東京市牛込区			
窪田弥兵衛	750	37,500	東京市深川区	96.645	128.576	海産物及肥料問屋
山脇善助	750	37.500	東京市京橋区	210.160	305.614	清酒問屋
中島行孝	600	30,000	東京市牛込区	97.815	14.310	東京府会議員，東京株式取引所理事

（Ⅱ）　追加発起人（1896年 7月16日）

氏名	株数	金額	住所	所得税	地租	職業・その他
	株	円		円	円	
榊原浩逸	1,000	50,000	東京市麹町区	5.360		
山田卓也	1,000	50,000	福井県福井市			
能勢久成	884	44,200	東京市牛込区	5.490		江戸川製紙株式会社社長
高橋安爾	500	25,000	埼玉県北足立郡浦和町			
千葉禎太郎	500	25,000	東京市日本橋区			
伊藤徳太郎	500	25,000	千葉県武射郡大総村			
小沢武雄	500	25,000	東京市牛込区	105.765		男爵，貴族院議員
石塚重平	400	20,000	東京市麹町区			

	株	円		円	円	
山田東次	400	20,000	東京市芝区			
石阪昌孝	400	20,000	東京市小石川区			
駒林廣運	400	20,000	山形県西田川郡鶴岡町			
渋沢喜作	300	15,000	東京市芝区	63.750	7.213	北海道製麻会社社長，東京商品取引所理事長
八尾新助	300	15,000	東京市神田区	502.625		書籍・和洋紙商，八尾活版所活版印刷業
浜口吉右衛門	300	15,000	東京市日本橋区	590.000		醤油・塩・荒物問屋
重野謙次郎	300	15.000	東京市赤坂区			
今井文吉	300	15.000	東京市日本橋区	84.240		第百三十二国立銀行取締役兼支配人
柿沼谷蔵	300	15,000	東京市日本橋区	200.000	176.081	洋糸及和紡績糸問屋，東京瓦斯紡績株式会社取締役
斎藤修一郎	300	15,000	東京市赤坂区			
中原市五郎	300	15,000	東京市麴町区	15.000		歯科医
浅羽靖	250	12,500	東京市神田区			
坂本喜三郎	250	12,500	東京市神田区	4.120		白米商
藤山雷太	250	12,500	東京市芝区	73.365		王子製紙株式会社取締役専務，東京印刷株式会社取締役，
竹谷兼吉	200	10,000	埼玉県入間郡川越町			川越商業銀行取締役頭取，川越貯金銀行頭取
伊藤幹一	200	10,000	東京市小石川区	78.225	6.196	東京株式取引所理事
大森敏寛	200	10,000	奈良県添上郡奈良町			
加藤初太郎	200	10,000	東京市浅草区			
富永冬樹	200	10,000	東京市本所区	54.270		東京株式取引所理事
町田徳之助	150	7,500	東京市浅草区	117.570	92.009	糸問屋，東京商品取引所仲買
木村太次郎	150	7,500	東京市日本橋区			
関谷和三郎	100	5,000	東京市日本橋区	8.160		八王子繭糸取引所監査役
高松喜六	100	5,000	東京府豊多摩郡内藤新宿	9.600	34.539	内藤新宿町長，東京府議会議員，明教保険株式会社取締役
遠藤三郎兵衛	100	5,000	東京市浅草区	23.250	34.323	質商

（備考）『鉄道院文書』，『日本紳士録』第3，4版，1896-97年，その他より作成。

〈第Ⅱ-21表〉 関東鉄道収支目論見

建設費 (A)		2,350,000円
貨物数		137,166噸
旅客数		476,872人
営業収入 (B)		317,915円
内訳	貨物収入（割合）	127,166円（40%）
	旅客収入（割合）	190,749円（60%）
営業費 (C)		122,275円
営業係数 (C)/(B)		38.5%
純益 (D)		195,640円
(D)/(A)		8.3%

（備考）「関東鉄道株式会社敷設費用及運輸営業上収支概算一覧表」（『鉄道院文書』）より作成。

路ニ該当スル(3)」からであった。

関東鉄道の発起人株主およびその引受株数は、〈第Ⅱ-20表〉のとおりであり、東京在住株主が圧倒的多数を占め、地元株主は弱体である。東京以外の発起人株主は、一八九六（明治二九）年七月一六日追加発起人として埼玉県―二名、千葉県―一名、さらに奈良、福井、山形の各県にそれぞれ一名づつ名を連ねているのみである。

発起人の職業等については〈第Ⅱ-20表〉の備考欄に記してあるが、概して彼らは、「銀行会社役員書籍商海産物商革具商紙商酒商等ニシテ各相当ノ資産ト信用ヲ有(4)」するものであった。

さて、鉄道企業への投資の経済的利益を、(一)鉄道企業による利益の配当、(二)鉄道開業による自己の経済的基盤となる産業に関する貨物（原料、製品）輸送の円滑化、低廉化に大別することができるとすれば(5)、関東鉄道発起人株主の目的は、(一)の鉄道企業を有利な事業とみこしての利益配当にあるといえるであろう。

発起人が関東鉄道の経営をどのように目論んでいたかは「関東鉄道株式会社敷設費用及運輸営業上収支概算一覧表」から知ることができるが、これを表示したのが〈第Ⅱ-21表〉である。該表によれば、収入総額の内訳は旅客収入―六〇パーセント、貨物収入―四〇パーセントであり、貨物輸送にもかなりの比重がおかれている。また営業係数も三八・五パーセントと良好な経営が期待されており(6)、その根拠として以下のごとき説明がさ付れている。

〈貨物輸送〉

「本線路ハ川越町大宮町岩槻町野田我孫子村布佐村安食村成田町等ノ如キ枢要ノ商業地ヲ経過スルノミナラス其起点ニ於テハ川越鉄道毛武鉄道武州鉄道ニ接続シ其中間ニ於テハ日本鉄道会社第一区線第二区線東武鉄道日本鉄道会社土浦線ニ接続シ其我孫子附近ニ於ケル一川ヲ隔テヽ間接ニ常総鉄道ニ連絡シ其終点ニ於テハ成田鉄道及間接ニ総武房総ノ両鉄道ニ連絡シ所謂四通八達ノ利便ニ居ルモノナルヲ以テ貨物運搬上各地相互間本線路ノ経由スルトキハ大ニ時間ト費用トヲ節減シ得ヘク随テ米穀肥料鮮魚薪炭砂糖石油以下諸雑貨ノ本線路ニ来リ集ルモノ極メテ多量ナルヘキハ勿論ノ儀ニシテ本表所載ノ貨物運搬ハ充分之アルヘシト信ス」(7)

〈旅客輸送〉

「本線路ハ前項所記ノ如ク川越町大宮町岩槻町野田町我孫子村布佐村安食村成田村等ノ如キ人口物産稠密豊富ナル町村ノ経由スルモノナルノミナラス首尾腰腹到処他ノ鉄道線路ト接続スルモノナルカ故ニ関東ニ於テ何レノ地方ヨリ何レノ地方ニ向フニモ非常ナル迂回ヲ為サスシテ直チニ他ノ鉄道線路ニ転スルヲ得ルノ便アリ自ラ交通上ノ一捷路ヲ形成シテ往来ノ頻繁ヲ来シ本表所載ノ乗客ハ充分可有之見込ナリ」(8)

ここでは、日本鉄道をはじめとして、川越、毛武、武州、東武、成田、総武などの既設、未設の縦断線を相互に連絡する横断線としての役割が強調されている。しかし、前述のごとくこの関東鉄道川越〜成田間（六七哩）は、川越〜我孫子間（三三哩）に路線を短縮して仮免許を下付され、収支目論見は、営業収入一一八、九四一円、営業費一二四、七五四円、営業係数一八五・五パーセントと著しく悪化している。(9)

さて、この関東鉄道株式会社計画線川越〜我孫子間は、一八九七（明治三〇）年七月二八日に開催された成田鉄道株主臨時総会において「関東鉄道ヲ成田鉄道ノ延長線トシ其権利ヲ継承スル事」[10]が決議され、以後は総州鉄道株式会社計画線成田〜我孫子間とともに、成田鉄道延長線としてその建設が推進されることになった。この間の経緯については不明であるが、当時路線網を拡大しつつあった成田鉄道が、さらに関東・総州両鉄道計画線川越〜成田間の収益性に注目し、西部への路線延長をねらったものとおもわれる。「（成田）鉄道延長線路起業目論見書」は、川越〜成田間路線延長の目的について以下のごとく述べている。

「本線路タル千葉県下ニ在リテハ成田ヲ起点トシ木下我孫子野田等著名ナル商業地ヲ経過シ埼玉県下ニ在リテハ岩槻大宮川越等ノ枢要地ヲ経過スルノミナラス我孫子附近ニ於テハ日本鉄道ノ土浦線及一川ヲ隔テヽ常総鉄道ニ連絡シ野田附近ニ於テハ東武鉄道ニ連絡シ終点タル川越ニ至レハ毛武、川越、武州ノ各鉄道ト連絡スルモノナルヲ以テ所謂四通八達ノ捷路ヲ形成シ関東中何レノ地方ニ向フモ非常ナル迂回ヲ為サスシテ直ニ他鉄道線路ニ転スルヲ得ルノ便アリ故ニ本線開通ノ暁ニ在テハ旅客ノ交通貨物ノ運輸上便益尠少ノモノニアラサルナリ延ヒテ本会社事業ヲシテ益々鞏固隆盛ナラシム是即本線延長ノ目的ナリトス」[11]（傍点引用者）

そして、資本金は二、五〇〇、〇〇〇円の第二新株を増募して三、五〇〇、〇〇〇円とし、その募集方法は「総株数ヲ二分シ其半数即弐万五千株ヲ本年七月五日現在ノ本会社株主ニ分配シ残株弐万五千株ヲ関東鉄道創立発起者ニ分配」[12]することとした。また、役員においても、関東鉄道株式会社より「取締役弐名監査役壱名」[13]の計三名を加えることとされた。なお、この成田鉄道会社延長線川越〜成田間が、内閣総理大臣大隈重信によって免許状下付の裁可を受けたのは、一八九八（明治三一）年九月一二日のことであった。

(1) 「関東鉄道株式会社創立申請書」、一八九六年四月一四日（『鉄道院文書』）。
(2) 「関東鉄道株式会社発起並鉄道敷設ノ件」、一八九七年三月三〇日（『鉄道院文書』）。
(3) 同前「説明書」。
(4) 東京府知事久我通久「関東鉄道株式会社発起申請書進達」、一八九六年五月二一日（『鉄道院文書』）。
(5) 白土貞夫「成田鉄道の建設とその背景」（成田市史編さん委員会『成田市史研究』第二号、一九七三年三月、一五頁）。
(6) なお、一九〇三（明治三六）年における主要私鉄の営業係数（平均値）は、五七・二パーセントである。この点については、玉城肇「明治期における『鉄道熱』について――近代日本産業発達史の一研究――」（愛知大学『二〇周年記念論文集』経済編、第五一・五二合併号、一九六六年一一月、二四四頁）を参照されたい。
(7)(8) 「関東鉄道株式会社敷設費用及運輸営業上収支概算説明書」（『鉄道院文書』）。
(9) 「川越我孫子間線路調査報告摘要」（『鉄道院文書』）。
(10) 「（成田鉄道）株主臨時総会決議録」（『鉄道院文書』）。
(11)(12) 「（成田）鉄道延長線路起業目論見書」、一八九七年九月八日（『鉄道院文書』）。
(13) 前掲「（成田鉄道）株主臨時総会決議録」。

三　川越商業会議所の鉄道建設構想

かくして、関東鉄道株式会社計画線川越〜成田間の路線は、成田鉄道株式会社延長線として建設されることになった。その建設の順序は、「成田我孫子間ヲ第一工区トシ直チニ着手……略……我孫子大宮間ヲ第二工区トシ大宮川越間ヲ第三工区トシ第一工区開業ノ後着手スルモノ」(1)（傍点引用者）のごとくであった。そして、成田〜我孫子間は一九〇一（明治三四）年四月に開通するが、それに先立って同年一月、川越商業会議所は「吾孫子川越間鉄道速成ニ関スル意見書」を成田鉄道会社社長小倉良則、日本鉄道会社社長曽我祐準宛に提出している。ここには、非常に興味深い論点が示されているとおもわれるので、次に長文を厭わず引用しよう。

「凡ソ鉄道ノ要ハ単ニ其線路ノ一方ヨリ他方ニ通スルヲ以テ足レリトセス併セテ其線路ノ彼此連絡シテ恰モ循環線ノ形状ヲ為シ以テ運輸交通ノ便ニ資スルニアリ然ルニ我関東ニ於ケル鉄道ノ現状ヲ見ルニ其数敢ヘテ少キニアラスト雖モ何レモ東京ヨリ各地ニ通スルノミニテ此等各線ノ間ニ於ケル連絡ハ全ク欠如セリト云フモ決シテ過言ニアラス況ンヤ其ノ循環線ノ形状ヲ為スニ於テヲヤ之ヲ彼ノ京阪地方ニ於ケル鉄道ノ彼此相待テ循環線ノ形状ヲ為シ以テ運輸交通ノ便ニ資スルニ比スレハ其ノ国家経済上ニ及ホス所ノ利不利亦タ日ヲ同シウシテ論スヘカラサルナリ

民間ノ有志此ニ見ルアリ嚢ニ関東鉄道会社ヲ組織シテ成田川越間鉄道敷設ノ許可ヲ得次テ成田鉄道会社ニ於テ其事業ヲ継承シ今ヤ其第一期線タル成田吾孫子間ノ工事漸ク竣工ヲ見ントスルニ至レルハ運輸交通ノ発達上頗ル喜フヘキ所トス然ルニ全線中鉄道ノ効用ニ最モ重大ノ関係ヲ有スル吾孫子川越間ノ線路ハ其ノ第二期線以下ニ属スルノ故ヲ以テ未タ之カ敷設着手セラルヽニ至ラス否ナ今日ノ状況ヲ以テスレハ今後果シテ何レノ日ニ其開通ヲ見ルヤ知ルヘカラサルナリ是レ独リ本会議所ノ遺憾トスル所ナルノミナラス実ニ関東大部分人民ノ均シク遺憾トスル所ナリ

抑々吾孫子川越間ノ鉄道ハ関東ノ中央ヲ経過シ其沿道ニハ粕壁、大宮、川越等ノ市街地ヲ控ユルノミナラス此線路ニシテ開通センカ直接ニハ成田、日本、川越三鉄道ヲ連絡シ間接ニハ総武、甲武両鉄道ヲ連絡シテ此等ノ鉄道ハ彼此相待テ恰モ一大循環線ノ形状ヲ為スカ故ニ其ノ交通運輸ニ便シ国家経済上ノ発達ニ利スルコト少々ナラサルヘシ唯夫レ此間ノ線路ニハ利根、荒川両川ノ南北ニ貫流スルアリテ其架橋ニ少カラサル費用ヲ要シ此重要線路ノ敷設ヲシテ今日マテ遅延セシメタル所以ナリト雖モ苟クモ大有力ノ会社ニシテ互ニ共力シテ之カ経営ニ当ラルゝニ於テハ敢ヘテ非常ノ困難ヲ感スルコトナカルヘシ是レ本会議所カ成田、日本両鉄道会社ニ向テ敢ヘテ卑見ヲ開陳セント欲スル所以ナリ」(2)（傍点引用者）

ここでは、近畿地方における鉄道網の形成(3)と対比して、関東地方の鉄道網形成の特質を循環線（横断線）の欠如（東京に収斂される鉄道網）に求め、我孫子〜川越間鉄道を循環線（横断線）として重視し、その速成を成田、日本両鉄道会社に要請している。そして、このような川越商業会議所の主張の背後には、以下のような鉄道建設による「川越市場圏」の形成という構想が横たわっているのであった。

「然れども成田よりする一線我孫子を経て本県（埼玉県……引用者）の南部を横断し以て大宮川越間の連絡を取るに至れば一は東京へ出づるの捷路たるべく、一は南北埼玉、北足立諸郡との関係を密接にして商業上至大の便益を見るべく更らに現今の川越鉄道を伸張して国分寺より直接横浜に通ずる一線を計画すへしとの事なれば海外輸出港に直接して増々土地の繁栄を促かし、設後日ならずして裒然たる一大市を形造に至らんも知るべからざるなり(4)」

ここにみられるのは、近世後期以来、江戸地廻り経済圏の中にくみこまれながらも、在方市を点在せしめながら、如何に未熟な形態であるにせよ小商品生産（＝ブルジョア的発展）を展開せしめつつあった川越を中心とする埼玉県西部の農村が(5)、鉄道建設を通じて外国貿易をもテコにしながら東京市場から相対的に自立する市場圏を形成しようとする意図である。

＜第Ⅱ-22表＞　明治20年代末期川越周辺地域における鉄道建設計画

鉄道会社名	創立申請年月日	路　　線
成 川 鉄道株式会社	1896年 5月25日	川越～大宮～越ヶ谷～流山～木下～安食～成田
玉 川 鉄道株式会社	1896年 6月15日	川越～坂戸～今宿～玉川，今宿～越生
佐 川 鉄道株式会社	1896年 7月16日	川越～大宮～大門～越ヶ谷～吉川～流山～松戸～三咲～臼井～佐倉
川 船 鉄道株式会社	1896年 7月29日	川越～大宮～越ヶ谷～流山～船橋
金 子 鉄道株式会社	1896年 8月20日	金子～東金子～豊岡～入間川
飯 能 鉄道株式会社	1896年 8月20日	飯能～精明～元加治～豊岡～入間川
中 武 鉄道株式会社	1896年 8月20日	大宮～所沢～拝島～八王子
八王子鉄道株式会社	1896年 8月25日	粕壁～大宮～与野～志木～大和田～所沢～狭山～砂川～福島～八王子
宮 越 鉄道株式会社	1896年 9月 4日	大宮～川越～越生
越 生 鉄道株式会社	1896年11月20日	川越～坂戸～越生

（備考）『埼玉県行政文書』明2430，その他より作成。

川越は「附近十里四方の中心市場[6]」としての機能をもつものであるが、その周辺には所沢、入間川、飯能、扇町屋などの特色ある地方市場が形成されていた。その概況を示せば以下のごとくである。

〈所沢〉

「其第一は木綿飛白にして通称村山絣と称するもの所沢を中心市場として其附近四里四方の特産物となす[7]」

〈入間川〉

「第二は絹綿交織、瓦斯二双にして是又所沢入間川を中心として附近地方の産する所……[8]」

〈飯能〉

「第三は魚子、太織縞なり、是れは飯能を中心として入間郡内及外秩父地方の特産物たり[9]」

〈扇町屋〉

「第四は製茶にして通称狭山茶と唱ふるもの、是は扇町屋を中心市場として、是又附近三四里間地方の特種物産なり[10]」

そして、一八九六（明治二九）年には川越を中心に〈第Ⅱ-22表〉[11]のごとく多くの私設鉄道の建設が計画され、これらの地方市場を連結する局地的鉄道網を形成するとともに、さらにいくつかの環状線によってこの局地的鉄道網を外延的に拡大するという「川越市場圏」形成の構想が具体化されている。我孫子〜川越間の速成を要請する川越商業会議所の「意見書」も以上の脈絡に沿って理解されるべきである。

しかし、この成田鉄道会社延長線川越〜成田間は、その後一九〇三（明治三六）年二月二一日、同三月二一日の二回にわたる臨時株主総会において、「成田川越間鉄道線路ヲ我孫子限リニ短縮スル事」[12]が決議され、同四月一〇日陸軍総務長官石本新六の「成田鉄道線路短縮ノ件ニ付……略……異存無之候」[13]との回答を得て、四月二七日内閣総理大臣桂太郎の裁可を得たのであった。

かくて、成田鉄道会社延長線成田〜川越間のうち、実際に開業したのは成田〜我孫子間（二〇哩三〇鎖）のみであり、川越〜我孫子間（三七哩二九鎖）はついに未成のままにおわったのである。その原因について、成田鉄道株式会社社長佐分利一嗣は以下のごとく伝えている。長文を厭わず引用しよう。

「当会社鉄道成田川越間線路五十七哩五十九鎖敷設ノ儀ハ明治三十一年九月十九日本免状御下附相成候ニ付同年同月二十五日其一部成田我孫子間二十哩三十鎖ノ敷設工事ニ着手致候処諸物価並ニ工賃ノ暴騰及建設工事ノ意外ニ容易ナラサリシ等ニ因リ建設費金百弐拾九万五千五百五円余一哩平均金六万参千五百八拾参円余ヲ費スニ至リ即チ当初ニ於ケル成田川越間興業費予算金弐百五拾万円一哩平均金四万参千弐百九拾九円余ニ比シ四割六分八厘余ノ超過ト相成候依テ案スルニ前途ハ益々水害地ニシテ長大ナル多数ノ橋梁ヲ要シ其工事ノ困難ナル既成線ノ比ニ無之旁々興業費予算ニ於テ巨額ノ不足ヲ生スルハ明白ニ有之候然ルニ前記成田我孫子間線路ニ対スル株金払込ノ如キ常ニ不結果ニシテ纔ニ高利ノ借入金ヲ為シ以テ之ヲ竣工シタル次第ニ有

之刻下ノ経済界ニ於テモ尚ホ今後未成線ノ竣工ニ要スヘキ巨額ノ資金ニ対シ啻ニ株金払込ノ困難ヲ感シ候ノミナラス新株募集ノ如キ到底其目的ヲ達スルノ見込無之様存候間此際特別ノ御詮議ヲ以テ既成線成田我孫子間限リニ線路短縮ノ儀御認可被成下度別紙株主総会議事及決議ノ要領書相添此段奉願候也」(14)（傍点引用者）

すなわち、我孫子〜川越間未成の原因は、㈠物価および工賃の暴騰、㈡建設工事の困難、㈢資金調達の不成績などであるが、一九〇〇（明治三三）年末期から始まる恐慌と沈滞を反映しているものとおもわれる。また、〈第Ⅱ-22表〉に掲げた成川、玉川、佐川、川船、金子、飯能、中武、八王子、宮越、越生などの諸鉄道も全て開業に至らず、川越を中心とする地域市場圏（「川越市場圏」）の構想はあえなく破綻するのであった。

(1) 前掲「(成田鉄道) 株主臨時総会決議録」。
(2) 川越商業会議所会頭山崎豊「吾孫子川越間鉄道速成ニ関スル意見書」、一九〇一年一月一九日（『川越商業会議所第二回報告』、一九〇一年六月）。
(3) 近畿地方の鉄道網形成の特質については、さしあたって、原田勝正「明治中・末期における近畿地方の鉄道網形成について」（『地方史研究』第一二四号、一九七三年八月）を参照されたい。
(4) 「川越と其附近」（『埼玉経済時報』第一五号、一八九九年八月一〇日）。
(5) 工藤恭吉「明治期における市場構造の展開に関する一考察——埼玉県南西部を中心に——」（『早稲田商学』第一二七号、一九五七年三月）。
(6) 前掲「川越と其附近」。
(7)〜(10) 「西部地方の商業状態」（『埼玉経済時報』第一七号、一八九九年一〇月一〇日）。
(11) その取引品目、市日を示せば次表のごとくである。

市場	取引品目	市日
川越	穀物、青物、繭、苗物、茶、桑	三・六・九
所沢	穀物、織物、元結、屑繭、生糸、茶、綿糸、苗物、桑	三・八
豊岡(扇町屋)	穀物、繭、桑、茶	三・八
入間川	穀物、繭、茶	一・五
越生	織物、穀物	二・七
坂戸	穀物、席	三・八
飯能	繭、生糸、穀物、織物、桑、織糸	六・一〇

(備考)『埼玉県統計書』、一八九〇年、より作成。

(12)「(成田鉄道)臨時株主総会」、一九〇三年二月二一日(『鉄道院文書』)。
(13)『鉄道院文書』。
(14)成田鉄道株式会社社長佐分利一嗣「我孫子川越間鉄道線路短縮願」、一九〇三年三月二一日(『鉄道院文書』)。

四　おわりに

近世後期以降の農民的商品生産および流通の急速な展開は、農民層の分解を促進し、旧来の幕藩制的市場とは異質の全国市場を形成しつつあった。このような中で、幕府は、流通規制を媒介に統一的支配権を回復せんとして江戸を中心に幕藩制的市場構造の再編をはかろうとした。しかしこうした試みは、一八五八(安政五)年の開港によって内部的に破綻せしめられることになった。このような中で成立した明治政府は、近代国家建設のためにまずもって中央集権的な全国市場の形成に着手するのであるが、鉄道建設はこのような明治政府による市場政策の重要な構成要素となるのであった。松方正義は、東京〜横浜間官設鉄道の建設に際して「漸次各地ノ鉄道ヲ構造スルモ此線路（京浜間官設鉄道……引用者）ニ接続セハ則チ各地ニ散布スル鉄道ノ始源ト為スヲ得可シ、蓋シ東京ノ港湾ハ海水浅潟ニシテ大船巨船ノ入泊ニ難ク、貿易上ニ便ナラス、而モ今此鉄道ヲ布設シテ其便ヲ助ク、以テ能ク益々東京ノ殷富ヲ増シ商業繁盛ヲ極メ」(1)と東京を中心市場に横浜をその外港として位置づけ、関東各地の生産地帯を東京、横浜に直結させるという鉄道網の形成を構想している。このような明治政府の鉄道網形成の構想は、例えば甲武鉄道（八王子〜新宿間）と武蔵鉄道（八王子〜川崎間）の競願に際して、これを二者択一の問題として提起し「此等各地ニ関係ヲ有セル場所ニ於テ布設スル鉄道ハ、必ズ先ヅ首府ヲ以テ基点トシ、而シテ他ノ各名邑要区ニ連絡ヲ取ルヲ原則トセラルル」(2)として甲武鉄道を支持した内務大臣山県有朋の建議「汽鑵車鉄道布設之件」などに具体化されている。

かくして明治政府は、その権力が確立するとともに、東京を中心とするより強固な全国市場の形成を鉄道網整備の中に具現していった(3)のであるが、これは決して直線的・短絡的に貫徹していったわけではない。それは、地方経済の成長を基盤に、鉄道建設によって東京市場から相対的に自立する市場圏を形成しようとする動向を(4)絶えず内部に孕みつつも、基本的に明治三〇年代の産業資本確立期に完成していったものとおもわれる。この補論(二)は以上のような関東地方における鉄道網形成過程の特質の理解に立脚しつつ、関東鉄道会社計画線成田〜川越間鉄道について紹介したものである。

それにしても、この横断鉄道としての性格をもつ関東鉄道計画線（川越〜成田間）が政府によって認可されたことは、地方市場に活況をもたらす可能性を与えた点で重要な意味をもつが、しかしこれは政府の鉄道政策が国内市場重視の方向に転換したことを意味するものではない。むしろ、明治三〇年代に至って東京中心の鉄道網の形成がほぼ完成し、殖産興業政策を推進していく市場体制・産業構造が定着していくという中で、さらにそうした政策を地方にまで拡大していこうとする政府の余裕と自信がもたらしたものと推察される。しかし、以上のような政府主導の市場体制・産業構造の整備は、地方市場の経済力を著しく弱体化せしめ、その相対的自立の可能性をますます狭めていた。関東鉄道計画線（川越〜成田間）全線開通の挫折は、そうした事態を如実に示しているものと評価できよう。

（1）松方正義「理財稽蹟」、一八七八年（大内兵衛・土屋喬雄編『明治前期財政経済史料集成』第一巻、一九六二年、二三二頁）。

（2）山県有朋「汽鑵車鉄道布設之件」、一八八六年（前掲『日本国有鉄道百年史』第二巻、五〇五頁）。なお、この甲武鉄道と武蔵鉄道の競願問題については本章第一節の「八王子における鉄道建設の動向」を参照のこと。

（3）伊藤好一「八王子鉄道と八王子市場圏」（多摩中央信用金庫『多摩のあゆみ』第二号、一九七六年二月）。

（4）伊藤好一氏は、前掲論文において「幕末期以降、八王子市場圏の形成が進んでいくとともに、市場圏内での商品輸送路が自ら整えられていった。明治二〇年代の私設鉄道建設ブーム時には、こうした商品輸送路の整備が私設鉄道の建設によってなされようとする」（三一頁）と述べている。このように、明治二〇年代の関東各地においては、東京市場から相対的に自立するような地域市場圏の成立を指向する鉄道建設計画が企てられていたのである。

第Ⅲ章　埼玉県下における馬車鉄道の展開

一　はじめに

交通における近代化の画期は、蒸気動力の採用（生産力的側面）と自己運送から他人運送への転化（生産関係的側面）に求められる。従って、陸上輸送手段において近代を画するのは蒸気鉄道の出現であり、いまだ動力源を馬力に依存している馬車鉄道は、近代的交通・輸送手段の範疇に属するものではない。それは、いわばマニュファクチュア段階に照応する陸上輸送手段であり、蒸気鉄道の先行形態として位置づけられる。(1)

馬車鉄道に対する明治政府の政策は、鉄道に対するそれとはかなり異なっていた。周知のように、わが国の鉄道建設は殖産興業政策の一環として官設官営主義の原則のもとで著しい進捗をみた。一八八一（明治一四）年の日本鉄道株式会社の設立に始まる私設鉄道の発達に対しても、政府はその監督、助成に万全を期して鉄道政策の基調を一貫しようとしている。(2)一八八七（明治二〇）年制定の「私設鉄道条例」は、私設鉄道を政府の指導、監督のもとにおくことを目的としたものである。

一方、馬車鉄道は「本条例定ム所ノ限ニアラス」(3)とこの条例の適用から除外されていた。それは、「馬力ヲ用イルモノハ其速度ニモ亦其列車ノ重量ニモ限リアルモノニシテ長距離ノ線路ニ適セサルノミナラス一般普通ノ鉄道中ニ数ヘ難キモノ」(4)（傍点引用者）との理由からであった。

かくて、馬車鉄道を「一般普通ノ鉄道」と区別した後、政府が馬車鉄道に対して法的規制を実施したのは、一八九〇（明治二三）年の「軌道条例」の公布によってであった。この軌道条例によって馬車鉄道は「内務大臣ノ特許ヲ受ケ之ヲ公共道路上ニ敷設スルコトヲ得」[5]ということになった。

しかし、私設鉄道に対する仮免許状、および免許状の下付において「政府ニ於テ第一条ノ願書及目論見書ヲ査閲シ起業ノ大体ニ不都合ナキト認ムルトキハ仮免状ヲ下付シ」[6]、あるいは「政府ニ於テ前条ノ図面書類ヲ審査シ妥当ナリト認ムルトキハ裁可ヲ経テ会社設立及鉄道布設ノ免許状ヲ下付スヘシ」[7]とされていたのに対し、馬車鉄道の場合には、同様の手続が以下のように府県庁の認可に委ねられていた。

「(馬車鉄道……引用者) 発起人ハ本書下付ノ日ヨリ何ケ月以内ニ左ノ各項ニ準拠シ線路実測図面、工事方法書、工費予算書及会社ノ定款ヲ調整シ予メ府県庁ノ認可ヲ受クヘシ」[8](傍点引用者)

すなわち、私設鉄道が政府の直接的な指導、監督のもとにおかれていたのに対して、馬車鉄道に対する政府のそれは府県庁を経ての間接的なものにとどまっていた。

ところで、イギリスで馬車鉄道がはじめて登場したのは一八世紀後半であり、それは北部炭田地方の運炭用木製馬車軌道に鉄製軌道を採用したものであった。そしてこれは産業革命期の改良を経て蒸気鉄道へと脱皮した[9]。

イギリスと比較すると、わが国の馬車鉄道は極めて特異な発展を辿った。〈第Ⅲ-1表〉にみるように一八八六―一八八九(明治一九―二二)年の第一次鉄道熱は、同時に馬車鉄道熱の時代であるともいえる。また、〈第Ⅲ-2表〉によれば、蒸気鉄道の路線延長距離の増加につれて馬車鉄道のそれも増加している。馬車鉄道は、蒸気鉄道の発展によって駆逐されるどころか、むしろわが国の陸上輸送体系の中に確固たる地位を築いていくかにみえる。

わが国における馬車鉄道の嚆矢は、一八八〇（明治一三）年二月二三日、鹿児島県士族種田誠一、谷元道之らが五代友厚の援助を得て出願するに至った東京馬車鉄道会社である。この馬車鉄道は「東京府下市街ニ於テ馬車鉄道ヲ建築シ、運輸ノ業ヲ運営セン(10)」ことを目的としたが、開業後は文字どおり東京市街地における独占的交通手段として企業的にも大きな成功をおさめた(11)。当時の『東京経済雑誌』は、これを以下のように報じている。

「開業以来の景況を目撃するに乗客は常に輻輳して他の千里軒流の馬車は殆んど跡を絶たんとするの兆を現はせし如きの有様……略……近年人民独立の事業にして能く隆盛を極めんとするの前徴を示せしは実に馬車鉄道の右に出るものなかるべきか余輩之れを聞く其株式の如きも追々騰貴して今日は一株に付き三割即ち百三十円以上ならでは得られずといふ(12)」（傍点引用者）

こうした東京馬車鉄道会社の示した良好な営業成績が機縁となって、「東北ニ秋田馬車鉄道ノ布設アリ南ニ小田原馬車鉄道アリ西ニ

＜第Ⅲ-1表＞　蒸気鉄道・馬車鉄道会社数比較（1886—89年）

年度	蒸気鉄道	馬車鉄道
1886年	1	1
1887	2	2
1888	6	7
1889	11	12

（備考）池田博行『交通資本の論理』，1971年，p. 301（原資料は『帝国統計年鑑』），日本鉄道省『日本鉄道史』下篇，1921年，p. 683，より作成。

＜第Ⅲ-2表＞　蒸気鉄道・馬車鉄道路線延長距離比較

年度	蒸気鉄道	馬車鉄道
1882年	173哩62鎖	8哩42鎖
1895	2,290・41	73・33
1897	2,950・05	61・39
1902	4,237・36	176・59
1907	4,898・49	227・75
1912	5,987・74	299・67

（備考）富永祐治『交通における資本主義の発展』，1950年，p. 217（原資料は『日本帝国統計全書』）より作成。

碓氷馬車鉄道ノ布設等アリテ運輸交通ニ便益ヲ与フルコト亦鮮少ナラサルナリ」[13]と、各地に馬車鉄道が相次いで出現したのであった。

かくて、わが国の馬車鉄道の発展は極めて特徴的であるが、これまでの近代交通史研究はその実態をほとんど明らかにしていない。[14]本章は、明治中・後期の埼玉県下の場合を事例に、このような馬車鉄道の展開を実証的に追跡し、従来の研究史の空白を多少なりとも埋めんとするものである。

(1) 中西健一『日本私有鉄道史研究――都市交通の発展と構造――』増補版、一九七九年、二四頁。
(2) 宇田正「鉄道国有化」(宮本又次・中川敬一郎監修『日本経営史講座』第四巻、一九七六年)参照。
(3) 「私設鉄道条例(第一条)」(日本鉄道省『日本鉄道史』上篇、一九二一年、七八六頁)。
(4) 「東京ニ於ケル電気鉄道申請ニ関シ井上鉄道局長官ノ意見」(前掲『日本鉄道史』下篇、六七八頁)。
(5) 「軌道条例(第一条)」(同前、六八二頁)。
(6)(7) 「私設鉄道条例(第三、四条)」(前掲『日本鉄道史』上篇、七八六―八七頁)。
(8) 「命令書案(第三条)」(日本国有鉄道『日本国有鉄道百年史』第二巻、一九七〇年、四一〇頁)。
(9) C・P・ヒル著、山本弘文訳『近代英国社会経済史』、一九六四年、および松村赳「イギリス産業革命と交通」(『歴史教育』第一七巻第一号、一九六九年一月)などを参照されたい。
(10) 「東京馬車鉄道会社規則」(日本経営史研究所編『五代友厚伝記資料』第三巻、一九七三年、四一七頁)。
(11) 中西健一前掲書、二四―二九頁、参照。
(12) 茂木繁「馬車鉄道に感あり」(『東京経済雑誌』第一二九号、一八八二年九月一六日)。
(13) 高瀬四郎「馬車鉄道布設願書」、一八八八年一二月六日(『埼玉県行政文書』明一七四七)。
(14) 山本弘文「馬車と馬車鉄道」(『体系日本史叢書』別報一六、一九七〇年一二月)参照。

二　埼玉県下の馬車鉄道建設概況

明治中・後期における埼玉県下の馬車鉄道について、その概況を表示したのが〈第Ⅲ-3表〉である。いずれも鉄道ルートからはずれた地域に計画され、鉄道に比較すると短距離で資本金も小額であった。また、〈第Ⅲ-4表〉にみるように発起人（営業人）の大多数は地元沿線住民である。これらのことから馬車鉄道は、資本蓄積の不十分な地域社会の輸送需要に適したものとして発起計画されたということができよう。しかしながら、これらの馬車鉄道のほとんどが開業に至らず、また開業にこぎつけたとしても比較的短期間のうちに営業悪化をひきおこし、会社解散におよんでいる。それでは、以下埼玉県下の馬車鉄道について概観しておこう。

まず、伊勢崎本庄馬車鉄道および埼玉馬車鉄道は、それぞれ〈第Ⅲ-5表〉にみるように貨物輸送に比重がおかれ、以下のように輸送需要の旺盛な地域に計画されたものであった。

「惟フニ本県下伊勢崎町ヨリ埼玉県本庄駅ニ通スル道路ハ貨物ノ運搬旅客ノ往来頻繁ナリ然ルニ旅客貨物ハ今々人力車及ヒ普通ノ馬車ヲ以テ之レヲ運搬ス」(1)（伊勢崎本庄馬車鉄道）

「東京及ヒ千葉茨城栃木群馬ノ諸県ヨリ往復スル貨物ノ利根川ノ水便ニ依ルモノ多クハ之ヲ別所川岸ニ陸上ケ又旅客ハ佐野館林地方等ヨリ熊谷吹上ニ到リ日本鉄道線路ニ往来スル本道ナレハ車馬ノ往復頻繁ナル」(2)（埼玉馬車鉄道）

すなわち、本庄では伊勢崎機業地の賃織が農家副業として開始され、伊勢崎機業圏の一部を形成していた

営業開始年月日	資　本　金	出　願　路　線
	100,000円	(群馬県)伊勢崎町～(埼玉県)本庄駅
	110,000円	北埼玉郡新郷村上新郷別所川岸～忍町～大里郡熊谷町，忍町～北足立郡吹上村
1893年2月	175,000円	(東京府) 南足立郡千住茶釜橋～(埼玉県) 北足立郡草加町～南埼玉郡大沢町～粕壁町 (なお，浅草～千住間，粕壁～杉戸～幸手間は通常馬車を運転)
		入間郡入間川町～水富村～元加治村～精明村～飯能町
1901年6月	25,000円	北足立郡吹上村～北埼玉郡忍町～長野村
1901年9月9日	70,000円	(埼玉県)入間郡入間川町～豊岡町～東金子村～金子村～ (東京府) 西多摩郡霞村～青梅町
1902年5月9日	125,000円	入間郡川越町～北足立郡大宮町，川越町～坂戸町

間川町誌編さん委員会『入間川町誌』，行田市史編さん委員会『行田市史』下巻，1964年，青梅市史編さん実行

県								東京府							
間郡						北足立郡	北葛飾郡	西多摩郡		東京市					
水富村	元加治村	加治村	金子村	南古谷村	勝呂村	草加町	八輪野崎村	青梅町	霞村	日本橋区	下谷区	神田区	京橋区	麹町区	浅草区
											1				
						1	1			1		1			
						4									1
5	1	1											1	1	
			3					2	2						
				1	1										

田市史編さん委員会『行田市史』下巻，1964年，p.915―16，その他より作成。

<第Ⅲ-3表>　埼玉県下における馬車鉄道

名称	出願人代表	出願年月日	特許年月日
伊勢崎本庄馬車鉄道会社	高瀬四郎 (群馬県前橋町)	1888年12月6日	1889年7月24日
埼玉馬車鉄道会社	斎藤新右衛門 (北埼玉郡羽生町)	1889年1月22日	1890年11月24日
千住馬車鉄道会社 (後，草加馬車鉄道会社)	高橋荘右衛門 (北足立郡草加町)	1889年6月17日	1890年11月6日
入間馬車鉄道会社	増田忠順 (入間郡柏原村)	1899年3月9日	
忍馬車鉄道会社 (後，行田馬車鉄道会社)	橋本甚五郎 (北埼玉郡忍町)		1899年4月26日
中武馬車鉄道会社	岡崎武右衛門 (西多摩郡青梅町)	1899年9月25日	1900年6月25日
川越馬車鉄道会社	綾部利右衛門 (入間郡川越町)		

(備考)『埼玉県行政文書』明1519，明1521，明1524，明1747，明3594，明3598，明3599，明3601，明3603，入
委員会『定本市史青梅』，1966年，その他より作成。

<第Ⅲ-4表>　埼玉県下馬車鉄道発起人(営業人)の地域分布

名称	群馬県			埼						玉					
				北埼玉郡						入					
	伊勢崎町	前橋町	その他	羽生町	忍町	新郷村	三田ケ谷村	岩瀬村	持田村	川越町	入間川町	豊岡町	飯能町	坂戸町	柏原村
伊勢崎本庄馬車鉄道	8	2	2												
埼玉馬車鉄道				1		2	1	1							
千住馬車鉄道															
草加馬車鉄道															
入間馬車鉄道											5		3		1
忍馬車鉄道					4				1						
中武馬車鉄道											1	1			
川越馬車鉄道										5				1	

(備考)『埼玉県行政文書』明1519，明1521，明1524，明1747，明3594，明3598，明3599，明3601，明3603，行

〈第Ⅲ-5表〉　伊勢崎本庄・埼玉両馬車鉄道収支目論見

	貨物収入	乗客収入	営業支出金	差引利益金
伊勢崎本庄馬車鉄道	8,280円	3,780円	7,952円	4,108円
埼玉馬車鉄道	14,700円	15,110円	15,208円	14,612円

（備考）「伊勢崎本庄間馬車鉄道布設予算書」,「（埼玉）馬車鉄道布設予算」（『埼玉県行政文書』明1747）より作成。

が、伊勢崎本庄馬車鉄道ルートはこの織物の輸送経路であったものとおもわれる。また、埼玉馬車鉄道ルートは利根川別所河岸と日本鉄道線熊谷・吹上両停車場を結ぶ要路であり、米、麦などをはじめとする農産物と肥料などが輸送されていた。

しかしながら、伊勢崎本庄馬車鉄道は「当時下附シタル命令書第三条ノ期限ヲ経過スルモ今尚線路実測図工事方法書工費予（算）書及会社定款モ差出サス到底起業ノ見込ナキ」[3]という理由から、一八九〇（明治二三）年一二月一七日、内務省指令甲第一九八号をもって建設工事を取り消されている。一方、埼玉馬車鉄道会社も、「レールノ不着及株金募集等ノ為メ時日ヲ要スルノ義ニシテ」[4]敷設工事延期を願い出るが受け入れられず、一八九〇（明治二三）年一〇月二三日免許を解除されている。

次に、千住馬車鉄道は「土地頗ル肥沃米穀豊饒人家稠密至ル処小都会ヲナシ商業工業上共ニ日本鉄道会社路線ニ拠ラスシテ東京ト直接ノ関係ヲ有」[5]する陸羽街道沿いの埼玉県東部を通過するものであった。収支目論見[6]によれば旅客輸送（六五・七パーセント）に重点がおかれている馬車鉄道といえる。

この千住馬車鉄道は、一八九三（明治二六）年一一月一三日の「上申書」では、「営業日ニ盛大ニ赴キ為メニ車体馬匹複線建物等予定ノ通リニテハ不足又ハ狭隘ヲ告ケ候」[7]（傍点引用者）と良好な営業成績の様相がうかがわれる。しかし、その後一八九七（明治三〇）年になると、「粕壁町及大沢町間ノ営業ニ要スル人員ノ配置車体運転ニ伴フ馬匹ノ労働其他諸費ニ対シ支出スル所ノモノ常ニ其得ル所ノ収入ニ超過スルノ嫌有之」[8]（傍点引用者）と営業成績が極度に悪化し営業停止に至っている。かわって設立された草加馬車鉄道会社も〈第Ⅲ-6表〉にみるように、一八九九（明治三二）年、損失を生じ営業を廃止している。

かくて、〈第Ⅲ-3表〉に掲載した馬車鉄道会社のうち、伊勢崎本庄馬車鉄道、埼玉馬車鉄道、千住（草加）馬車鉄道などは、明治三〇年代初期までにいずれも姿を消している。しかし、その後明治三〇年代半ば近くになると入間馬車鉄道、忍（行田）馬車鉄道、中武馬車鉄道、川越馬車鉄道などが相次いで開業する。このうち、川越馬車鉄道については開業後の動向が明らかでない。ただ、川越電気鉄道会社（川越～大宮間）が一九〇六（明治三九）年に開業し、川越馬車鉄道の営業人の大多数がその経営にたずさわっていくという点のみを指摘しておく。(9)

さて、ここでわれわれはこれらの埼玉県内における馬車鉄道の多くが、北埼玉、入間の両郡に集中していることに注目したい。そこで、以下この点に留意しつつ埼玉県下における馬車鉄道の展開の特質について論じることにする。

（1）　高瀬四郎、前掲願書。

（2）　斎藤新右衛門外五名「馬車鉄道布設願」、一八八九年一〇月二二日（『埼玉県行政文書』明一七四七）。

（3）　埼玉県知事小松原英太郎、群馬県知事佐藤与三「伊勢崎本庄間馬車鉄道布設工事指令御取消相成義上申」、一八九〇年一二月六日（『埼玉県行政文書』明一七四七）。

〈第Ⅲ-6表〉　草加馬車鉄道営業成績

		1898年11月3日—1899年4月30日	1899年5月1日—1899年10月31日
収入総額		12,911円690	11,982円602
内訳	乗客賃銭	12,733・385	11,193・635
	雑収入	138・305	788・967
支出総額		12,013・082	12,909・255
差引金		898・608	−926・653

（備考）　草加馬車鉄道合資会社「事業報告書」（『埼玉県行政文書』明2466）より作成。

(4) 埼玉県知事「(馬車鉄道布設延期認可指令案)」、一八九一年七月二四日(『埼玉県行政文書』明一七四七)。
(5) 高橋荘右衛門外三名「馬車鉄道布設願」、一八八九年六月一七日(『埼玉県行政文書』明一七六三)。
(6) 千住馬車鉄道株式会社「収入金及経費予算」、(『埼玉県行政文書』明一七六三)。
(7) 千住馬車鉄道株式会社「上申書」、一八九三年一一月一二日(『埼玉県行政文書』明一七六三)。
(8) 渡辺湜「馬車鉄道短縮請願理由書」、一八九七年四月二日(『埼玉県行政文書』明一七六三)。
(9) 川越電気鉄道株式会社社長の綾部利右衛門は川越馬車鉄道会社においても社長であり、その他副社長の山崎覚太郎、取締役の岩沢虎吉は取締役、取締役の前野真太郎、監査役の橋本三九郎は監査役であった(以上、川越商業会議所『川越案内』、一九〇八年、および「(川越馬車鉄道)株式会社設立御届」、一九〇二年、『埼玉県行政文書』明三六〇三、を参照のこと)。

三　北埼玉・入間両郡の馬車鉄道

北埼玉・入間両郡の主要物産産出概況を表示すると、〈第Ⅲ-7表〉および〈第Ⅲ-8表〉のとおりである。該表によって、北埼玉郡は青縞、足袋などの綿業を中心に、また入間郡は生糸、絹、綿織物などを中心にそれぞれ近世後期以来の農村工業地帯を形成してきていたことが推察される。(1) そして、この地域の商品流通の発展の高さは〈第Ⅲ-9〉表から明らかである。すなわち、この埼玉県内における諸車所有台数の郡別比較(一八九七年)によれば、北埼玉・入間両郡の荷積用馬車の所有台数が他郡に比較してかなり高い割合を示している。そしてこの両郡では、このような商品流通の発展、馬車輸送の展開などを前提として、日清戦後のいわゆる第二次鉄道熱期に〈第Ⅲ-10表〉のように多数の鉄道建設が発起計画されているのである。

周知のように、明治前・中期の鉄道建設は、政府の主導する殖産興業政策のもとで東京を中心とする放射状の鉄道網を形成していった。日本鉄道第一区（高崎）線、第二区（東北）線、および甲武鉄道線などはその典型といえる。これは、政治的・軍事的契機に促されてのことであったが、なによりも生糸輸出の増進という当時の貿易政策と密接に関連していた。そして、このような鉄道建設は、首都東京の市場機能を強化し、関東各地

＜第Ⅲ-7表＞　北埼玉郡重要物産概算表（1893年）

品目	単位	数量	価額（割合）
（農産物）			
米	石	201,520	1,491,041円(38.4%)
大麦	石	141,218	423,654 (10.9)
小麦	石	15,357	69,874 (1.8)
裸麦	石	8,352	30,902 (0.8)
綿花	〆	535,250	203,395 (5.2)
大豆	石	37,210	223,260 (5.7)
藍	〆	323,352	97,005 (2.5)
繭	石	2,652	70,823 (1.8)
製茶	〆	2,189	2,163 (0.1)
菜種	石	1,045	5,225 (0.1)
小計	—	——	2,617,342 (67.4)
（工産物）			
青縞	反	747,356	747,356 (19.2%)
雑縞	反	136,867	95,807 (2.5)
白木綿	反	135,000	67,500 (1.7)
足袋底	反	90,000	117,000 (3.0)
足袋	反	2,250,000	168,750 (4.3)
生糸	〆	2,150	70,412 (1.8)
小計	—	——	1,266,825 (32.6)
合計	—	——	3,884,167 (100.0)

（備考）「知事巡視書類」，1894年（『埼玉県行政文書』明834）より作成。

＜第Ⅲ-8表＞　入間郡重要物産概算表（1899年）

品目	単位	数量	価額（割合）
（農産物）			
米	石	104,969	1,271,575円(8.5%)
麦	石	245,552	1,381,571 (9.2)
大豆	石	50,696	429,344 (2.9)
甘藷	貫	8,767,908	648,825 (4.3)
葉藍	貫	177,048	112,528 (0.8)
繭	貫	49,142	1,229,910 (8.2)
製茶	貫	89,563	156,879 (1.0)
小計	—	——	5,230,632 (34.9)
（工産物）			
生糸及屑糸	貫	25,783	1,266,736 (8.5%)
絹織物	反	483,929	2,813,407 (18.8)
絹綿交織	反	378,968	700,347 (4.7)
綿織物	反	963,516	4,552,824 (30.4)
酒	石	13,406	402,180 (2.7)
小計	—	——	9,735,494 (65.1)
合計	—	——	14,966,126 (100.0)

（備考）『川越商業会議所報告』第2回，1901年6月，p.45，より作成。

<第Ⅲ-9表>埼玉県諸車所有台数郡別比較（1897年）

郡名	面積	馬車				人力車		荷車		牛車	その他	合計
		乗用		荷積								
		1匹立	2匹立	1匹立	2匹立	1人乗	2人乗	大車	中小車			
北足立	29.00方里	1	3	669(23.1%)	—	504	47	—	14,637	1	—	15,862
入間	34.00	3	14	1,024(30.1)	—	439	1	7	11,560	3	—	13,051
比企	17.48	1	2	259(14.8)	—	145	—	1	1,435	—	—	1,843
秩父	137.59	2	1	113(0.8)	—	78	—	—	901	—	—	1,095
児玉	10.52	1	1	225(21.4)	—	255	—	2	1,732	—	571	2,787
大里	20.16	9	6	601(29.8)	—	390	1	—	5,306	1	—	6,314
北埼玉	18.56	4	2	455(24.5)	—	415	3	—	2,184	—	332	3,395
南埼玉	17.40	6	8	222(12.8)	—	351	37	2	5,263	—	1,282	7,171
北葛飾	12.40	1	2	236(19.0)	—	335	22	—	4,797	—	—	5,393
合計	297.09	28	39	3,804(12.8)	—	2,912	111	12	47,815	5	2,185	56,911

（備考）『埼玉県統計書』，1897年，より作成。なお，面積は，埼玉県編『埼玉県誌』上巻，1912年，p. 3—4，による。

＜第Ⅲ-10表＞　明治中期北埼玉・入間両郡内における鉄道建設計画

	名称	出願年月日	路線
北埼玉郡	熊谷鉄道	1894年6月22日	熊谷～行田～館林～足利
	北埼玉鉄道	1895年11月14日	熊谷～行田～羽生～不動岡～加須～騎西～栗橋
	川俣鉄道	1895年11月25日	熊谷～行田～羽生～川俣
	利根鉄道	1896年9月18日	熊谷～行田～加須～栗橋～八俣～水海道～川原代～竜ケ崎～金江津
入間郡	玉川鉄道	1896年6月15日	川越～坂戸～今宿～玉川，今宿～越生
	金子鉄道	1896年8月20日	金子～東金子～豊岡～入間川
	飯能鉄道	1896年8月20日	飯能～精明～元加治～豊岡～入間川
	宮越鉄道	1896年9月4日	大宮～川越～越生
	越生鉄道	1896年11月20日	川越～坂戸～越生

（備考）『埼玉県行政文書』明2430より作成。

の生産地帯を東京の後背地として従属的に再編していくことになる。(2)

このような中で北埼玉・入間両郡の地域的輸送手段の改良をはかろうとして計画されたのが前掲＜第Ⅲ-10表＞の諸鉄道であった。すなわち、北埼玉・入間両郡には＜第Ⅲ-11表＞のようにそれぞれ特徴ある地方市場が形成されていたが、これらの地方市場を相互に連絡するとともに幹線鉄道に結びつくことによって全国市場の形成に参加し、東京市場からは相対的に自立した市場圏の形成を意図したものであった。

北埼玉郡では、熊谷鉄道、北埼玉鉄道、利根鉄道、川俣鉄道などが発起計画されている。これらの諸鉄道については既に第二章第二節で詳しく触れたが、いずれも北埼玉郡内の著名な市場である、忍、加須、羽生、騎西などを相互に結びつけ、さらにこれらの地方市場を既設日本鉄道第一区（高崎）線ないし第二区（東北）線に連結することを意図した横貫鉄道であった。

このような横貫鉄道の建設計画に際して、ここに注目すべき一資料がある。「熊谷栗橋間鉄道建設ニ関スル上願」(3)（一八九七

＜第Ⅲ-11表＞　北埼玉・入間両郡の地域概況

郡	町名	人口	戸数	市日	生業産物
北埼玉郡	忍町	8,300	1,500	2. 7	近傍は農業及機織一般に行はる。……略……白木綿，青縞の産出も多く，就中行田の足袋は広く世に知らる。
北埼玉郡	加須町	3,800	750	5. 10	農業は夙に発達せり，工業としては，木綿織物年々に進歩す……略……近来養蚕の業盛にして，繭の産出，年々に増加し……略……物産の主なるものは，木綿，青縞，米，大麦，繭生糸，とす，
北埼玉郡	羽生町	3,800	700	4. 9	農工商何れも盛なるうち機織はことに隆盛にして……略……今は機業専門の工産地たらんとする傾あり，
北埼玉郡	騎西町	2,600	700	4. 9	近傍農業を主とし，機織又行はる，主なる物産は，米，麦，糸，繭，青縞，白木綿，足袋にして，青縞は最も名高し
入間郡	川越町	26,000	3,700	2. 6. 9	由来川越は織物を以て特産とし，川越織の名は近隣に喧伝せり，川越がすり，川越銘仙等世に知らる。……略……農産物には，さつまいも(所謂川越芋)，茶あり。製造物には，索麺，麸の類あり。……略……指物としては簞笥有名なり。
入間郡	所沢町	5,500	1,100	3. 8	農業は夙に開け，且綿布の産出極めて盛にして，戸々概ね紡織に従事す，
入間郡	豊岡町	3,900	700	2. 7	農業を主とし機織製糸亦漸く盛なり……略……製茶は夙に発達し品質佳良輸出物中第一の声価を保つ。
入間郡	入間川町	5,000	1,000	5. 10	農桑機業を主とし，繭生糸，織物，穀菜等を産す，
入間郡	坂戸町	3,400	600	3. 8	農桑の業開け，米穀，繭糸を産し，織物業亦日を逐ひて盛なり，生絹其他木綿物入西ござを製出す。
入間郡	越生町	3,500	700	2. 7	農桑及機業を主とし……略……生絹を始め，繭糸米穀等の売買盛なり，主なる産物は生絹の外，太織縞絹，材木，渋団扇等あり。
入間郡	飯能町	6,200	1,200	6. 10	農業機織を主とし，林業亦行はる，主なる物産は，生絹，秩父太織，木材，薪炭等にして飯能絹の名古来世に著し。

（備考）　田口浪三・高柳鶴太郎『埼玉県営業便覧』，1902年，より作成。

年二月六日）である。この資料についても第二章第二節で紹介してあるが、ここで必要な限りにおいてもう一度言及することにする。この「上願」は、「目下出願中ニ係ル利根又ハ北埼玉鉄道創立会社ニ対シ其願意速ニ御許可被成下度」ことを願い出たものである。そこで、以下この「上願」に添えて提出された「埼玉県下大里郡熊谷町ヨリ北埼玉郡忍町ヲ経テ北葛飾郡栗橋町ニ達スル鉄道布設ヲ要スル理由書」(4)からその趣旨を探ってみよう。

まず、この「理由書」は北埼玉郡の物産産出状況を、「米麦大豆野菜綿花藍葉菜種等ノ農産物ニ富ミ……略……郡内又綿布足袋生糸清酒醤油等ノ製造品ニ豊カニシテ就中青縞ト行田足袋トハ最モ著名ナル物産ニ属セリ」(5)（傍点引用者）と把握している。そして、北埼玉郡の著名物産である青縞、足袋は、販路を「重モニ常総野州奥羽北海道地方ニ」(6)とるので、行田からの輸送ルートは「加須町ヲ経テ栗橋町ニ出テ日本鉄道会社ノ奥羽線ニ依ルヲ以テ順路」(7)とする。よって「当北埼玉郡地方ニ於テモ一ツノ横貫鉄道ヲ布設シテ其便益ヲ享受センコトヲ欲スル所以」(8)があり、これに最も適合するのが北埼玉鉄道と利根鉄道であった。すなわち、北埼玉郡に一本の横貫鉄道（北埼玉鉄道、あるいは利根鉄道）を建設し、この地方の運輸の改良をはかり、あわせて北埼玉郡地方の市場圏の拡大を指向するというのがこの「理由書」のいわんとするところであった。因に、前出「上願」に名を連ねるのは合計四四名であるが、その中に今津徳之助、石島儀助、栗原代八、大沢専蔵、大沢久右衛門、安田利兵衛、森三七吉、佐藤和助、川嶋与一郎、青柳常吉、牧野鉄弥太、今泉浜五郎などの忍町行田における著名な青縞卸商（買継商、製造業）、足袋製造業（問屋）関係者の名をみいだすことができる（第二章第二節＜第Ⅱ-9表＞参照）。

一方、入間郡では一八九六（明治二九）年、玉川鉄道、金子鉄道、飯能鉄道、宮越鉄道、越生鉄道などが相次いで計画されている。

入間郡内においても、前掲〈第Ⅲ-11表〉に示したように、川越を中心に所沢、豊岡、入間川、坂戸、越生、飯能などに著名な地方市場が形成されていた。甲武鉄道（八王子～新宿間、一八八九年開通）は、これらの地方市場の発展に影響することなく建設されたが、一八九五（明治二八）年三月、川越鉄道が甲武鉄道線国分寺より所沢、入間川、川越を連絡したことからこの地方の発展の条件が生まれた。川越鉄道は「地方鉄道としては実に他に先んじたもの」(9)であり、「言ふまでもなく……略……今日西武地方交通機関の中枢にして、出入の貨物、往来の旅客、概ね此の一線に資て用を便ずる」(10)ものであった。しかし、入間郡地方の商品流通の発展は、「唯此の一線路（川越鉄道……引用者）の貫通せしのみにては今日の場合十分の利用を為す能はざるがごとし」(11)という状況を呈しており、ここに上記の諸鉄道が発起計画されたのである。たとえば次のようである。

「蚕業盛ナル絹糸織物薪炭石灰木材煙草其他ノ生産品ヲ東京市及川越常総野州地方ヘ搬出シ交フルニ需用諸品及穀類ヲ輸入スル飯能町ニ依ラサルナシ全町ノ市況ハ近年ニ至リ斜子織秩父絹綿布織物ノ興産貨客ノ饒多ナル毎年増加スルハ言ヲ俟ス沿線中豊岡町元加治村其他最寄地方ハ製糸織物蚕業狭山茶及酒類等国内屈指ノ興産地ニシテ甲信東京横浜其他各国トノ関係連綿ニシテ豊岡町四通ノ地位ハ図面ニテ明瞭セリ入間川町ハ川越鉄道既設曲折線ノ停車場アリ近年市況隆盛ニシテ年ヲ追ヒ貨客ノ増加スルハ期シテ疑ハサルナリ……略……後来武州西部ノ産業富源ヲ開発スルノ機関タルハ信シテ疑ハサルナリ」(12)（飯能鉄道）

「川越鉄道入間川停車場ニ連絡シ運輸交通ノ便ハ西ハ秩父郡名栗村ヨリ青梅町ヲ起点トシテ木材薪炭織物

杉皮石灰其他ノ産出アリ東ハ川越町ヨリ東京及常野総各国へ出荷シ交フルニ需用諸品及穀類ヲ輸入スル皆金子豊岡町ヲ経テ青梅町ニ依レリ同町ハ青梅鉄道立川村ニ達スル線アリト雖ドモ又金子村ヲ経テ川越町ヘ運搬スル乗客貨物巨多ナリ後来有望ノ沿線タルハ言ヲ俟タズ川越金子豊岡青梅ノ各町村沿道数里間軒ヲ連ネ接続スルハ他ニ比類ナシト信ズ且金子村ハ生糸養蚕織物狭山茶ノ生産アリ豊岡町ハ古来ヨリ一市街ニシテ生糸蚕業狭山茶織物穀類酒類其他ノ産地根本等ノ参詣処四通ノ地タリ入間川町ハ近来市況隆盛貨物運輸ノ増加スルハ他ニ見サル処ナリ後来武州西部ノ興産冨源ヲ起スノ機関タルハ此鉄道線路ニ如クモノナシト信ス」[13]（金子鉄道）

右の引用はほんの一例であるが、川越鉄道を軸に入間郡内の地方市場を相互に連絡し、他の既設、未設の諸鉄道と相通じて全国市場の形成へ参加し、この地方の市場圏の拡大をはかるものとして期待されている。その意味でこれらの鉄道はまさしく「武州西部ノ興産冨源ヲ起ス機関」であった。

しかしながら、こうして明治二〇年代後半の第二次鉄道熱にのって発起計画された北埼玉・入間両郡内の諸鉄道も全て却下され、ただの一路線さえも実現することができなかった。そして、これらの諸鉄道にかわって建設されたのが忍（行田）馬車鉄道、入間馬車鉄道、中武馬車鉄道などであった。

忍馬車鉄道の路線は、日本鉄道第一区線の吹上停車場から行田を経て長野村間に至るというルートをとるが、『忍商報』は開業に際して次のような一文を寄せている。

「忍馬車鉄道は、行田吹上間の工事全く竣工し、此程検査を結了して両三日前より、開業の運びに至りたるは余輩の最も喜ぶところなり、素々該鉄道は長野村に達する計画なりしも、此れは厩舎及び停車場等設置

<第Ⅲ-12表> 忍馬車鉄道株式会社発起人一覧

氏名	住所	役職	備考	
橋本甚五郎	埼玉県北埼玉郡忍町行田	監査役	忍商業銀行取締役	○
石島儀助	埼玉県北埼玉郡忍町行田	取締役	青縞卸商，肥料商，忍商業銀行監査役	○
宮川己之助	埼玉県北埼玉郡忍町行田	監査役	酒・肥料商	○
栗原代八	埼玉県北埼玉郡忍町行田	取締役	足袋製造業，青縞卸商	○
大沢久右衛門	埼玉県北埼玉郡忍町行田	監査役	青縞卸商	○
根岸清兵衛	埼玉県北埼玉郡忍町佐間			
今津徳之助	埼玉県北埼玉郡忍町行田		足袋製造業	○
秋山金右衛門	埼玉県北埼玉郡忍町行田		足袋製造卸商	
大沢専蔵	埼玉県北埼玉郡忍町行田		足袋製造業	○
中里源三郎	埼玉県北埼玉郡忍町行田		銅・鉄・肥料・砂糖商	○
川端清助	埼玉県北埼玉郡忍町佐間	取締役		
高野重兵衛	埼玉県北埼玉郡忍町行田		諸薬品・絵具・染料商	○
森脩	埼玉県北埼玉郡忍町忍	取締役		
細谷秋	埼玉県北埼玉郡持田村前谷			
寺田茂十郎	埼玉県北埼玉郡忍町行田			

(備考) 「(忍馬車鉄道) 特許状」(行田市史編さん委員会『行田市史』下巻, 1964年, p. 915～16), 「(忍馬車鉄道) 株式会社設立御届」(『埼玉県行政文書』明3598), 前掲『埼玉県営業便覧』, 1902年, より作成。なお, ○印は, 「熊谷栗橋間鉄道布設ニ関スル上願」に名を連ねるもの。

の便宜に出たるものなれば、今回行田下町より開業したるは蓋し全線開通と見て差支なかるべし、従来当地は各鉄道の中間に介在し交通甚た便なりと云ふを得ず、従って商工業の発達誠に遅々たるのみならず、往々附近の市街地に圧せられるの傾向ありしかば識者の憂慮一方ならず曩日北埼玉鉄道を計画し、或は熊谷行田鴻巣間の鉄道を目論見しもならず、終に、一昨年吹上行田間の馬車鉄道発起せられ云々[14]」

これは「忍馬車鉄道の全通を祝す」と題する論説であるが、一九〇一(明治三四)年六月の行田〜吹上間の開通をもって忍馬車鉄道の全通とみなしており、この馬車鉄道の主眼が行田を日本鉄道線に連結することにあたったことは明白である。そして、また北埼玉鉄道、あるいは熊谷〜行田〜鴻巣間鉄道にかわる輸送手段として、行田の商工業の発展という見地から大きな期待が寄せられている。事実、忍馬車鉄道は「去る二日より吹上行田間全く開通し毎日十二回往復する由なれば行田近辺のある者は勿論当分羽生館林等の者も多少の便利を得るなるべし(15)」という現実的効果をもつものであった。なお、〈第Ⅲ-12表〉にみられるように忍馬車鉄道の発起人の多くは、前出「熊谷栗橋間鉄道建設ニ関スル上願」に名を連ねる忍町行田の青縞卸商、青縞買継商および足袋製造業者などであった。

一方、入間郡内においても、入間馬車鉄道の路線は入間川町〜水富村〜元加治村〜精明村〜飯能町間で飯能鉄道と、また中武馬車鉄道の路線は入間川町〜豊岡町〜東金子村〜金子村〜霞村〜青梅町間で金子鉄道とほぼ同じ路線をとっている。また、入間・中武両馬車鉄道の発起人ないし会社役員について表示するとそれぞれ〈第Ⅲ-13表〉、〈第Ⅲ-14表〉のとおりで、とりわけ入間馬車鉄道の発起人に飯能鉄道関係者が多く名を連ねていることが注目される。

さて、〈第Ⅲ-15表〉から全く同じ路線に計画された飯能鉄道と入間馬車鉄道との起業目論見を比較検討したい。鉄道に比較して馬車鉄道の資本金は著しく少額であり、資本金に対する純益金の割合は相対的に高い。このことから一般的に、北埼玉・入間両郡の地方的な輸送需用に対しては、建設費に多額の資金を要する鉄道はいまだ適合的でなく、むしろ相対的に安価な費用で建設可能な馬車鉄道の方が適合的であったといえるであろう。

しかし、これらの馬車鉄道の営業成績は、〈第Ⅲ-16表〉にみるように不振であった。忍馬車鉄道は「昨今のところ実収は少額なるも将来大に得る所あるべし(16)」と期待されたが、その後も経営を改善することができずに、

＜第Ⅲ-13表＞　入間馬車鉄道株式会社発起人一覧

氏名	住所	備考
増田忠順	埼玉県入間郡柏原村	初代社長，川越鉄道(締)，入間銀行(頭)，黒須銀行(監)
青木佐平治	埼玉県入間郡入間川町	飯能鉄道(発)
田島菊次郎	埼玉県入間郡入間川町	米穀商，割麦製造業
久保田増次郎	埼玉県入間郡入間川町	
清水真治	埼玉県入間郡水富村	
北野正兵衛	埼玉県入間郡水富村	醤油醸造業
西久保治平	埼玉県入間郡元加治村	
町田勘五郎	埼玉県入間郡加治村	
小能正三	埼玉県入間郡飯能町	入間銀行(締)，飯能鉄道(発)
小山八郎平	埼玉県入間郡飯能町	飯能鉄道(発)
大河原正五郎	埼玉県入間郡飯能町	売薬商，飯能鉄道(発)
河村隆実	東京市京橋区元数寄屋町	書籍出版業，房総鉄道(締)
米倉秀三	東京市麹町区１番町	
小沢吉之助	埼玉県入間郡入間川町	水車業，入間銀行(締)兼(支)
綿貫金造	埼玉県入間郡入間川町	米穀商，中武馬車鉄道(発)
岡野近三	埼玉県入間郡水富村	
諸井主税	埼玉県入間郡水富村	
山崎真穂	埼玉県入間郡水富村	

(備考)　「入間馬車鉄道会社起業目論見書」(『埼玉県行政文書』明1747),「飯能鉄道株式会社起業目論見書」(『埼玉県行政文書』明2430),『埼玉時事』第51巻, 1900年7月27日, 交詢社『日本紳士録』, 1897年, 商業興信所『日本全国諸会社役員録』, 1897年, 前掲『埼玉県営業便覧』より作成。なお,(頭)—頭取,(締)—取締役,(監)—監査役,(発)—発起人,(支)—支配人である。

＜第Ⅲ-14表＞　中武馬車鉄道株式会社役員一覧

氏名	住所	役職	備考
岡崎武右衛門	東京府西多摩郡青梅町	社長	酒商
綿貫金造	埼玉県入間郡入間川町	副社長	米穀商，入間馬車鉄道発起人
梅田真澄	埼玉県入間郡金子村	取締役	
長谷部代次郎	埼玉県入間郡豊岡町	取締役	
五十嵐与作	東京府西多摩郡霞村	取締役	
池谷長造	埼玉県入間郡金子村	取締役	製茶卸商
山崎愛造	東京府西多摩郡霞村	取締役	
根岸太助	東京府西多摩郡青梅町	取締役	
市村高彦	埼玉県入間郡金子村	取締役	

(備考)「(中武馬車鉄道)株式会社御届」(『埼玉県行政文書』明3601), 前掲『埼玉県営業便覧』, 1902年, その他より作成。

＜第Ⅲ-15表＞　鉄道・馬車鉄道起業目論見比較

	飯能鉄道	入間馬車鉄道
資本金	160,000円	60,000円
路線延長距離	6哩	6哩38鎖
乗客収入	11,826円	10,800円
貨物収入	10,950円	7,560円
総収入額	22,776円	18,360円
営業費	9,000円	9,500円
純益金	13,776円	8,860円
資本金に対する純益金の割合	8.6%	14.8%

（備考）「飯能鉄道株式会社起業目論見書」（『埼玉県行政文書』明2430），「入間馬車鉄道株式会社起業目論見書」（『埼玉県行政文書』明1747）より作成。

経営難を理由として解散を余儀なくされている。一九〇五（明治三八）年にかわって設立された行田馬車鉄道も、北部鉄道の開通（一九二〇年）、自動車の発達などの影響から経営難に陥り、一九二三（大正一二）年、その経営に終止符をうっている。[17] 入間馬車鉄道も創業以来一〇年間株主に対して無配当という経営内容で、一九一六（大正五）年にその経営史に幕を閉じている。[18] そして、中武馬車鉄道も開業以来多くの欠損を生じ、一九二〇（大正九）年に会社を解散している。[19]

＜第Ⅲ-16表＞　忍，入間，中武馬車鉄道の営業状況

年次	忍馬車鉄道 資本金 総額	忍馬車鉄道 資本金 払込済額	忍馬車鉄道 積立金	忍馬車鉄道 損益 損金	忍馬車鉄道 損益 益金	入間馬車鉄道 資本金 総額	入間馬車鉄道 資本金 払込済額	入間馬車鉄道 積立金	入間馬車鉄道 損益 損金	入間馬車鉄道 損益 益金	中武馬車鉄道 資本金 総額	中武馬車鉄道 資本金 払込済額	中武馬車鉄道 積立金	中武馬車鉄道 損益 損金	中武馬車鉄道 損益 益金
1900年	25,000円	25,000円	—	2,058円	159円	円	円		円		円	円		円	円
1901年	30,000	30,000	—	3,050	—	60,000	48,442	—	392	—	70,000	65,262	—	9,476	3,306
1902年	30,000	30,000	—	3,040	—	60,000	60,000	—	222	—	70,000	70,000	—	2,832	—
1903年	30,000	30,000	—	3,040	—	60,000	57,500	—	903	—	70,000	70,000	—	3,206	—
1904年						60,000	57,500	—	—	—					

（備考）『埼玉県統計書』，1900—1904年，より作成。

このような馬車鉄道の営業不振は、馬車鉄道自体の経営の非合理性もさることながら、日清戦後恐慌から日露戦争をはさんで日露戦後恐慌へというわが国資本主義の景気循環に大きく規定されていることは否めない。中武馬車鉄道会社「第七回営業報告書」（一九〇四年六月三〇日）は、当時の営業概況について、「商工界ハ更ニ一層ノ惨状ヲ来シ、殊ニ地方物産タル織物ハ販路杜絶シ、殆ンド筬ノ音ヲ耳ニセザルニ至レリ。随テ金融緊縮シ本会社事業ノ如キハ最先ニ其打撃ヲ蒙リ」[20]（傍点引用者）と述べている。

（1） さしあたって、神立春樹『明治期農村織物業の展開』、一九七四年、八七―一三三頁、および工藤恭吉「明治期における市場構造の展開に関する一考察――埼玉県南西部を中心に――」（『早稲田商学』第一二七号、一九五七年三月）を参照されたい。

（2） 拙稿「両毛地方における鉄道建設――『北関東市場圏』形成の問題として――」（『立教経済学論叢』第八号、一九七四年九月）および本書第二章第一節「八王子における鉄道建設の動向」を参照のこと。

（3）（4）『北埼玉横貫鉄道布設ヲ要スルノ理由書』、一八九七年（日本国有鉄道中央鉄道学園図書館所蔵資料）。

（5）～（8） 今津徳之助「埼玉県下大里郡熊谷町ヨリ北埼玉郡忍町ヲ経テ北葛飾郡栗橋町ニ達スル鉄道布設ヲ要スル理由書」、一八九七年二月九日、一頁（『北埼玉横貫鉄道布設ヲ要スルノ理由書』）

（9） 入間川町誌編さん委員会『入間川町誌』、一九五五年、三九〇頁。

（10）（11）「西武地方の商業状態」（『埼玉経済時報』第一七号、一八九九年一〇月一〇日）。

（12） 飯能鉄道株式会社「説明書」（『埼玉県行政文書』明二四三〇）。

（13） 金子鉄道株式会社「説明書」（『埼玉県行政文書』明二四三〇）。

（14）「忍馬車鉄道の全通を祝す」（『忍商報』第一四号、一九〇一年六月五日）。

（15）「忍馬車鉄道の全通」（『羽生商工新報』第一四号、一九〇一年六月一五日）。

（16）「忍馬鉄の現況」（『武毛の実業』第六〇号、一九〇三年八月三一日）。

（17） 行田市史編さん委員会『行田市史』下巻、一九六四年、九一六―一七頁。

(18)　前掲『入間川町誌』、三九二頁。
(19)　青梅市史編さん実行委員会『定本市史青梅』、一九六六年、八三四頁。
(20)　中武馬車鉄道会社『第七回営業報告書』(前掲『定本市史青梅』より重引、八三三頁)。

四　おわりに

明治前・中期の関東地方における鉄道建設の特質の把握はさまざまになされるであろうが、たとえばこれを「何れも地方と東京を連絡の目的に出でたる所謂縦貫線なる者にして、其起点終点の中何れか東京若くは東京附近に採らさるはなく」(1)という点にもとめることができる。このような東京と地方とを連絡する縦貫鉄道の建設は、地方市場の開発を促進することなく、首都東京を絶対主義国家の中央市場として軍事、経済、政治の多方面にわたって強化するものであった。日本鉄道、甲武鉄道などはその典型である。(2)

従って、このような鉄道建設は近世後期以来、多少なりともブルジョア的発展のみられた諸地域(北埼玉・入間両郡はその一例)の発展を阻止し、わが国の市場構造をきわめて跛行的なものへと転換した。(3)『東京経済雑誌』が「東北と西南」と題して次のように述べているのは、このような事情を物語っているものといえる。

「過去十数年に於ける東北の発達は局部的にして全体に亘らず、東京、横浜乃至蚕糸業地方に止まり、其他の各地は依然として旧時の態を改めざるなり」(4)

このような鉄道網の形成とは対蹠的に、田口鼎軒は地方小都市の自生的な発展に相応した地方鉄道網の完備という構想を提起している。(5)小論で言及した北埼玉鉄道、利根鉄道、飯能鉄道、金子鉄道などをはじめとする北埼玉・入間両郡に計画された諸鉄道は、この鼎軒の構想を具現するものであったといえる。しかし、この構想が破綻していくことは既に明らかである。

かく、わが国の鉄道は地方市場の細部にまで入りこみ、その発展に貢献することはほとんどなかった。(6) 従って、地方市場においては、馬車、馬車鉄道などという前近代的な陸上輸送手段が、産業革命を経て鉄道建設がかなり進捗し、陸上輸送手段の近代化が行われた後もなお長らく存在するというきわめて特徴的な様相を呈していた。本章で主な考察の対象とした北埼玉・入間両郡においても、一九〇二(明治三五)年に至ってもなお以下のように馬車、馬車鉄道が、日本、甲武、川越などの鉄道と地方市場との連絡をはかる地方的な輸送手段として機能していた。

〈北埼玉郡〉

忍町……「吹上に至る里余の間、馬車鉄道の便あり、其他には、東北館林に至る馬車の便あり(7)」

加須……「北は利根川筋、大越川岸に到り南の方、騎西より菖蒲町と西、忍町への馬車の便あり、……略……不動岡に至り、羽生に至る乗合馬車あり(8)」

羽生……「羽生、行田間に定期乗合馬車あり(9)」

騎西……「道路平坦なれば、人車馬車の便あり(10)」

〈入間郡〉

川越……「大宮に馬車の便あり今、馬車鉄道の起工にかゝり、或は電気鉄道になさんとの議もあり、越生、川越等の馬車鉄道も遠からず起工せらるべく(11)」

豊岡町……「入間川青梅間の鉄道馬車通過し、日々十八回の往復あり。又豊岡、入曽間の乗合馬車も日に数回往復す」(12)

入間川町……「これらの諸町(飯能、青梅、川越、所沢、豊岡……引用者)には、皆車馬の便あり、町には入間馬車鉄道、中武馬車鉄道等の布設ありて日々数十回の往復あり」(13)

坂戸町……「川越町へ馬車あり坂戸、豊岡の通路に当る」(14)

越生町……「川越町へ馬車あり」(15)

飯能町……「県道は一方、豊岡、坂戸、入間川(鉄道馬車)等に通ひ、一方秩父大宮に通ず」(16)

そして、本章はこれらの馬車鉄道の展開について、埼玉県下の場合を事例にそこでの鉄道建設過程との関連のもとに概観してきたものであった。最後に、これを要約しておけばほぼ次のようである。

(一) 埼玉県下の馬車鉄道は、主として幕末以来かなりの商工業の発達を示しながらも、明治政府の鉄道建設政策から疎外されていった北埼玉・入間両郡で展開した。

(二) この地域では既に私設鉄道の建設計画があり、馬車鉄道はこの鉄道に代替する輸送手段として、鉄道の計画線とほぼ同じ路線に建設された。そして、その発起人(営業人)も鉄道建設計画者とほぼ同一のものであった。

(三) そして、このような馬車鉄道は、北埼玉・入間両郡の地方市場を既設鉄道線に連結し、この地域の全国市場形成への参加を促進し、市場圏の拡大を意図するものであった。

しかし、資料上の制約からここでは十分に馬車鉄道の展開を叙述し得なかった。本章の冒頭においても述べたように、馬車鉄道の研究は近代交通史研究においていわば盲点ともいえるものであり、なお解明を要する多くの問題を残しているが、今後の調査、研究に期したい。

(1)「東京附近の横断鉄道」(『鉄道雑誌』第九号、一八九六年七月二〇日)。

(2) たとえば石塚裕道氏は次のように述べている。

「品川を起点とする日本鉄道が北関東蚕糸業地帯、甲武鉄道が三多摩機業地帯と開港場横浜とを連結したように、蚕糸・絹織物製品輸出のための商品流通路線としての機能をもたされたにもかかわらず、それは、この段階における東京の近郊農村の開発にほとんど影響を与えなかったうえ、沿線の住民の利益にも配慮されないままで敷設されていった」(石塚裕道『日本資本主義成立史研究――明治国家と殖産興業政策――』、一九七三年、三五八頁)。

(3) 滝沢秀樹『日本資本主義と蚕糸業』、一九七八年。

(4) 白湄生「東北と西南」(『東京経済雑誌』第九九七号、一八九九年九月二三日)。

(5) 鼎軒田口卯吉全集刊行会『鼎軒田口卯吉全集』第四巻、一九二八年。なお、田口鼎軒の「鉄道論」については、内田義彦「日本資本主義と局地的市場圏――田口鼎軒の鉄道論――」(有沢広巳・東畑精一・中山伊知郎編『経済主体性講座』第七巻、歴史Ⅱ、一九六〇年)を参照のこと。

(6) 古島敏雄「交通の進歩と農業の近代化」(東京大学公開講座『交通と生活』、一九六五年)。

(7)〜(16) 田口浪三・高柳鶴太郎『埼玉県営業便覧』、一九〇二年。

第Ⅳ章　銚子港における鉄道建設

一　はじめに

明治二〇―三〇年代の産業資本確立期は、交通の部面では鉄道を中心とする資本主義的陸運体系が成立し、沿岸海運と内陸水運とに依存していた従来の国内商品流通体系の再編が進行していく時期といえる。日本鉄道上野〜青森間の全通（一八九一年）は、これまで日本海の沿岸海運によって主として大阪に結びつけられていた青森、秋田、山形などの東北諸県を東京に結びつける幹線輸送路として重要な役割を果した。(1)また、青森〜広島間、上野〜直江津間などの主要幹線鉄道が開通した一八九三〜九四（明治二六〜二七）年頃には、これまで国内の長距離道路輸送を担当していた内国通運会社が主要業務を鉄道貨物の輸送取扱に転換し、ここに長距離鉄道輸送と補助的道路輸送という新たな陸運体系が成立している。(2)そして、こうした国内商品流通体系の再編に伴い、東京を中心とする全国市場の形成が進展していくようにおもわれるのである。(3)

鉄道が従来の交通・運輸諸手段に対してどのように作用し、全国市場の形成にいかなる役割を果したかということについては、既に一九一六（大正五）年、鉄道院より刊行された『本邦鉄道の社会及経済に及ぼしたる影響』において詳細な分析が全国的な規模でなされている。(4)したがって、この『影響』に記載されている統計・資料を加工することから、鉄道の全国市場の形成に果した役割を掌握することも可能とおもわれるし、また必要な作業でもある。しかし本章ではさしあたり、一八九七（明治三〇）年、東京〜銚子間の連絡を完成させた総武鉄道について若干の検討を加えることから、そうした課題への一接近をはかりたいと考える。

総武鉄道路線略図

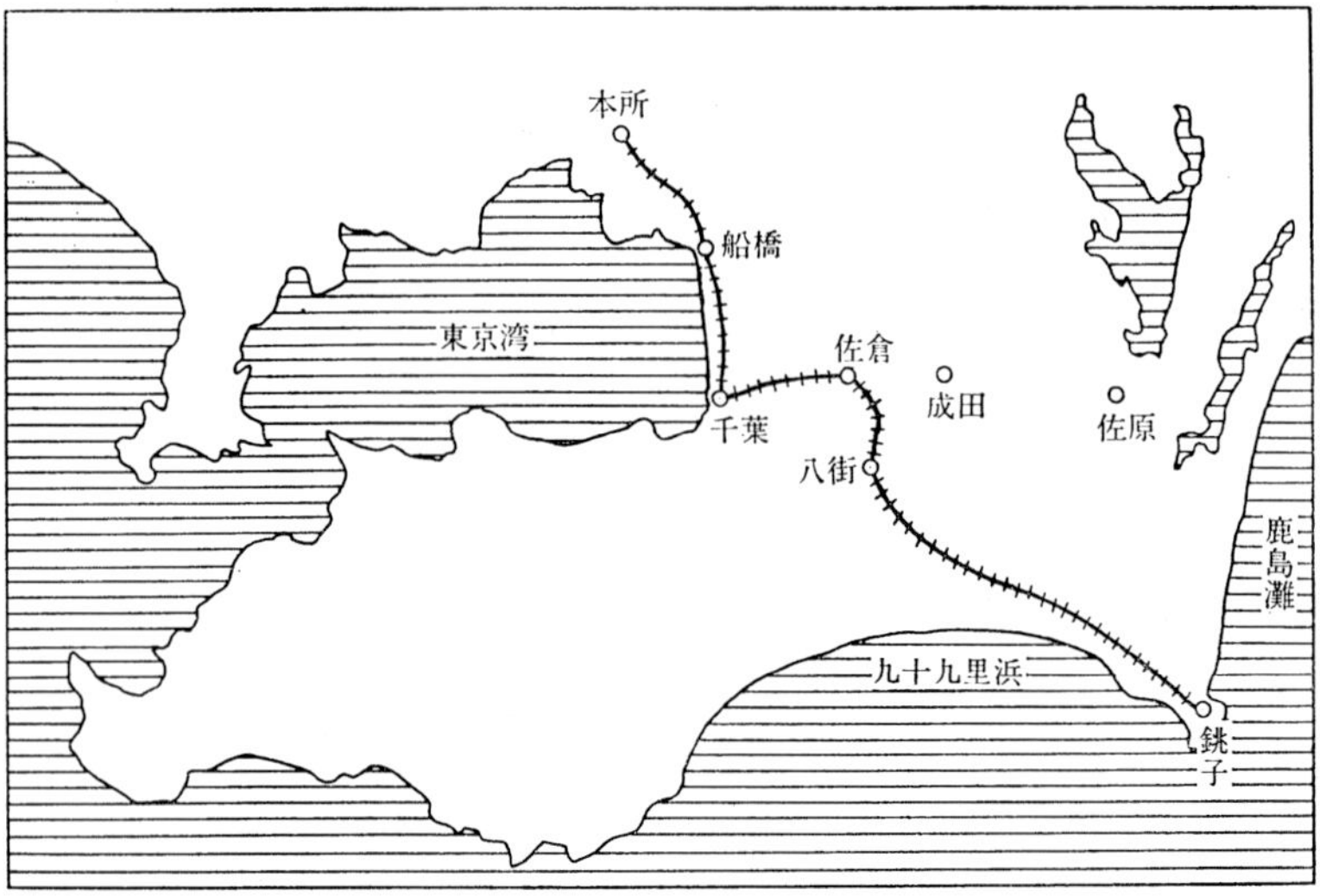

周知のごとく、銚子港は東廻り海運と利根川水運との結節点に位置し、江戸時代においては東北地方と江戸とを結ぶ重要な中継港であった。(5) このような特質をもつ銚子港が、明治以降の急速な交通革命（鉄道の開通・蒸汽船の就航）の進展の中でいかに変容し、またいかに対処していくか、こうした問題を地域社会における鉄道建設の動向という視角から、(6) 考察をしてみたいというのがここでの主要なねらいである。

(1) 林玲子「国内市場成立期における集散地問屋——織物問屋丁吟を中心として——」（逆井孝仁・保志恂・関口尚志・石井寛治編『日本資本主義——展開と論理——』、一九七八年、三四頁）。

(2) 山本弘文『維新期の街道と輸送』、一九七二年、一七—一九頁。

(3) たとえば益田孝は、一八八八（明治二一）年一月の東京商工会第二六臨時会での東京湾築港を要請する発言の中で、この点について次のように述べている。

「当時（江戸時代……引用者）ニ在リテハ我国商業上ノ中心市場ハ大阪ニ属シ江戸ハ只政治上ノ首府タルニ過ギザリシ、然ルニ爾来我国ノ海運ハ大ニ進歩ヲ現ハシ西洋形汽帆船ノ行ハルヽニ従ヒ東京ヘ入津スル船舶ハ漸次其数ヲ増加シ、遂ニ今日ニ及ンデハ伊勢美濃以東奥羽迄ノ商権ハ大概東京ノ掌握ニ帰スルニ至リタルニ、今ヤ陸上ノ鉄道布設事業ハ益々進歩シ中山道ノ鉄道ハ已ニ横川ニ達スルモ将ニ近キニアラントシ、将タ東海道鉄道ハ神奈川ヲ経テ国府津ニ達シタレバ尚ホ進ンデ名古屋ニ通シ大阪トノ連絡ヲ通ズルモ今明年ノ中ナルベキニ、両毛・水戸・甲武等諸鉄道ノ竣功スルモ近キニアルベク、又直江津ヨリ信州ヘ通ズル鉄道モ遠カラズ碓氷ニ達シ、横川ト連絡ヲ通ズルノ計画モアリテ将来信越・甲・武・常・野及奥羽地方ヨリ運輸シ来ル貨物並ニ此等ノ地方ヘ向テ供給スベキ貨物ハ皆必ズ東京湾ニ由リテ集散スベキモノニテ、東京ハ啻ニ政治上ノ中心タルノミナラズ、将ニ商業上ノ中心タラントス」（傍点引用者、渋沢青淵記念財団竜門社編『渋沢栄一伝記資料』第一九巻、一九五八年、六七頁）。

(4) なお、この『影響』を主な資料として、わが国鉄道建設の急速な展開と産業経済の発展との関係を分析したものとして、既に高橋亀吉『日本近代経済発達史』第三巻（第一章「運輸交通機関の発達とその重大寄与」、一九七三年）がある。しかし、これもなお概括的な分析にとどまっており、しかも鉄道が全国市場の形成（商品流通の拡大）にいかなる役割を果たしたかという問題関心は稀薄である。

(5)『千葉県銚子港沿革誌』（写）、一八九二年。

(6) 鉄道史プロパーの立場で、こうした視角からの研究の進展を一貫して主張しているのは青木栄一氏である。氏にはこれまで鉄道史に関する多くの業績があるが、さしあたり『地域社会からみた鉄道建設』(国連大学『人間と社会の開発プログラム研究報告』、一九七九年）を参照されたい。

二　銚子港における鉄道導入計画と築港問題

(一)　鉄道導入計画

銚子港における鉄道導入計画とその後の展開については、〈第Ⅳ-1図〉にその概略を示しておいたが、そ

る鉄道導入過程

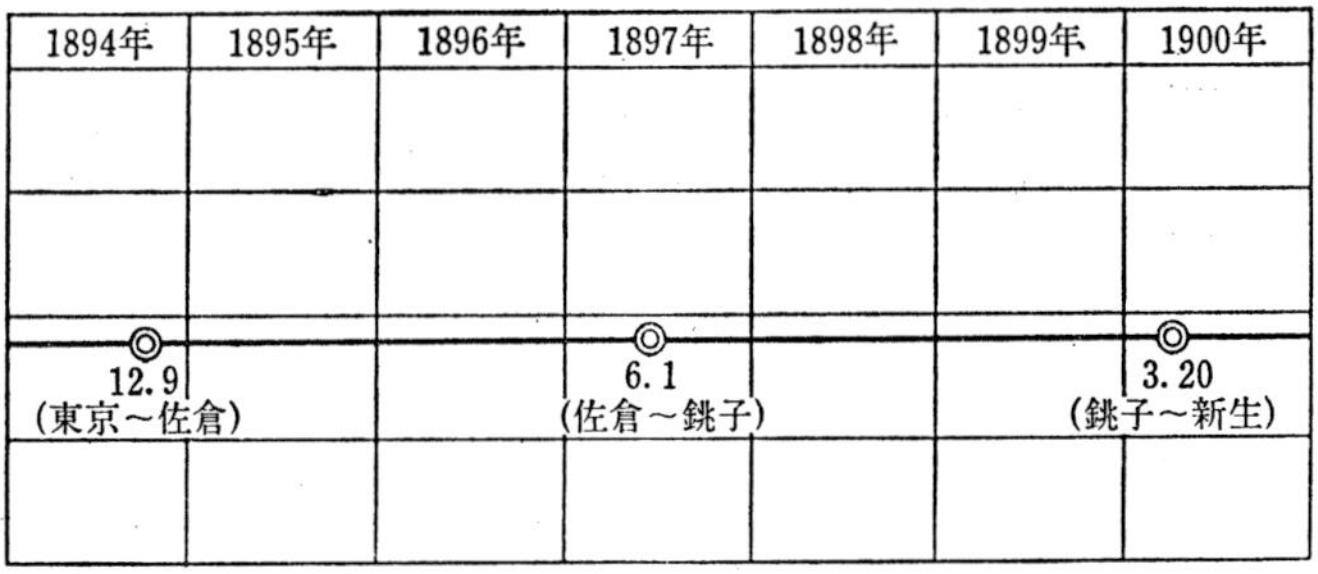

の嚆矢は一八八七（明治二〇）年一一月二四日、安井理民（千葉県武射郡成東町）外五名によって出願された総州鉄道の計画に求められる。これは、「東京ヨリ下総国銚子港ニ至ル鉄道ヲ建築シ旅客及貨物運輸ノ業ヲ営ミ度尚漸次支線ヲ上総国勝浦ニ延長シ以テ上下総一般ノ利便ヲ挙クル(1)」ことを目的とし、まず東京本所を起点に市川、船橋、千葉、佐倉、八街、芝山、八日市場を経て銚子に至る本線（七〇哩）の建設を出願したものである。

この総州鉄道の計画に対して、鉄道行政の直接の担当者であった井上勝鉄道局長官は、㈠「其布設資金ハ必ズ金弐百万円ニテハ不足ヲ告クヘシ(2)」、㈡「同地方ハ概ネ水運ノ便頗ル完全ナルト其貨物ノ性質必スシモ鉄道ノ如キ迅速輸送ヲ要セサルモノ多数ヲ占ムル(3)」などの理由から、「本線路ノ布設ヲ以テ急務トセサル(4)」と鉄道建設時期尚早論を展開する。すなわち井上は、次のようにまず利根運河の開削によって水運の十分な発展をはかり、その上で鉄道の建設を企てるべきであると主張するのであった。

「貴県下ニテハ三堀ヲ開鑿シテ舟揖ノ便ヲ進捗セシムルノ計画已ニ熟シ居候……略……先之ヲ竣功セシメ其結果如何ヲ実験ニ徴シ然ル后鉄道布設ノ計ヲ立ルモ亦タ未タ晩カラサルカト被存候(5)」

利根運河（一八八七年会社設立）は利根川と江戸川を結ぶもので、この開削は東京〜銚子間の貨物輸送に多大の貢献をなすものとして期待されてい

＜第Ⅳ-1図＞　銚子港におけ

鉄道会社名	1887年	1888年	1889年	1890年	1891年	1892年	1893年
総州鉄道	○ 11.24 (東京～銚子)	× 1.25					
武総鉄道	○ 11.11 (東京～佐原)	× 1.25					
総武鉄道			○ 2.18 △ 4.19 (東京～八街)				
両総鉄道			○ 11.29 (八街～銚子)	× 6.12			

（備考）○―出願，×―却下，△―免許，◎―開業である。

た。(6)したがって利根運河は、総州鉄道と激しく競合するものとなるが、『東海新報』（一八八八年）は、この両者の関係について次のように伝えている。

「此の事業（利根運河……引用者）の為めに事偏私に流れ他の起業就中彼の鉄道事業（総州鉄道……引用者）の如き公益上更ニ利益の大なる者に向て妨害を来したる如き情実はあらさりし乎」(7)

このような状況のもとでは、総州鉄道の計画も井上にとって「近来流行ノ鉄道病」(8)の一現象として映じたにすぎなかった。こうした認識は千葉県知事船越衛にも共通するものがあり、(9)かくて総州鉄道は一八八八（明治二一）年一月二五日、「私設鉄道条例ニヨリ願出却下」(10)された。

総州鉄道の計画が却下されると、安井理民らの発起人は計画を変更して翌一八八九（明治二二）年、総武鉄道の建設を出願した。(11)しかしながら、これは「東京府下本所ヨリ千葉県千葉佐倉ヲ経テ八街迄」(12)（三九哩）の路線であって、銚子港に達するものではなかった。

この総武鉄道の計画に対して、千葉県知事石田英吉は、㈠「佐倉営所々在ノ地ヲ経過シ而シテ千葉東京ニ達スルノ要路ニ有之」(13)、㈡「鉄道布設ノ線路ト利根川及運河舟揖ノ便ニ依ルベキモノトハ自ラ其関係ヲ異ニシ右利根運河成功ノ後ト雖モ営業上互ニ影響スルコトナキ」(14)などの理由をもって賛意を表明した。また、井上鉄道局長官も「陸軍省へ協議候所差支無之ノ回答ヲ得候間仮免状下附相成可然[15]」と陳じている。

軍部の鉄道に対する認識は「陸海軍大演習ノ節鉄道運輸ニ関スル件ハ可成普通旅客荷物ノ運輸ヲ停止セサル様取計フヘシ尤之ヲ停止セサレハ演習ノ用ニ供シ難キトキハ之ヲ停止スルモ妨ナキ儀ト心得ヘシ[16]」（傍点引用者）という山県有朋の意見に端的に表われている。こうした軍事的観点からの鉄道認識は、陸軍参謀本部刊『鉄道論』[17]（一八八八年）に集約されているが、総武鉄道の場合にも「此線路ハ陸軍省所轄ノ兵営及用地ニ関シ同省ニ於テモ頗ル好都合[18]」であると、その軍事的意義が少なからず強調されていた。

総武鉄道は、一八八八（明治二一）年四月一九日に本所〜八街間の仮免許状を受け、こうして銚子港を疎外する方向でこの地方の鉄道建設は進展していった。

このような鉄道建設の動向の中で、「千葉県八街ヨリ銚子ニ至ル鉄道ヲ敷設センカ為[19]」計画されたのが両総鉄道（三一哩）であった。両総鉄道は、田中玄蕃（千葉県海上郡銚子町）外六名によって一八八九（明治二二）年一一月二九日に出願されたが、出願に至るまでの経緯については「両総鉄道会社創設ニ付陳情書」が次のように述べている。

「曽テ総州鉄道布設ノ計画ヲ為セシトキ東京ヨリ銚子港ニ到ルノ線路ヲ以利便両ナカラ全キヲ信セラレ両総間ノ一大問題トナリ与論モ亦互ニ帰着セシカ如クナリキ爾来種々ノ変遷ヲ経テ総武鉄道会社ノ創立ヲ見ルニ至リ吾人輩此時ニ当リ発起人ノ列ニ加ハリ其挙ヲ賛シ為メニ尽ス処アリシ所以ノモノハ貴社ノ布設セントスルノ線路東京ヨリ八街ニ至ル以テ心窃カニ銚港ニ延長スルヲトシ将来武総三州ノ利益ト貴社ノ隆盛トヲ予

勘スル処アリシモ貴社ハ目下延長ヲ為サヾルノ議ニ決セシヲ聞ケリ然ルニ世勢ノ進潮ハ頻リニ運輸交通ノ不便ヲ訴ヘ鉄道ノ必用ヲ感スルコト日一日ヨリ甚シキヲ以テ貴社ヨリ延長スルノ時期ヲ待ツニ暇アラズ止ムヲ得ス吾人輩発起トナリ同志協力シテ一ノ鉄道会社ヲ設ケ八街以東銚湊ノ間ニ鉄道ヲ敷設シ共ニ利便ヲ興シ総武惣体ヲシテ公益ニ漏ルヽ処ナカラシメントス」[20]

この「陳情書」に名を連ねた岩崎重次郎ら四名は、いずれも総武鉄道の発起人株主に加わっているが、その際彼らの意図は、総武鉄道の路線を銚子港まで延長することにあった。しかし、その実現の可能性がないとみて自ら八街〜銚子間の鉄道を建設し、銚子港を鉄道で東京に直結しようとしたのである。

＜第Ⅳ-1表＞　総州・両総鉄道起業目論見

		総州鉄道	両総鉄道
資本金(建設費)(A)		2,000,000円	1,000,000円
収入総額(B)		373,855円	138,011円
内訳	1. 貨物収入(割合)	248,272円 (66.4%)	96,229円 (55.8%)
	2. 旅客収入(割合)	125,583円 (33.6%)	76,285円 (44.2%)
営業費(C)		150,000円	62,000円
営業益金(D)		223,855円	76,011円
営業係数(C)/(B)		40.1%	44.9%
収益率(D)/(A)		11.2%	7.6%

(備考)「総州鉄道会社起業目論見書」(『鉄道省文書』),「両総鉄道会社起業目論見書」(『公文類聚』第14編巻之64)より作成。なお,両総鉄道の貨客収入の合計が収入総額と一致しないが,数字の記載は原資料のままとした。

かくて、明治二〇年代前半の銚子港では、総州鉄道、両総鉄道の計画によって積極的な鉄道導入がはかられていた。そこで次に、これら両鉄道の起業目論見と株主構成について若干の分析を試みよう。

(二)　起業目論見と株主構成

総州鉄道、両総鉄道の起業目論見について表示すると＜第Ⅳ-1表＞のとおりである。該表によれば、貨物収入が旅客収入を大きく上回っており、さしあたり

＜第Ⅳ-2表＞　銚子における品目別貨物移出入見込（上位５品目）

	総州鉄道				両総鉄道			
	品目	数量	運賃	割合	品目	数量	運賃	割合
移出	搾糟	27,957,150斤	13,910円 480	36.8%	鮮魚	13,653,120斤	22,527円 148	45.1%
	鮮魚	7,631,000	11,940・900	31.6	搾糟	16,779,500	11,074・470	22.2
	醬油	5,726,925	4,276・100	11.3	醬油	6,238,375	6,175・991	12.4
	干鰮	3,436,425	2,443・680	6.5	乾魚	4,170,610	4,128・904	8.3
	魚油	2,607,000	2,083・300	5.5	鰹節	690,225	911・097	1.8
	小計	52,284,775	37,835・360	100.0	小計	46,903,752	49,915・964	100.0
移入	塩	4,451,600	4,451・600	51.5	雑貨	1,500,000	2,970・000	29.6
	空樽	1,364,000	1,364・000	15.8	塩	2,255,800	1,488・828	14.9
	砂糖	786,200	786・200	9.1	砂糖	802,800	794・772	7.9
	雑貨	468,000	468・000	5.4	清酒	578,000	762・960	7.6
	石油	318,000	313・000	3.6	石油	450,000	742・500	7.4
	小計	8,650,150	8,650・150	100.0	小計	7,968,938	10,022・090	100.0
合計		60,934,925	46,485・510	—	合計	54,872,690	59,938・054	—

（備考）総州鉄道会社「輸出入貨物一覧表」（『公文類聚』第12編巻之42），両総鉄道会社「（旅客・貨物別運輸収入）」（田中義家文書）より作成。

＜第Ⅳ-3表＞　総州鉄道発起人株主の地域別分布

		株主数			株主総数に対する割合	株式数	株式総数に対する割合
		100株未満	100株以上	合計			
千葉県	海上郡	9人	11人	20人	40.0%	2,250株	22.5%
	香取郡	1	3	4	8.0	450	4.5
	夷隅郡	—	3	3	6.0	600	6.0
	武射郡	1	1	2	4.0	1,050	10.5
	印旛郡	—	2	2	4.0	200	2.0
	千葉郡	—	2	2	4.0	800	8.0
	山辺郡	—	1	1	2.0	100	1.0
	匝瑳郡	1	—	1	2.0	50	0.5
	小計	12	23	35	70.0	5,500	55.0
東京府		—	15	15	30.0	4,500	45.0
合計		12	38	50	—	10,000	—

（備考）「（総州鉄道）発起人名簿之写」（『公文類聚』第12編巻之42）より作成。

〈第Ⅳ-4表〉　両総鉄道発起人株主の地域別分布

		株主数			株主総数に対する割合	株式数	株式総数に対する割合
		100株未満	100株以上	合計			
千葉県	海上郡	27人	24人	51人	43.2%	4,540株	45.4%
	匝瑳郡	6	1	7	5.9	340	3.4
	山辺郡	3	—	3	2.5	130	1.3
	千葉郡	1	2	3	2.5	250	2.5
	武射郡	3	—	3	2.5	150	1.5
	市原郡	2	—	2	1.7	100	1.0
	印旛郡	—	1	1	0.8	100	1.0
	下埴生郡	1	—	1	0.8	50	0.5
	小計	43	28	71	60.2	5,660	56.6
東京市		20	22	42	35.6	3,960	39.6
埼玉県		—	3	3	2.5	300	3.0
茨城県		2	—	2	1.7	80	0.8
合計		65	53	118	—	10,000	—

（備考）「両総鉄道発起株主人名簿」(『公文類聚』第14編巻之64）より作成。

これらの鉄道が貨物収入に高い比重をおく鉄道であるということが確認しえよう。すなわち、それぞれ貨物収入の収入総額に占める割合は、総州鉄道六六・四パーセント、両総鉄道五五・八パーセントであった。

次に、総州・両総両鉄道の銚子における品目別貨物移出入見込を〈第Ⅳ-2表〉に掲載し、銚子における商品流通構造をやや具体的に検討しておこう。

移出品では搾糟、鮮魚、醤油、移入品では塩、雑貨、砂糖などの比率が高く、しかも移出額が移入額を大幅に上回っている。このことから銚子は、水産物、醤油などの食料品および搾糟などの肥料を移出し、雑貨、砂糖、塩などの日常消費物資および醤油原料を移入するといういわば生産地型の商品流通構造を示しているといえるようにおもわれる。

次にわれわれは、総州・両総両鉄道の発起人株主構成を明らかにしよう。

総州鉄道の発起人株主は合計五〇名を数えるが、その地域別分布を表示したのが〈第Ⅳ-3表〉である。該表によると、総州鉄道の発起人株主構成は、東京在住の株主に株主数で三〇パーセント（一五人）、株式数で四五パーセント（四、五〇〇株）を依存しているとはいえ、概して千葉県在住の発起人株主、とりわけ海上郡在住の発起人株主の構成比の高さがうかがわれる。それは、株主数で全体の四〇パーセント（二〇人）、株式数で二二・五パーセント（二、二五〇株）を占めているのである。

両総鉄道の発起人株主の地域別分布（〈第Ⅳ-4表〉）も、総州鉄道の場合とほぼ同様の傾向を示している。海上郡在住の発起人株主が、株主数で全体の四三・二パーセント（五一人）、株式数で四五・四パーセント（四五四〇株）を占めており、しかもそのうち銚子町、本銚子町の在住者だけで、株主総数の三五・六パーセント（四二人）、株式総数の三七・一パーセント（三、七一〇株）を占めているのである。

そこで、両総鉄道の発起人株主のうち海上郡在住のものに限って、その所有株式数、職業、所得税額などを表出すると〈第Ⅳ-5表〉のようである。田中玄蕃、岩崎重次郎、近藤平左衛門、古田荘右衛門らの醤油醸造業者、および大里庄治郎、熱田藤助、岡田源吉らの肥料商などを中心に銚子諸村の在地資本が名を連ねている。しかも、彼らの中で一八九八（明治三一）年刊行の『全国商工人名録』の地価額一万円以上の地主名簿に記載されているものは皆無であった。従って、地主的蓄積でなく、醸造資本ないし商業資本としての蓄積が両総鉄道の建設を出願した経済的基盤であったといえる。詳細は不明であるが、一八八九（明治二二）年一月二二日の銚子商法会議所臨時会で「鉄道布設ノ件」(21)について審議されたとの記録が残存している。これはおそらく、銚子商法会議所に結集する銚子在住の醸造資本ないし商業資本が、両総鉄道の計画について検討を加えたもの

<第Ⅳ-5表>　両総鉄道海上郡在住株主一覧

	氏　名	住　所	株数	職　業・役　職			所得税	営業税
1	岩崎　重次郎	銚子町	300株	醤油醸造	長	○	303円300	332円768
2	田中　玄蕃	本銚子町	300	醤油醸造	創	○	147・556	228・692
3	熱田　藤助	銚子町	200	肥料商		○	21・810	27・012
4	岡本　忠蔵	銚子町	200	海産物・肥料商	創			
5	近藤　兵左衛門	飯岡町	200	醤油醸造	協	○		
6	田中　直太郎	本銚子町	200	醤油醸造				
7	常枝　宇兵衛	銚子町	200	薬種商，洋糸・洋酒商		○	3・980	16・197
8	梶山　小四郎	銚子町	150	穀物商		○	3・250	10・801
9	浅岡　武右衛門	鶴巻村	100					
10	飯田　佐治兵衛	旭町	100	醤油醸造				
11	石上　新藤	銚子町	100	酒類醸造			4・940	18・288
12	石上　忠平	銚子町	100	商業	協	○		
13	伊藤　清吉	本銚子町	100	海産物商				
14	今津　源五郎	本銚子町	100	魚網商				
15	大里　庄治郎	銚子町	100	肥料商，砂糖・荒物商		○	4・020	27・547
16	岡田　源吉	銚子町	100	肥料問屋，呉服・太物商		○	9・830	58・642
17	岡本　庫太郎	銚子町	100	肥料・魚網商				
18	西村　貫一	旭町	100	醤油醸造，呉服問屋				
19	服部　利平	鶴巻村	100	呉服店主				
20	浜口　儀兵衛	銚子町	100	醤油醸造			255・240	380　000
21	松本　九郎治	銚子町	100			○		
22	松本　信之助	本銚子町	100	商業				
23	山口　文右衛門	銚子町	100	肥料問屋			103・320	38・118
24	渡辺　兵右衛門	伊豆原村	100					
25	石毛　佐右衛門	本銚子町	50	農業	協			
26	岩井　市右衛門	足川村	50	農・漁業		○		
27	岩崎　喜重郎	本銚子町	50	銚子縮商				
28	鵜月　正三郎	銚子町	50	製茶商，砂糖商	創		3・110	15・368
29	加瀬　宇兵治	銚子町	50	呉服・太物商			5・170	12・023
30	鎌田　七右衛門	飯岡町	50			○		
31	北村　正治	銚子町	50	材木商			4・340	15・970
32	郷　正蔵	本銚子町	50	材木商				
33	杉本　駿	銚子町	50	(海上郡長)				
34	高木五郎左衛門	銚子町	50	紙・荒物商			4・340	14・240
35	田辺　和助	本銚子町	50					
36	豊田　伊平	銚子町	50	菓子商			4・940	24・942
37	永田　善右衛門	銚子町	50	質商				
38	福田　作兵衛	銚子町	50	醤油醸造（岩崎重次郎の番頭)				
39	保立　清助	銚子町	50	鰹節問屋，肥料商			3・010	22・559
40	本城　久五郎	銚子町	50	商業				
41	松本　義太郎	本銚子町	50					
42	森　増蔵	銚子町	50					
43	山口　文次郎	銚子町	50					
44	岩井　重兵衛	足川村	30	農業				
45	久世　幸平	銚子町	30	金物商			3・610	10・605
46	郷　長治郎	本銚子町	30	薬種商			3・420	8・158
47	千歳　政七	銚子町	30	呉服・太物商			16・906	21・594
48	垣内　新兵衛	銚子町	30	旅人宿，料理店			3・960	3・000
49	松井　誠次郎	本銚子町	30					
50	村田　新兵衛	銚子町	30	肥料問屋，油製造			4・550	24・583
51	吉田　孫右衛門	本銚子町	30	農業				

（備考）1）「両総鉄道発起株主人名簿」(田中義家文書),「所得金高」(田中義家文書), 鈴木喜八・関伊太郎『日本全国商工人名録』, 1898年, 五十嵐重郎『千葉県紳士名鑑(全)』, 1902年, その他より作成。

2）「職業・役職」欄の長は創立委員長, 創は創立委員, 協は協議委員である。また, 同欄で○印を付したものは, 総州鉄道の発起人株主にも名を連ねていたものである。

3）「所得税」,「営業税」は, いずれも1898年度のものである。

であろう。

かくて、以上の分析から、ともかくも明治二〇年代前半の銚子港における鉄道導入計画が銚子の在地資本によって担われていたことが明瞭となる。ところで、このように積極的な鉄道導入計画がはかられていた銚子港は、当時どのような交通・運輸の状況におかれており、またそうした状況の中でこの東京〜銚子間鉄道の計画は、どのように位置づけられていたのであろうか。こうした問題については、「銚子港改良旨意書」（田中義家文書）が極めて興味深い事実を伝えてくれる。そこで以下、この「旨意書」をなるべく原文に促して紹介しながら、若干の検討を加えよう。

(三) 銚子港の改良と東京〜銚子間鉄道

「銚子港改良旨意書」は、総州鉄道の出願に先立つ一八八七（明治二〇）年七月、海上匝瑳郡長杉本駿から銚子商法会議所会頭田中玄蕃に宛てて諮詢されたものである。杉本は、「銚子港今日ノ有様ニテハ年々衰弊ニ趨キ是儘ニテハ行末如何ニ可相成哉ト深ク苦慮致候」(22)と銚子港の現況に強い危機意識をもち、その解決策を試案として提示し、これを銚子商法会議所で検討してもらいたい旨を願い出たのである。

杉本によれば、その解決策の基本は「此ノ衰弊ヲ極ヒ繁栄ヲ回復センニハ東北諸国ノ物価（貨）ヲ此地ニ輻湊セシムル手段ノ外無之」(23)ということにあった。すなわち、杉本は銚子港現今の「憂フヘキ哀ムヘキ」(24)情況の原因について、「不漁不景気ナリ不漁ニ因テ不景気ヲ致シ遂ニ此域ニ至レリ」(25)と答える一般的な見解に対して次のように反駁する。

「蓋シ本港ノ成立セル所以ヲ考フルニ東海ノ極陬ニ僻在スルニモ係ハラス人民輻湊戸口殷盛ニシテ一ノ小都会ヲナセシモノハ海産ノ利水運ノ便是其重ナルヘシト雖然レドモ此二者ノミ果シテ能ク其繁盛ヲ維持スルニ足ルヘキニアラス……略……然リ而シテ今日ノ斯ク衰弊ヲ来タシ往時ノ能ク繁栄ヲ保テルモノハ其利源固トヨリ他ニ在ルニアラスンハアラス」(26)

そして杉本は、かつての銚子港繁栄の原因を、「入港船舶ノ許多ナルト其貨物ノ輻湊セルトニ由リ以テ其繁盛ヲ致セシニ外ナラサルナリ……略……恰モ東北地方物貨出入ノ門戸ニシテ奥羽諸国ノ市場トモ云フヘキカ如クナルヲ以テ其殷盛ヲ致セル」(27)と把握する。事実、銚子港は「維新以前ニアリテ此港出入船舶ハ其数頗ル多ク港内ニ碇泊スルモノ常ニ十数艘ニ下ラス奥羽又ハ磐城地方ノ海産諸雑貨概子皆此地ヲ経サルナク加フルニ東北諸藩ノ廻米大低此港ニ湊マリ」(28)という状況を呈していたのである。

しかしながら、こうした銚子港の繁栄も、「維新以後ニ至リ入港ノ船舶漸次減少シ曩時ニ比スレハ其数十ノ一タニモ及ハス」(29)と著しく衰退した。そしてその原因は、杉本によれば次のように考察されるのであった。

「世運ノ革新ニ因リ運輸交通ノ道全ク旧来ノ面目ヲ一変セシハ此出入ノ船舶ニ影響セシノ最ナルモノトモ亦他ニ其理由ナキニアラス何ソヤ河口狭隘ニシテ港底浅淤シ岩礁碁布シテ航路険悪ナルト問屋仲買ノ制漸ク頽鮮シテ為メニ荷主ノ不便ヲ醸セルコト多キ是ナリ」(30)

すなわち、交通における資本主義的技術変革は、海運における蒸汽船、陸運における鉄道の発達を促した。こうした交運革命の進展が、「東北地方ノ貨物海運ハ東京ニ直航スヘク必ス此港ニ寄泊セス陸運ハ奥羽鉄道ノ便ニ由ルヘシ」(31)という事態をもたらし、銚子港の東北地方と東京（江戸）とを結ぶ中継港としての役割を著しく害うのであった。そしてこれに付随して、銚子港の港としての機能が蒸汽船の就航という新しい事態に対応できないこと、旧来の問屋仲買の制が崩壊し、それに代わる新しい商業組織が確立していないことなどがあげられている。

以上のように述べたあとで杉本は、「本港ノ盛衰ハ専ラ出入船舶ノ多寡ト運輸貨物ノ聚散ニ由ルコト明ナリ」(32)と結論する。したがって、銚子港の繁栄を復興するには、銚子港を改良し、問屋仲買の制を確立し、銚子港の中継港としての機能を回復することがなによりも求められなければならなかった。杉本はこの点について次のように述べている。

「往時ノ繁盛ヲ回復シ永遠ノ富源ヲ開カントト欲セハ港口ヲ改良シテ船舶ノ出入ヲ安全ナラシメ問屋仲買ノ制ヲ確立シ貨物転販ノ便ヲ与ヘ東北地方ノ物貨ヲシテ此港ニ輻湊セシムルニ若ハナシ」(33)

そしてその上で、「此地ト東京ノ間ニ於ケル鉄道敷設ヲ要スル蓋シ自然ノ勢ナリ」(34)と東京〜銚子間の鉄道建設の必要性が主張されるのであった。

以上、この「旨意書」をその根底において貫いているのは、蒸汽船の就航、鉄道の開通という交通運輸手段の資本主義的変革の中で旧来の国内商品流通体系が大きく崩れ、銚子港はかつての東北地方の貨物を東京(江戸)へ輸送する際の中継港としての機能を失うという杉本の危機意識であった。こうした認識は、杉本が「小山ヨリ鉄道ヲ布設シテ以テ奥羽無限ノ貨物ヲ壟断セリノ計画アリト夫信ナラシメハ当港ヱ寄泊スル船舶ハ益枯渇スベシ」(35)などと再三にわたって述べるところであった。

従って、このような状況にいかに対処していくかが行政の最高責任者たる杉本の課題であった。そして既に述べたように、杉本は銚子港の改良と東京銚子間の鉄道建設をもって旧来の中継港としての機能を復活させ、この衰弊状況を打開していこうと提示したのである。まさに東京〜銚子間の鉄道建設は、銚子港改良策と一体となって、銚子港の「可憂可哀ノ域ヲ脱シテ可喜可慶ノ境ニ達スル」(36)ための方策の一環としてここでは提起されていたのである。すなわち、杉本は銚子港の改良と東京〜銚子間の鉄道が実現するならば、「東北ノ物貨ヲ吐納スルハ必ス此港ニシテ奥羽鉄道アリト雖決シテ此港ノ繁盛ヲ害セサルヘシ」(37)と、その効果を期待するのであった。杉本がこの「旨意書」の冒頭において、「前途ニ向テ一ノ長計ヲ確立スルハ是今日ノ急務ニアラスヤ」(38)として展開した銚子港復興策とは、ほぼ以上のような内容のものであった。

ところでこの銚子港改良の必要性は、総州鉄道の発起人安井理民によっても認識されていた。これについては、『東海新報』(一八八八年)が次のように伝えるところであるが、東京〜銚子間鉄道を経営する側からも、銚子港の改良はその営業基盤を強化するものとして期待されたのであろう。

「総州鉄道の発起者なる安井理民氏が此工事（銚子港改良工事……引用者）の必要なることを悟リ船越知事にも協議し独逸国工師ボンペプボン氏を伴ひ去廿四日千葉町に来り夫より銚港へ到り仝工師をして実測目論見の事を遂げしめられし」(39)

さて、銚子商法会議所ではこの「旨意書」の是非をめぐって種々の実態調査を試みたが、その結果を踏まえて、一八八七（明治二〇）年一〇月一六日の議会でこれを満場起立をもって可決した。(40)かくて、総州・両総両鉄道の出願となって現われた明治二〇年代前半の銚子港における鉄道導入の動きは、醤油、海産物などの輸送という直接的な動機もさることながら、その背後に日本鉄道東北線の開通など全国的な幹線鉄道体系の形成の中で、経済的地位を低下してきた銚子港の復興をはかるという銚子在地資本の動向を看取せしめるのである。

(1) 安井理民外五名「総州鉄道会社創立願書」、一八八七年一一月二四日（『公文類聚』第一一編巻之四二）。
(2)～(4) 井上勝「千葉県安井理民外五名ヨリ出願東京ヨリ千葉佐倉ヲ経テ銚子港ニ至ル鉄道布設之件」、一八八八年一月一六日（『公文類聚』第一二編巻之四二）。
(5) 井上勝「（東京ヨリ千葉県下銚子港ニ至ル鉄道線路布設ノ義ニ付進申）」、一八八七年一二月一五日（『公文類聚』第一二編巻之四二）。
(6) 利根運河については、その概略を知るものとして、さしあたり川名晴雄『利根運河誌』、一九七一年、および北野道彦『利根運河――利根・江戸川を結ぶ船の道――』、一九七七年、を参照されたい。
(7) 「利根運河会社発起人諸氏に望む」（『東海新報』第二一号、一八八八年六月九日）。
(8) 井上勝「内陳書」、一八八七年三月一五日（日本鉄道省『日本鉄道史』上篇、一九二一年、六六三頁）。
(9) 船越衛「（鉄道架設ノ義ニ付申進）」、一八八八年一二月二七日（『公文類聚』第一二編巻之四二）。
(10) 井上勝「千葉県安井理民外五名ヨリ出願東京ヨリ千葉佐倉ヲ経テ銚子港ニ至ル鉄道布設之件」、一八八八年一月一六日（『公文類聚』第一二編巻之四二）。
(11) 安井理民らの総州鉄道発起人は、武総鉄道（東京～佐原間、一八八七年一一月一一日出願）発起人と相互協定・合併をして総武鉄道会社を創立したのである。
(12) 「総武鉄道会社定款草案」（田中義家文書）。
(13)(14) 石田英吉「鉄道布設ノ義ニ付上申」、一八八九年二月二三日（『公文類聚』第一三編巻之四七）。
(15) 井上勝「（本所ヨリ千葉県下八街ニ至ル鉄道布設ノ件答申）」、一八八九年四月九日（『公文類聚』第一三編巻之四七）。
(16) 山県有朋「（陸海軍大演習ノ節鉄道運輸ニ関スル件）」、一八九〇年二月二七日（『公文類聚』第一四編巻之六四）。
(17) 陸軍参謀本部の「鉄道論」の内容紹介としては、富永祐治「明治二十年代の鉄道論議」（大阪商科大学『経済学雑誌』第七巻六号、一九四〇年一二月）が比較的よくまとまっている。
(18) 井上勝「（本所ヨリ千葉県下八街ニ至ル鉄道布設ノ件答申）」、一八八九年四月九日（『公文類聚』第一三編巻之四七）。

(19) 田中玄蕃外六名「鉄道布設之儀ニ付上申」、一八八九年一二月五日（『公文類聚』第一四編巻之六四）。
(20) 岩崎重次郎外三名「両総鉄道会社創立ニ付陳情書」、一八八九年一二月（田中義家文書）。
(21) 「銚子商法会議所」、一八八九年一二月（田中義家文書）。なお、銚子商法会議所は、一八八五（明治一八）年現在で所属人口二三、三四三人、議員数四一名で会頭に田中玄蕃、副会頭に岩崎重次郎（いずれも醤油醸造業）が就任している（「銚子商法会議所略表」、一八八五年一一月二八日、田中義家文書）。
(22)〜(34) 杉本駿「銚子港改良旨意書」、一八八七年七月八日（田中義家文書）。
(35) 「（銚子商法会議所議事録）」一八八七年一〇月一六日（田中義家文書）。
(36)〜(38) 前掲、杉本駿「銚子港改良旨意書」。
(39) 「銚子築港の計画」（『東海新報』第二号、一八八八年五月一日）。なお、こうした銚子港の改良と鉄道建設との関係については、千葉県知事船越衛も次のように述べている。

「銚子港ノ如キモ維新前ハ仙台其他二三藩ヨリ米庫ヲ置キ米穀ヲ東京ニ運漕スル等ノ事アリシカ今日ハ絶テ右等ノ事ナク殊ニ港口ハ日逐テ浅塞シ船舶ノ入港ヲ見サルニ至レリ若シ之ヲ改良シ昔日ノ盛ナルカ如キニ至ラシムルトキハ之ニ鉄道ヲ架設シ相当ノ利ヲ収メ得ルノ望ミナキニアラス」（傍点引用者、船越衛「（鉄道架設ノ義ニ付申進）」、一八八八年一二月二七日、『公文類聚』第一二編巻之四二）。

(40) 前掲「（銚子商法会議所議事録）」。

三　総武鉄道（東京〜銚子間）の開業と貨物輸送

(一) 総武鉄道の開業

総武鉄道は初め、東京〜八街間の路線として計画された。従って、〈第Ⅳ-6表〉の発起人株主の地域別分

＜第Ⅳ-6表＞　総武鉄道発起人株主の地域別分布

		株主数			株主総数に対する割合	株式数	株式総数に対する割合
		100株未満	100株以上	合計			
千葉県	海上郡	6人	7人	13人	7.7%	1,100株	6.9%
	香取郡	1	11	12	7.1	1,930	12.1
	千葉郡	6	2	8	4.8	870	5.4
	印旛郡	3	3	6	3.6	630	3.9
	夷隅郡	1	3	4	2.4	530	3.3
	武射郡	1	2	3	1.8	750	4.7
	匝瑳郡	2	—	2	1.2	80	0.5
	山辺郡	2	—	2	1.2	80	0.5
	相馬郡	—	1	1	0.6	100	0.6
	長狭郡	—	1	1	0.6	100	0.6
	安房郡	1	—	1	0.6	50	0.3
	小計	23	30	53	31.5	6,220	38.9
東京府		65	41	106	63.1	8,870	55.4
神奈川県		—	2	2	1.2	400	2.5
茨城県		2	—	2	1.2	80	0.5
栃木県		—	1	1	0.6	100	0.6
宮城県		—	1	1	0.6	100	0.6
兵庫県		—	1	1	0.6	100	0.6
香川県		—	1	1	0.6	100	0.6
長崎県		1	—	1	0.6	30	0.2
合計		91	77	168	—	16,000	—

（備考）「総武鉄道発起人株主名簿」（『鉄道院文書』）より作成。

布においても海上郡在住者の比率が低く、東京在住者が圧倒的に多数を占めている。この点は、総州・両総両鉄道のそれと比較して対照的な構成を示すものである。

その後、八街〜銚子間の延長線は両総鉄道によって計画された。しかしこの計画は、井上鉄道局長官の「短距離ノ鉄道ヲシテ各個孤立営業セシムルハ経済上最不利益ナルヲ以テ自然交通上該線路布設ヲ必要トスルノ場合ニ際会候節ハ徐々総武鉄道線路ヲ延線セシムル方得策ニ可有之」(1)との判断により却下された。

かくして、八街〜銚子間の鉄道建設は一時棚上げにされたようであるが、その後銚子およびその周辺諸地域の有志者によって鉄道期成同盟会が結成され、その促成運動が展開された。この促成運動の実態については必ずしも明らかでないが、結果として鉄道敷設法の第一期予定線に東京〜銚子間の路線が加えられ、以後この路線は総武鉄道会社の手によって建設されることになった。(2)

しかしながら総武鉄道の建設は、一八九〇（明治二三）年恐慌の影響をうけ、株式の払い込みなどもあまり進展しなかった。一八九二（明治二五）年には、満一ヶ年半の工事着手期限の延期が請願されるようなありさまで、実際に着工されたのは翌一八九三（明治二六）年八月のことであった。そして一八九四（明治二七）年に本所〜佐倉間が開通するが、それが銚子まで全通するには一八九七（明治三〇）年まで待たなければならなかった。ここに銚子は鉄道によって東京へ直結されたのであるが、この間銚子およびその周辺諸地域では、「本線（佐倉〜銚子間……引用者）ニ関シテハ布設最モ急ヲ要スル」(4)として、銚子への鉄道導入が積極的にはかられていた。すなわち、総武鉄道は「我極東ノ要衝ヲシテ直チニ首府ト連接セシメ地方産業ノ発達ニ資シ人智ノ進歩ヲ促ス」(5)ものと期待されたのである。そしてさらに一九〇〇（明治三三）年には、貨物専用線として銚子〜新生間の路線が開通し、(6)東京〜銚子間の貨物輸送は一層の利便を与えられることになったのである。

さて、総武鉄道の発起人株主の地域別分布については〈第Ⅳ-6表〉に表わしておいたが、東京在住株主が圧倒的に優位にあり、海上郡からは大里庄治郎（二〇〇株）、田中玄蕃（一〇〇株）らを筆頭に八人の株主が名を連ねているにすぎない。従って、その創立の端緒から銚子の在地資本の支配力は脆弱であったのであるが、こうした傾向はその後の株主構成の変化をみても確認し得るし、また総武鉄道の役員構成の変遷からも確認できるであろう。

一八九六（明治二九）年度における五〇〇株以上の大株主の構成をみると、その多くは東京在住の資産家であった。[7] さらに、役員構成をみても一八九五（明治二八）年に田中玄蕃が取締役を辞した後は、海上郡はもちろん千葉県在住者の姿が全くみられない。[8] このような事態は、総武鉄道に対する「関東の東南部にある諸鉄道の幹線にして、株式市場に於ては人気高き事甲武と相比すへく、前途有望の鉄道」[9] という評価が、在地資本の利害を越えて、むしろ東京の資産家の株式投資をひきつけたためであるかとおもわれる。

ところでここでの課題は、総武鉄道が東京〜銚子間開業以後いかなる展開をとげ、さらにそれが銚子という地域社会にとってどのような役割を果したかを明らかにすることである。そこで次に、総武鉄道の開業（一八九四年）以後、国有鉄道に買収（一九〇七年）されるまでの営業状況を概観し、そのうえで総武鉄道東京〜銚子間がいかなる商品輸送を担ったかを専ら銚子の側から検討することにする。

(二) 営業概況と貨物輸送

総武鉄道の営業状況を〈第IV-7表〉に掲載しておいた。各年度若干の変動はみられるが、営業収入は順調な増加を示している。また、東京株式取引所での株式価額も払込額を上回っているし、配当率もかなりの高率を示している。従って、営業状態は極めて良好といい得るわけであるが、[10] 営業収入のうちの貨物・旅客別内訳をみると旅客収入が貨物収入を大幅に上回っている。しかしながら、一九〇四（明治三七）年度の総武鉄道各駅の旅客・貨物別運輸収入を表示すると〈第IV-8表〉のようで、八街〜新生間では貨物収入が旅客収入を上

＜第Ⅳ-7表＞　総武鉄道営業概況

年次	営業収入(A)	営業費(B)	差引純益金	営業係数(B)/(A)	払込資本金額	開業線路	株式取引状況		配当率	
							最高	最低	上期	下期
年	円	円	円	%	円	哩 鎖				
1894	39,762	25,084	14,678	63.1	1,192,690	31.40				
1895	215,163	70,274	144,889	32.7	1,200,000	31.40	145円00	59円70		
1896	290,208	74,684	215,524	25.7	2,156,575	31.40	174・00	98・50	18.0%	15.0%
1897	508,559	159,509	349,050	31.4	2,400,000	72.00	141・00	93・50	14.0	13.0
1898	602,062	217,666	384,396	36.2	2,879,925	71.77	96・20	73・00	13.0	12.0
1899	715,036	280,874	434,162	39.3	3,000,000	71.77	101・80	85・50	13.0	13.0
1900	840,187	332,703	507,484	39.6	3,840,000	72.25	90・00	68・70	13.0	13.0
1901	736,464	318,874	417,590	43.3	4,200,000	72.25	71・00	50・10	10.0	9.5
1902	738,016	326,208	411,808	44.2	4,200,000	72.25	65・50	52・00	9.0	9.0
1903	719,503	331,600	387,903	46.1	4,200,000	72.25	61・60	55・50		
1904	846,499	399,703	446,796	47.2	4,200,000	73.16	56・80	47・60		
1905	1,058,585	488,587	569,998	46.2	4,200,000	73.16	80・60	54・90		
1906	1,107,680	529,577	578,103	47.8	4,799,870	73.16	92・00	79・40		

（備考）　日本国有鉄道『日本国有鉄道百年史』第4巻，1972年3月，p. 368—69，株式会社東京株式取引所『東京株式取引所史』，1916年，野田正穂「明治期における鉄道会社金融の展開（中）」（『経営志林』第3巻第3号，1966年10月）より作成。

＜第Ⅳ-2図＞　銚子・新生駅における旅客・貨物別運賃収入

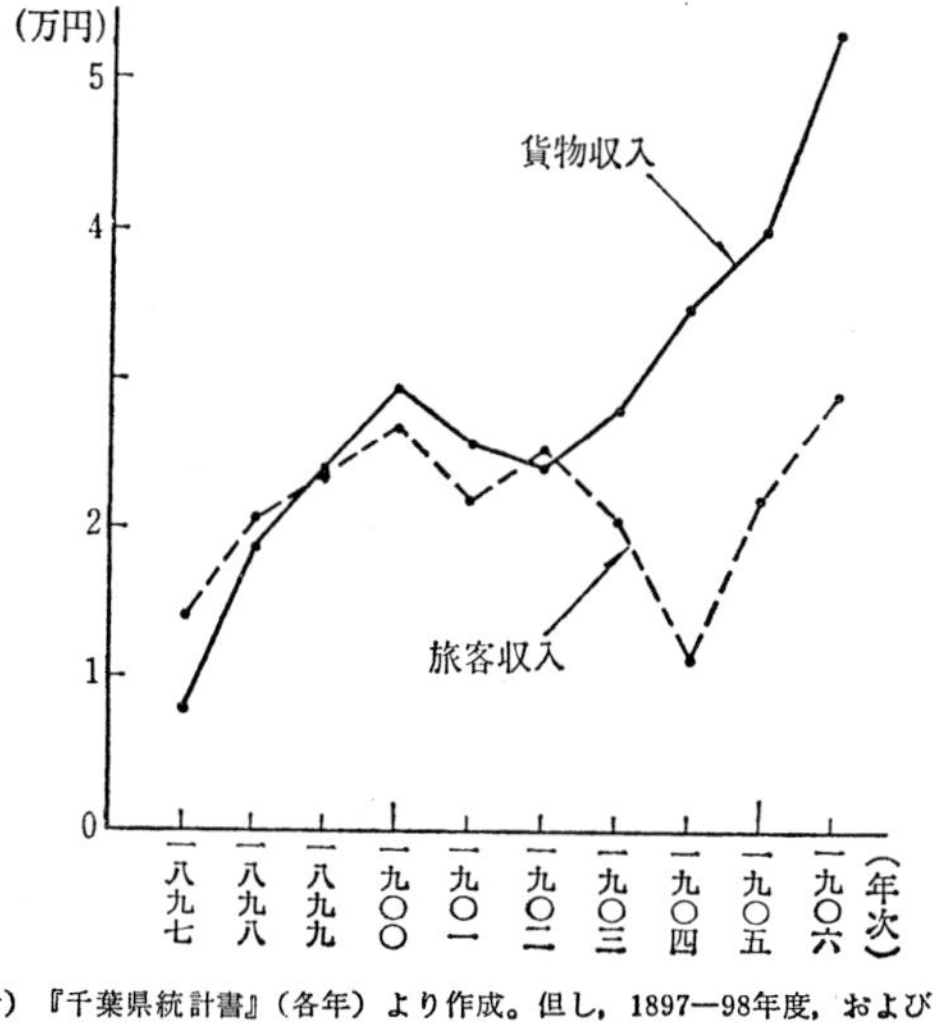

（備考）『千葉県統計書』（各年）より作成。但し，1897—98年度，および1902年度は銚子駅の運賃収入のみである。

回っていることが判明する。また、この区間の貨物収入は総武鉄道全区間の五七・三パーセントを占めており、旅客収入のそれはわずかに一七・七パーセントにすぎない。すなわち、総武鉄道佐倉〜銚子間について

＜第Ⅳ-8表＞　総武鉄道駅別旅客・貨物運輸数量および賃金（1904年）

駅名	旅客		貨物		賃金		
	乗車	降車	発送	到着	旅客(割合)	貨物(割合)	計
	人	人	噸	噸	円　%	円　%	円
両国橋	698,500	615,790	6,625	7,176	147,243(97.0)	4,557(3.0)	151,800
本所	262,739	334,464	60,304	75,225	75,047(60.5)	48,916(39.5)	123,963
亀戸	116,759	120,635	16	182	6,654(99.4)	40(0.6)	6,694
平井	26,825	27,590	238	22	2,526(89.9)	284(10.1)	2,810
小岩	58,265	58,353	40	27	5,460(99.3)	40(0.7)	5,500
市川	181,652	177,494	930	2,115	22,782(96.7)	788(3.3)	23,570
中山	104,761	101,232	886	721	14,451(96.6)	516(3.4)	14,967
船橋	123,415	123,38[illegible]	3,325	2,180	18,241(87.4)	2,640(12.6)	20,881
津田沼	122,708	121,468	1,800	5,539	20,509(94.5)	1,205(5.5)	21,714
幕張	45,934	44,565	2,267	667	7,748(83.2)	1,560(16.8)	9,308
稲毛	25,185	27,934	371	409	3,915(93.5)	273(6.5)	4,188
千葉	230,876	236,378	7,738	9,920	55,359(90.6)	5,739(9.4)	61,098
四街道	91,230	84,571	3,640	4,008	12,778(84.4)	2,367(15.6)	15,145
佐倉	156,174	118,094	7,105	7,644	31,482(81.4)	7,193(18.6)	38,675
小計	2,245,023	2,191,948	95,285	115,835	424,195(84.8)	76,118(15.2)	500,313
八街	41,086	41,942	21,771	4,536	8,787(40.7)	12,787(59.3)	21,574
日向	21,202	20,831	7,201	648	3,396(40.8)	4,918(59.2)	8,314
成東	55,985	56,951	5,290	4,563	13,088(66.6)	6,573(33.4)	19,661
松尾	26,007	23,862	2,819	458	5,520(60.6)	3,587(39.4)	9,107
横芝	42,992	40,912	16,898	3,860	9,205(41.7)	12,848(58.3)	22,053
八日市場	68,456	72,391	6,037	5,968	16,602(68.3)	7,712(31.7)	24,314
干潟	19,658	18,488	1,128	375	3,136(64.3)	1,741(35.7)	4,877
旭町	41,295	41,647	4,034	3,962	8,718(54.6)	7,260(45.4)	15,978
飯岡	29,426	29,635	3,574	4,973	5,819(54.6)	4,836(45.4)	10,655
猿田	15,103	14,492	850	82	2,091(89.2)	252(10.8)	2,343
松岸	22,088	22,146	8,891	387	3,323(40.5)	4,892(59.5)	8,215
銚子	55,548	57,409	14,826	6,816	11,447(51.1)	10,963(48.9)	22,410
新生	—	—	15,992	10,515	—(—)	23,956(100.0)	23,956
小計	438,846	440,706	109,311	47,143	91,132(47.1)	102,325(52.9)	193,457
合計	2,683,869	2,632,654	204,596	162,978	515,327(74.3)	178,443(25.7)	693,770

（備考）『千葉県統計書』，1904年，より作成。

は貨物収入に比重をおく路線であるということができるのである。

次に、銚子・新生両駅における旅客・貨物別運輸収入の変遷をグラフで示すと＜第Ⅳ-2図＞のとおりであり、やはりほぼ貨物収入が旅客収入を上回っているといえよう。そこで、この貨物の品目別移出入状況を＜第Ⅳ-9表＞に示しておこう。重量表示による上位品目のみを掲載したが、移出品では醤油・魚類、移入品では米・塩などが注目される。特に醤油醸造業は、銚子の在来産業としてその発展には著しいものがあり、この点に関していえば、総武鉄道は製品（醤油）を移出し、原料（塩、大豆、麦など）を移入するという役割を果たし、銚子醤油醸造業の再生産を支える重要な輸送ルートとして機能していることが推察される。田中玄蕃（ヒゲタ）、浜口儀兵衛（ヤマサ）、岩崎重次郎（ヤマジュウ）らは、銚子醤油醸造家総代として一九〇一（明治三四）年六月六日付で、総武鉄道に対し次のように醤油原料、製品、ならびに関係貨物の銚子発着分について運賃引き下げの特約を要求している。

＜第Ⅳ-9表＞　銚子・新生両駅における品目別貨物発着数量（1906年）

	品目	数量
発貨物	醤油	8,827噸（30.0%）
	生・干塩魚	6,189（21.0）
	石材	5,341（18.1）
	雑貨	3,707（12.6）
	合計	29,460（100.0）
着貨物	米	4,775（24.2%）
	雑貨	3,876（19.6）
	空器	2,868（14.5）
	塩	1,859（9.4）
	合計	19,770（100.0）

（備考）『鉄道局年報』，1906年，より作成。なお，上位4品目のみを掲載した。

申請書

銚子醸造ノ醤油ニ就テハ江湖ノ需用益々多ク殊ニ海外輸出モ日々月ニ多キヲ加ヘントスル実況ナレドモ之レニ充分ノ供給スルコト能ハサルヲ以テ昨年来各自醸造増石ノ計画ヲナシ本年下半期ヨリ続々出荷ノ手順ニ御座候然ルニ右運搬賃ノ件ニ付テハ世運ノ発達消長ニ伴ヒ一定不易ノモノニ

<第Ⅳ-3図>　銚子における醤油醸造高

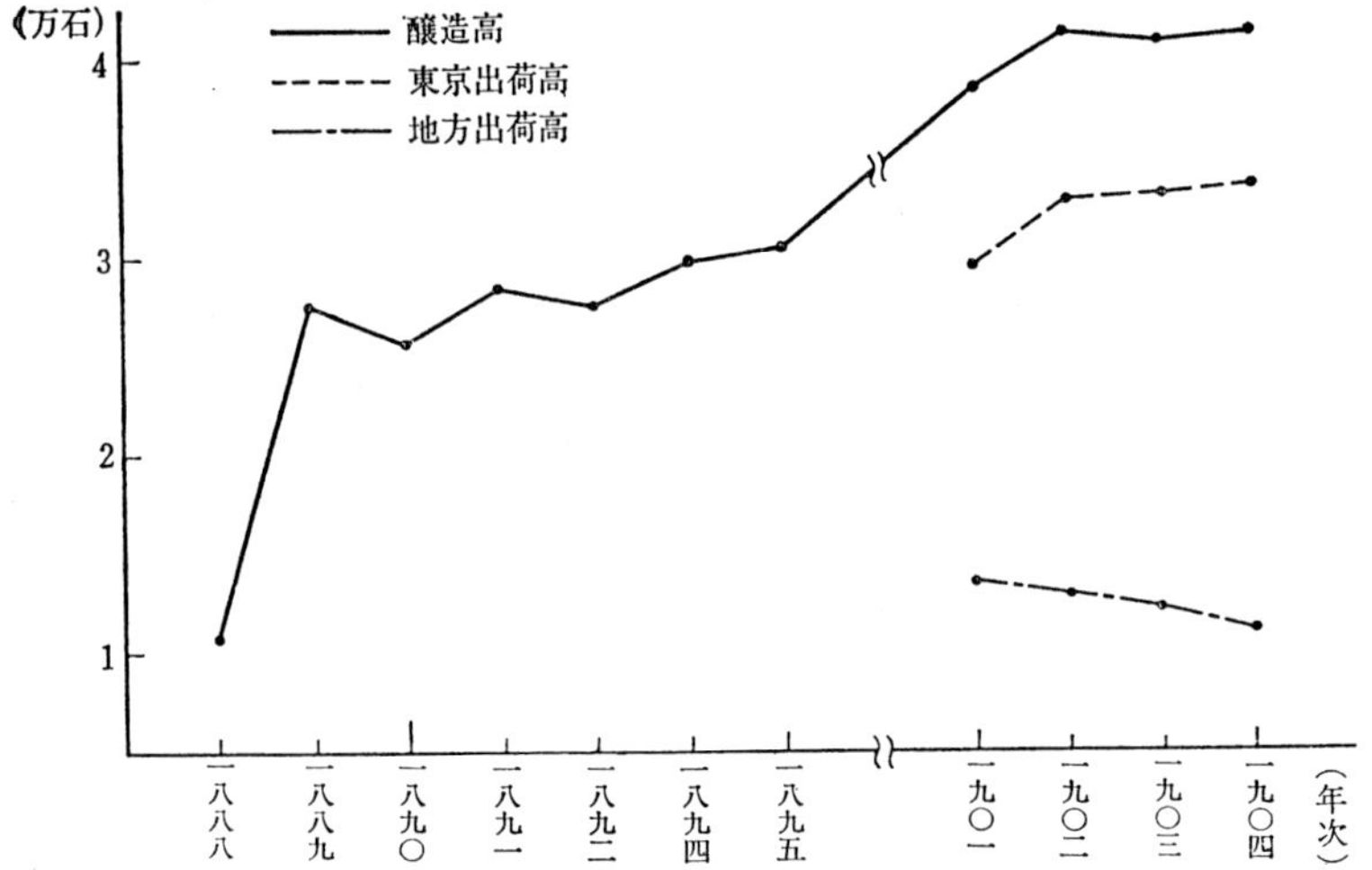

(備考)　銚子市史編さん委員会『銚子市史』，1956年，p.599―600，より作成（原資料は，「銚子醤油醸造組合事蹟累年一覧」)。

非トハ信シ候得共目下ノ場合ニ際シ仮令一噸一哩五毛ヅヽト雖一ケ年往復殆ト壱百万個ニ達セントスル最大多数ノ貨物ニ対シテハ容易ナラザル次第ニコレアリ況ンヤ一時ニ運賃ノ引上ゲヲ実行セラルヽガ如キハ断ジテ為シ能ハサル処ナリ畢竟経済界ノ不振ヲモ顧ミス益々醸造高ヲ増加セントスルハ費用ヲ節シ利益ヲ無視シ競争場裡ニ立タントスルノ心積ニ外ナラズ斯ル場合ニ当リ之レガ原料並ニ製品ノ運搬ヲ恙皆会社ニ一任スル以上ハ特殊ノ御取扱ヲ企望セザルヲ得ズ依テ左記ノ通特約致シ置度何卒御承諾相願候

記

銚子発送貨物　一噸一哩九厘　明治三十四年七月一日ヨリ向フ三ケ年間

銚子着貨物　一噸一哩七厘　明治三十四年七月一日ヨリ向フ三ケ年間

但シ発着品目ハ醤油樽詰箱詰及原料大豆小豆小麦塩燃料空樽樽木(11)

この「申請書」は、六月一八日には「本月六日付ヲ以テ御申請ニ係ル醤油運搬賃金ノ義……略……御承諾申上候」(12)との解答を得て、総武鉄道側にそのまま認可されている。このように銚子醤油醸造家が鉄道運賃に関して具体的に発言しているという事実は、総武鉄道が銚子醤油醸造業にとっていかに重要な意義を有していたかということを十分に傍証するであろう。(13)

さて、〈第Ⅳ-3図〉は銚子における醤油醸造高とその販路の変遷をグラフで表わしたものである。醸造高の増加の画期が、銚子汽船会社の設立、利根運河の開削（一八八八～八九年）、総武鉄道の開業（一八九四～一九

＜第Ⅳ-10表＞　東京府下醤油移出入状況

年次	移入高		移出額に占める府下売捌高
	千葉県	合計	
	樽　%	樽	樽　%
1892年	386,473(72.0)	536,435	457,218(85.4)
1893	747,419(73.0)	1,023,970	861,343(84.9)
1894	831,889(74.5)	1,116,031	942,300(85.2)
1895	873,998(76.1)	1,148,385	925,116(84.4)
1896	938,358(77.6)	1,209,436	1,024,029(87.1)
1897	980,118(78.8)	1,243,702	1,066,618(86.2)
1898	1,006,882(76.6)	1,314,687	1,131,484(84.9)
1899	1,079,775(77.3)	1,397,500	1,196,990(86.7)
1900	630,401(76.7)	822,346	706,114(85.0)
合計	7,475,313(76.2)	9,812,492	8,311,212(85.6)

（備考）『東京商業会議所月報』第1—97号，1892—1900年，より作成。但し，1892年は9—12月，1900年については1，2，7月分の合計である。

〇一年）という交通運輸手段の変革にほぼ対応している。またその販路では、総武鉄道の開業以後「東京出荷高」が漸増し、逆に「地方出荷高」が漸減しているのがわかる。「地方出荷高」とは、利根川およびその支流の水運で、野州、常州、下総にかけての農村地帯へ出荷されていたものをさすとおもわれるが、(14)この時期の醤油醸造高の増加は、この「地方出荷高」ではなく、東京市場での需要増大に起因していたのである。(15)これは、〈第Ⅳ-10表〉における東京の醤油移出入状況からも傍証される。千葉県からの移入量が次第に増大し、しかも移出高の八五パーセント前後は東京府下で売捌かれている。もちろん千葉県からの醤油移入が全て銚子からのものとは限

らないが、銚子醬油もそのかなりの部分を占めていることは事実である。従ってここでは、この時期の銚子醬油醸造高の増大が、主として大消費都市東京における需要の増大によるということが明らかとなろう。

(1) 井上勝「(北総鉄道並ニ両総鉄道ノ件)」、一八九〇年六月一二日(『公文類聚』第一四編巻之六四)。
(2) 押尾孝「千葉県における鉄道発達史(二)」、(『房総展望』第一五巻一〇月号、一九六一年一〇月)。
(3) 総武鉄道常議員中沢彦吉外三名「鉄道布設工事延期之義ニ付願」、一八九二年一〇月(『鉄道院文書』)。
(4) 松本信之助『総武鉄道銚子線ノ急設ヲ要スル理由』、一八九三年一一月、二頁。
(5) 同前、一頁。
(6) この路線は、一八九九(明治三二)年四月五日、「銚子停車場新生間砂利運搬用鉄道線路ヲ其儘右貨物線ニ充用営業仕度」として計画され、資本金は一〇、六六五円で「鮮干魚醬油砂利海産肥料等」が主な輸送貨物として目論まれていた(「鉄道線路布設免許状下付願」、『鉄道院文書』)。
(7) 「各私設鉄道大株主姓名一覧表」(『鉄道雑誌』第一九号、一八九六年九月二八日)。
(8) 日本国有鉄道『日本国有鉄道百年史』第四巻、一九七二年三月、三六九頁。および、「各私設鉄道役員一覧表」(『鉄道雑誌』第三四号、一八九七年一月一三日)。
(9) 「関東一帯の鉄道線路」(『鉄道雑誌』第八号、一八九六年七月一三日)。
(10) 前掲『日本国有鉄道百年史』第四巻、一九七二年、三六五—六九頁。
(11)(12) 田中義家文書。
(13) 一方で、銚子の醬油醸造家は、一八八八(明治二一)年九月に銚子醬油組合を結成し、銚子醬油醸造業の発展をはかっていた(銚子醬油株式会社『社史』、一九七二年)。
(14) 荒居英次「銚子・野田の醬油醸造」(地方史研究協議会編『日本産業史大系』四、関東地方編、一九五九年)。
(15) 銚子醬油の江戸売から地売への転換が、一八三三—三八(天保四—九)年の間に進展していた(篠田寿夫「銚子造醬油仲間の研究——江戸地廻り経済圏の一断面——」(『地方史研究』一二九号、一九七四年六月、四一頁)という事実を考えると、この点は一層興味深いものがある。

四　おわりに

こうして総武鉄道東京〜銚子間は、何よりも銚子における醬油醸造業の発展と密接に関連しながら展開していくが、実はこの過程において前述の銚子港改良計画は、しばしば県議会などに提起されながらも次第に立ち消えとなり、ついに実現することなくおわった。(1) これは、海上匝瑳郡長杉本駿が提起した銚子港復興策の破綻を意味するものであった。そして、日本鉄道東北線の全通などの影響を受けて銚子港のかつての中継港としての役割は、復興するどころかますます薄れていくのである。

ところで、総武鉄道佐倉〜銚子間の開業が在来の利根川水運に与えた影響は決定的であったといえる。佐倉〜銚子間の鉄道が開業した一八九七（明治三〇）年下期の銚子汽船会社の営業収支をみると大幅な赤字が計上されている。(2) また、この鉄道の開業以後、銚子港への貨物移出入量も大幅に減少している。同一の基準に基づく統計が整備されていないので、銚子港における貨物移出入額の変遷を数量的に把握することは困難であるが、現存する断片的な統計・資料(3)から若干の検討を試みてみよう。

醬油の移出額は、一八九六（明治二九）年に一八、七二二石（二三九、二八六円）であったのが、一九〇六（明治三九）年には一二〇石（三、五〇〇円）へと大幅に減少している。また、鮮魚の移出額も同年次において、三六八、五七〇貫（六一、五七四円）から三二、五〇〇〆（二七、六四四円）へと減少している。さらに移入品においては米、大麦、石油、石炭などの移入額の減少を指摘することができる。そしてこのような傾向はますます進展し、明治末—大正初期には、銚子港の取り扱う貨物は木炭、木材、甘藷などのみとなり、ほとんど国内商品流通体系の上で重要な役割を果たすことはなくなっていくのであった。

かくて、銚子〜東京間を結ぶ輸送手段は、在来の河川水運から全く鉄道輸送にとってかわられていくが、この過程を通じて、銚子港の東北地方と東京（江戸）とを結ぶ商品流通ルートの結節点という役割は失われ、銚子は大消費都市東京への食料（醤油・魚類）供給地として編成されていくのであった。

さて、わが国における全国的鉄道網の形成は、一八八六（明治一九）年に始まる鉄道投資ブーム（第一次鉄道熱）期にほぼその骨格を完成する。すなわち、この時期に日本鉄道、北陸鉄道、上越・信越線などの幹線の系列に属する大規模な鉄道建設が進行していくのであった。そして、さらに日清戦争（一八九七年）後の資本主義の発展に伴い輸送需要が増大し、商品流通が拡大すると、幹線にあたる鉄道を補完する中・小規模の鉄道建設が進展する（第二次鉄道熱）。

こうした急激な鉄道建設の展開過程は、国内商品流通体系の再編過程でもあった。とりわけ関東地方では、東京を中心とする放射状の鉄道網を形成しながら関東各地の生産地帯を東京・横浜市場の支配下にくみこんでいく。総武鉄道も銚子と東京市場との結びつきをさらに強めながら、この時期の国内市場形成の一翼を担い、銚子の東京市場への従属性をますます強化していくのであった。

（1）「銚子築港問題」（『千葉日報』第一号、一九〇三年一月五日）。
（2）銚子汽船株式会社『第九回事業報告』（一八九七年七—一二月）。
（3）ここで利用したのは、手塚秀輔編『千葉県内鉄道視察一班』（一八九七年六月）、『千葉県統計書』（各年）、『大日本帝国港湾統計』（各年）などである。

第V章　日本鉄道の開通と河川舟運の衰退

一　はじめに

一般に明治期の河川舟運は、その衰退期にあるといわれる。鉄道建設による陸上交通網の再編が河川舟運の衰退をもたらしたのである。鉄道の開通が河川舟運におよぼした影響については、既に鉄道院編『本邦鉄道の社会及経済に及ぼしたる影響』[(1)]（一九一六年刊）において多角的な分析がなされている。しかしながら、具体的な地域に即してのこの種の研究は、なお十分に深められているとはいえない。

埼玉県の場合、明治一〇年代後半の日本鉄道（高崎線、東北線）の開通が、河川舟運の衰退をもたらしたことは、これまでにもしばしば指摘されてきている。『埼玉県誌』（一九一二年刊）を例にとれば、「明治十六年高崎線（後の官線）の開通以来水運漸次に衰退し」[(2)]（利根川）、「是亦鉄道開通以来大に衰頽を来し」[(3)]（荒川）などのごとくである。[(4)]

しかし、日本鉄道開通後の河川舟運の衰退がどのように進行したかについては、管見の限りでこれまでほとんど明らかにされていない。そこで、本章では最近発見された『荒川流域河川調査書』なる資料をてがかりに、日本鉄道開通後の河川舟運の衰退状況について若干の検討を試みることにする。

（1）とくに『本邦鉄道の社会及経済に及ぼせる影響』下巻、一九一六年、第一四章「鉄道の海陸運送業に及ぼせる影響」を参照のこと。
（2）埼玉県『埼玉県誌』下巻、一九一二年、四一三頁。
（3）同前、四一四頁。

（4）鉄道の開通が河川舟運におよぼした影響について、前掲『本邦鉄道の社会及経済に及ぼせる影響』から埼玉県の蕨町および栗橋町の事例を紹介しておく。

㈠ 蕨町（荒川筋）「駅を去る西南約二十四丁に戸田河岸あり、東京日本橋迄水路六里、往航一日復航二日を要す（天候並積荷の関係上、時としては五六日を要することあり）此地四通八達道路良好にして、鉄道開通前にありては、附近各地は勿論遠く浦和、大宮、上尾、吹上方面に至る迄、総て此地を介して貨物の集散をなせり、今正確なる統計を得る能はざるも、当時同河岸には二軒の回漕業者と約十五艘（二十噸積）の定繋船ありて、東京市内への交通に任じ、其外他所属運送船の同河岸に寄航せしもの多く、貨物の発着一ヶ月各二千噸を下らざりしと云ふ。

鉄道開通後此等水運は漸次衰退し、大正二年度に至りて回漕業者は一店となり、定繋船も亦五艘に減じ、主として東京より肥料、石油其他の雑貨を輸入するに止まれり、要するに鉄道の開通に伴ひ、道路の改修も亦随て整備し、且荷馬車の運送盛大に赴きたる為め、益々船舶の積荷を減少するに至れり、故に之等水運業者は、重に復路の貨物を目的として営業を継続しつゝあり、其輸送数量は統計の徴すべきものなきを以て正確ならずと雖も一ヶ月往航約百噸、復航約五百噸、を出でずと云ふ」（傍点引用者、一四〇八―一〇九頁）

㈡ 栗橋町（利根川筋）「鉄道開通前の交通は、主として水運に依りたるを以て、同地は常に輻輳して繁栄を極め、問屋場三、使用人夫二十余名、船乗業者二百余名、船舶七十余艘、総噸数一千五百噸を有せり、而して是等の船舶に依りて日々輸送せらるゝ主要貨物は米、麦、雑穀、木材、野菜等にして、年額二万余噸の多きに達し、概ね東京に仕向けられたり、又着荷も殆んど其数を同ふし、〆粕、干鰯、塩魚、塩、砂糖、石油等を始め其他日用の諸品なりとす、而して是等は皆駄馬に依り附近町村との間に運搬せられたるものにして、之に従事するもの又二百余名ありたり、旅客は汽船又は和船にて輸送せられ、汽船は常に百余名の乗客を載せ上州方面（館林附近）と両国橋間を一日一往復の航送に従事せり、又和船は同地と両国橋間を一日一往復の割にて航行せしが、乗客は常に満員（定員七〇名）の盛況を呈せり、又陸上交通としては、宇都宮千住間に一日一往復の客馬車ありて旅客を運搬し、数十台の人力車も亦附近町村間を往復せしが、鉄道の開通と共に是等の交通機関は逐年衰退し、殊に水運に至りては最も甚しく近時僅かに十二艘の船と二十余名の従業者を残すに過ぎず、従て輸送貨物の数量亦五百余噸に減じ、一日一往復の汽船は総て鉄道沿線より隔離せる地方との交通を目的とするに至れり」（傍点引用者、一四一一―一一二頁）

<第Ⅴ-1表>　荒川筋各河岸場移出入貨物の変遷

河岸名	出入	1889年	1890年	1891年
荒井河岸（横見郡）	移出	172円000	57円000	8円000
	移入	491・000	308・000	208・000
太郎右衛門河岸（比企郡）	移出	203・500	205・900	18・000
	移入	80・400	80・400	69・000
平方河岸（北足立郡）	移出	85,606・000	110,262・000	114,927・500
	移入	40,887・250	40,797・700	43,927・020
羽倉河岸（北足立郡）	移出	39,120・000	55,319・000	56,825・700
	移入	28,565・600	25,053・940	26,189・780
戸田河岸（北足立郡）	移出	89,090・000	105,499・500	111,720・000
	移入	27,478・080	28,381・750	27,421・000
川口河岸（北足立郡）	移出	23,484・100	26,589・916	28,364・650
	移入	17,262・200	16,510・000	18,486・060
合計	移出	237,675・600	297,933・316	311,863・850
	移入	114,764・530	111,131・790	116,300・860

（備考）「荒川流域河川調査書」（弐），1889-91年，より作成。

二　日本鉄道開通後の河川舟運

ここで検討の素材とする『荒川流域河川調査書』（一八八九―九一年）は、荒川、入間川、越辺川、都幾川、新河岸川、綾瀬川などの各河川筋における河岸場の移出入貨物について、品目、数量、見積価格、および輸送貨物の仕立地・仕向地などを記載している。調査年次は一八八九（明治二二）年から一八九一（明治二四）年にわたっており、日本鉄道開通後まもなくの河川舟運の状況を知ることができる。

さしあたり、この『荒川流域河川調査書』から、荒川筋の各河岸場の貨物移出入状況を表示すると<第Ⅴ-1表>のごとくである。調査年次がわずか三年間でしかないが、移出入貨物の合計でみる限り、荒川筋の舟運の衰退傾向はそれほど顕著に現われているとはいえない。しかし、各河岸場ごとの状況について、やや立ち入って考察すると次のようなことがいえるようにおもわれる。すなわち、荒井河岸（横見郡）、太郎右衛門河岸（比企郡）など比較的上流域の河岸場で移出入貨物の減少が著しいのに対して、平方河岸、羽倉河岸、戸田河岸、川口河岸（いずれも北足立郡）などの東京に近接している埼玉県南部の下流域の各河岸場では、移出入貨物は減少するどころかむしろ増大傾向さえ示しているのである。この点については、『荒川流域河川調査書』も各河川の航路概況を説明する箇所で次のように述べている。

「近年ニ至リ鉄道道路ノ便開ケテヨリ百貨概ネ陸運ヲ仰クニ至リ為メニ水運貨物ハ著シク減殺セラレタルヲ以テ本川河岸場ハ頓ニ衰頽シテ上流ニ位スルモノハ殆ト廃滅ニ帰シ現今ニ至リ稍貨物ヲ呑吐スルハ平方、大久保、戸田、川口ノ各町村沿岸ニ於ケル河岸場ノミナリトス」(1)

このように日本鉄道開通後の荒川舟運は、上流域の河岸場から衰退していくのであるが、同様のことは見沼代用水、利根川などの場合にもあてはまる。一八七八（明治一一）年の水理掛長谷川中八による県令宛の報告書でその活況が伝えられていた見沼通船第一会社（行田）および第二会社（下中条）も、日本鉄道の開通以後は「之に荷物を吸収せられて船賃漸次減少し当区間最も早く通船廃せり」(2)ということになった。すなわち、「見沼通船は明治十六年中山道線同十八年東北線の両鉄道開通に依りて上流河岸相次で廃業し」(3)という結果がもたらされたのである。また、利根川筋においても比較的上流域に位置する北埼玉郡内の河岸場では、「運輸業ノ起源ハ米麦ヲ東京ニ輸出シテメ粕ヲ輸入スルヨリ明治十五年頃迄ハ舟揖頻繁ナリシモ鉄道布設已来其便ニ因ルタキヲ以テ方今ハ著シク衰ヘタリ」(4)のであった。

こうして、荒川、見沼代用水、利根川などの埼玉県内の各河川は、日本鉄道の開通以後上流域の河岸場から衰退してきた。〈第V-2表〉は、前掲『荒川流域河川調査書』から荒川筋移出入貨物の仕立地および仕向地を各品目別に表示したものである。該表によると、荒川筋の移出入貨物は木材を除いて、いずれも移出貨物については東京を仕向地としており、また移入貨物については東京を仕立地としている。つまり荒川舟運は、主と

〈第V-2表〉　荒川筋移出入貨物の仕立地および仕向地

	貨物品目	仕立地	仕向地
移出	蚕豆	比企郡付近	東京
	芋	〃	〃
	酒明樽	比企郡	〃
	米	北足立郡，比企郡	〃
	下駄甲	八ッ保村（比企郡）	〃
	瓦	〃	〃
	味噌	北足立郡	〃
	醬油	〃	〃
	薪	〃	〃
	小麦粉	平方村（北足立郡）	〃
	竹類	大久保村（北足立郡）	〃
	太物	〃	〃
	鋳鉄	川口町（北足立郡）	〃
	蓮根	〃	〃
	慈姑	〃	〃
移入	塩	東京	北足立・比企郡付近
	麦莚	〃	比企郡
	魚膓樽	〃	比企郡付近
	石油	〃	比企郡，北足立郡
	肥料	〃	〃
	石材	〃	北足立郡
	砂糖	〃	〃
	木材	秩父郡，入間郡	〃

（備考）「荒川流域河川調査書」(弐)，1889-91年 より作成。

して東京と荒川流域の各地との間の商品流通を担うものであったといえるのである。そして、この点において日本鉄道会社線と競合することになるのであった。見沼代用水、利根川などについてはここで詳しく触れる余裕はないが、ほぼ荒川と同じく東京と流域各地との間の商品流通を担当していたものとおもわれる。(5)

従って、東京から比較的遠距離にある上流域の各河岸場では、運賃が割高であることを除けば、大量輸送、輸送速度の点で河川舟運を凌ぐ鉄道便の方が有利に働き、鉄道便にいちはやく貨物を奪われていったものとおもわれる。これに対して、東京に比較的近い下流域の河岸場では、以上のような鉄道輸送のメリットは有利な条件とならず、運賃の低廉な河川舟運がその後も長く利用されていったのではないだろうか。(6)

(1) 『荒川流域河川調査書』(弐)、一八八九―九一年。

(2)(3) 稿本『徳川時代見沼の通船』。

(4) 北埼玉郡役所「利根川古今沿革等ノ件々取調書」、一八八七年(羽生市史編集委員会『羽生市史』追補、一九七六年、一〇〇頁)。

(5) 河川舟運と鉄道輸送との関係が相互に補完するものであるか対抗的なものであるかは、ひとえに河川の流路と鉄道路線のあり方によって決められる。埼玉県の場合、河川舟運の多くは幕末以来江戸地廻り経済圏形成のための大動脈として江戸と県内各地を結ぶ輸送経路として発展してきたため、東京を起点に県内を縦貫する日本鉄道とは最初から対抗的ないし競合的な側面が強かったとおもわれる。なお、鉄道と河川舟運との関係をどうとらえるかについては増田廣實「殖産興業政策と河川舟運」(『社会経済史学』第四八巻第五号、一九八三年二月)を参照のこと。

(6) 河川舟運と鉄道便とどちらが輸送手段として適合的であるかを選択する条件として、輸送貨物それ自体の性格――たとえば、生糸のように軽量で速達を必要とし運賃負担能力のある貨物か、あるいは鋳物製品のように重量のわりには運賃負担能力のない貨物であるかどうかなど――の検討も重要な問題であるとおもわれるが、ここではとりあえずそのことを指摘するにとどめておく。

三　日本鉄道開通後の道路輸送

一方、日本鉄道の開通は、道路輸送の状況にも大きな変化をもたらした。一八八八（明治二一）年の「公益道路調」には埼玉県内各地の道路輸送概況が記載されており、日本鉄道開業後の道路輸送の変化を把握することができる。日本鉄道の開通は、概して道路輸送の活況をもたらしたようであるが、とりわけ停車場とその後背地を結ぶ道路輸送が活況を呈したようである。たとえば、前掲「公益道路調」には次のような記述が随所にみられるのである。

「鉄道布設以前殊ニ通行ナカリシモ深谷宿停車場ヲ設ケシヨリ……略……其往復ノ頻繁ナル昔日ノ比ニ非ラス」[1]（深谷～中瀬道）

「本道ハ久喜停車場設置以降東京トノ商業ニ尤関係アリテ白木綿洋糸等ノ運搬アリ」[2]（杉戸～久喜道）

「本道ハ鉄道布設後商業上必要ノ線路ニシテ……略……貨物運搬取引ノ為メ行旅車馬交通量最モ多シ」[3]（鴻巣～小川道）

「本道ハ……略……往来通行稀少ナリシカ中山道鉄道敷設已来鴻巣停車場ヨリ羽生地方ヘ物貨ヲ運搬スル為メト共ニ沿道村落ノ物産ヲ交互輸出セリ」[4]（鴻巣～羽生道）

こうした道路輸送の活況は、〈第Ⅲ-9表〉に示した日本鉄道開通後における荷積用馬車の急激な増加という事態からも傍証できる。すなわち、一八八〇（明治一三）年に一一五台にすぎなかった埼玉県内所有の荷積用馬車の台数は、その後一八八三（明治一六）年に七二八台、一八八五（明治一八）年に一、二〇一台、そして一八九二（明治二五）年には二、七一五台と大幅な増加を示しているのである。

そもそも日本鉄道は、横浜港と北関東蚕糸業地帯とを鉄道で直結して生糸輸出の振興をはかることを目的としていた。[5] 従って日本鉄道は、勃興しつつある埼玉県内各地の地方経済を十分にとらえることができなかった。地方の産業開発のためには、停車場と周辺農村とが荷馬車などで結びつけられる必要があったし、そうしなければ鉄道自体も有効に機能することができなかったのである。[6]

ところで、日本鉄道開通後の道路輸送における新たな輸送需要の発生は、埼玉県の土木行政にも一定の変化をもたらした。一八八七（明治二〇）年一一月の通常県会では、「是マテ県道ハ地方税ヲ以テ其幾分ヲ補助シ他ハ町村費ニテ支弁シ来リシモノナルガ爾後県道ハ皆地方税ヲ以テ支弁セントス」[7]という内容の県道皆地方費支弁建議案が可決された。そして翌一八八八（明治二一）年の知事の土功費支弁方法諮問案の説明では、「前年来ノ方針ヲ転シ治水ノ経費ヲ節約シ道路ノ経費ヲ増加シ着々歩ヲ進メ」[8]（傍点引用者）と土木行政の重点を治水から道路へ転換することが主張された。同様の主旨は、一八九〇（明治二三）年の埼玉県知事小松原英太郎の県内巡視の際の演説においても、日本鉄道の開通という事態との関連で、「本県ハ鉄路中央ヲ貫通シ他ノ市府海港ニ達スルヤ実ニ数時ヲ出テス随テ鉄道ニ連絡スル道路ヲ改良スルハ汽車ノ利便ヲ利用シ一般ノ交通ヲ捷速ニシ運輸ヲ俊敏ナラシムル為メニ実ニ至緊至要ナリト謂ハサルヘカラス」[9]と述べられている。以後、埼玉県内の各地では、公益道路編入についての請願が相次いで行われ、道路交通の整備は一段と進捗していったのである。

（1）〜（4）『公益道路調』、一八八八年（『埼玉県行政文書』明一七九〇）。

（5）石塚裕道『日本資本主義成立史研究——明治国家と殖産興業政策——』、一九七三年、を参照のこと。なお、日本鉄道の開通が北関東地方の生糸輸送にいかなる影響を与えたかについては、たとえば一八九〇（明治二三）年の「群馬県臨時農事調書」（群馬県史編さん委員会『群馬県史』資料編一八、一九七八年）が次のように述べている。

「東群馬郡前橋町近傍ハ県下第一ノ生糸生産地ニシテ、汽車開通以前ニアリテハ之ヲ横浜ニ運搬スルニ、馬背ヲ以テ新田郡平塚河岸（前橋町ヨリ七里許）ニ送リ、其ヨリ舟楫ノ便ニ依リ利根川ヲ下リ東京ヲ経テ横浜ニ達スルニ、三・四日間ヲ費シ、一駄（四個）弐円八十銭ノ運賃ヲ要セリ、然ルニ、明治十七年鉄道布設以来運搬利便ヲ得、僅ニ一日ニシテ該地ニ達シ、運賃モ亦之ヲ旧時ニ比スレバ、一駄ニ付五十銭内外減少セリ」（八〇頁）

（6）古島敏雄「交通の進歩と農業の近代化」（東京大学公開講座『交通と生活』、一九六五年）。

（7）（8）埼玉県議会史編さん委員会『埼玉県議会史』第一巻、一九六一年、八〇一—八〇二頁。

（9）「巡視録」上、一八九〇年（『埼玉県行政文書』明九八一）。

四　おわりに

以上のような日本鉄道開通後の道路輸送の展開のもとで、埼玉県内の河川舟運はしだいに衰退していくのであった。たとえば、見沼通船の場合「鉄道各駅より放射せる砂利新道は車輛の普及改良と相待ちて鉄道貨物増加の培養線となり通路の貨物益々之に吸収せられたり即ち行田河岸に於ける熊谷深谷行の荷物及平野河岸に於ける鴻巣行の雑貨は中山道線へ菖蒲河岸、瓦葺河岸に於ける久喜加須岩槻行の荷物は東北線に転出せるが如き其の一例なり」(1)（傍点引用者）という状況にあった。

日清戦争（一八九四—九五年）を境に、わが国資本主義は著しく発展した。紡績、製糸、その他の軽工業部門で産業革命が急速に進行し、農村の手工業経営の発達も顕著であった。こうした国内経済の展開は、地方的商品流通の発展を促し、各地に地方鉄道の建設計画を簇生せしめた。埼玉県内においても、本書の第二章において述べてきたように多くの地方鉄道の建設計画がみられた。しかし、これらの鉄道建設計画はほとんど実現することなく、結局鉄道は地方の細部にまで深く入り込み、地方経済を十分にとらえることはできなかったのである。かくて、地方経済にとっては、道路が鉄道とその後背地をつなぐ輸送経路として重要な意義をもつようになり、ここにわが国の陸上輸送体系は長距離鉄道輸送と補助的道路輸送という形で再編成されていくのであった。(2) そして、こうした新たな陸上輸送体系の確立の中で、河川舟運は次第にその比重を低下していくのである。埼玉県の土木費予算の変遷をおってみると、一八九七(明治三〇)年に道路橋梁費と治水堤防費との割合が逆転し、以後前者が後者を大きく上回るようになるが、(3) これは埼玉県の土木行政の重点が河川から道路へと転換したことを示すものであろう。そして、その前年の一八九六(明治二九)年には河川法が公布され、河川行政自体も全国的なレベルで船舶交通主体の行政から災害防止のためのそれへと大きな転換をとげていくのであった。(4)

(1) 前掲『徳川時代見沼の通船』。なお、前掲『荒川流域河川調査書』(弐)において、荒川以外の河川についても、「道路鉄道ノ便ヲ得テヨリ全ク舟運ヲ絶ツニ至レリ」(入間川)、「現今陸運発達ノ為斯業稍衰タリ」(新河岸川) などの記述がみられる。また、日本鉄道開通後における新河岸川の河川舟運の動向について論じたものに拙稿「明治前期の新河岸川舟運――志木河岸井下田回漕店を中心に――」(志木市史調査報告書『志木風土記』第四集、一九八三年一月)がある。
(2) この点については、さしあたり山本弘文『維新期の街道と輸送』、一九七二年、はしがきを参照のこと。
(3) 前掲『埼玉県議会史』第一、二巻。
(4) 渡辺洋三「河川法・道路法」(鵜飼信成・福島正夫・川島武宜・辻清明編『講座日本近代法発達史』六、一九五九年)。

終章　要　約

本書の冒頭で述べたように、われわれは産業資本確立期における近代的陸上輸送手段としての鉄道の建設過程を問題にしてきた。従来の鉄道史研究では、しばしば旅客輸送と貨物輸送との比較から、産業鉄道か否かという形で鉄道企業の性格づけがなされてきた。そして、産業鉄道として確立し得なかったところに、わが国鉄道発達史の軍事的・政治的特質がみいだされるのであった。確かに、本書の第一章で検討の素材とした京都鉄道の建設過程にみられたように、軍事的契機が経済的契機よりも優先していたことは事実である。第Ⅰ章「全国的鉄道体系形成過程の特質」は、明治二〇年代に全国的鉄道体系の形成が、政府、軍部、ブルジョアジーなどさまざまな側で重要な課題となっていることに着目し、その一環として注目を沿びた京都鉄道の建設過程を具体的に分析したものである。そして、そこでの経済的契機と軍事的契機との関連を追求し、結論として明治政府の軍事的要請がこの場合にも貫徹していくことを明らかにしたのである。

しかし、われわれの視角からすれば、産業鉄道か否かという問題ではなく、いかなる市場の形成を担う産業鉄道であるかが問われなければならなかった。たとえば日本鉄道は、北関東および東北地方の蚕糸業地帯を開港場横浜へ繋げる生糸輸送鉄道であり、その意味で産業鉄道といえるが、しかし日本鉄道は、自立的な国内市場の形成を担うものではなく、むしろわが国の貿易主導的ないし対外従属的な国内市場の形成を促進するものであったということができるのである。

結論的にいえば、わが国の鉄道は東京・横浜を中心とする放射状の鉄道網を形成していったということができる。そして、このような鉄道網の形成の過程で、幕末以来一定の経済的発展を示していた関東各地の地方市場も首都東京および開港場横浜のもとに従属的にくみこまれていくことになるのであった。東京周辺の関東各県は、東京への消費物資・食料の供給地、東京で生産された商品の市場として、あるいはまた開港場横浜への生糸・茶などの輸出品の供給地として位置づけられていったのである。

とはいえ、このような鉄道網は、決して直線的・短絡的な過程を辿って形成されたわけではない。幹線鉄道に分析の重点をおいていた従来の鉄道史研究の方法ではこの問題はみえてこないが、われわれはこの問題を計画されただけで結果として未設におわった鉄道も含めて、各地域社会に簇生してくる地方鉄道の建設計画を分析の俎上にのせることによって明らかにしようと考えたのである。本書の第Ⅱ章以下の各論文が、そうした問題を解明するための実証分析であった。

その意味で、第Ⅱ章「地方鉄道の建設と市場構造」は、本書の中心をなすものといえる。第Ⅱ章は、第一節、第二節、それに補論㈠、補論㈡から成るが、いずれも明治二〇—三〇年代の関東地方における鉄道網の形成過程を取り扱った事例研究である。関東地方における地方鉄道の建設がいかなる鉄道網の形成を指向し、またそれによって形成される市場構造がどのようなものであるかという問題を追求しようとしたのである。すなわち当該期における関東地方の鉄道網は、結果的に東京を中心とする放射状の鉄道網として形成されていくのであるが、このような中で、こうした鉄道網形成の動きと対抗するところの地方産業の展開に基礎をおいたもう一つの鉄道網形成の可能性を具体的な実証分析によって明らかにすることを意図したのである。

第一節の「八王子における鉄道建設」は、以上のような観点から甲武鉄道（八王子〜新宿間）と武蔵鉄道（八王子〜川崎間）との対抗を論じたものである。結果として山県有朋の建議によって武蔵鉄道の建設が却下され甲武鉄道が実現していくのであるが、そこに政府主導の東京を中心とする放射状の鉄道網形成過程の一階梯をみいだすことができた。

第二節「埼玉県下北埼玉郡の横貫鉄道」では、明治二〇年代後半のいわゆる第二次鉄道熱期に関東地方に簇生してくる私有鉄道の建設計画を、縦貫鉄道と横貫鉄道という二類型の鉄道に分類し、綿業地帯としての特徴をもつ埼玉県下北埼玉郡をフィールドに、後者の類型に属する鉄道が却下され、前者の類型に属する鉄道が実現されていく過程を分析した。そして、そこにこの地方の産業・市場構造の転換をもみいだすことができたのである。

また、補論(一)「両毛鉄道足利〜神奈川間路線延長計画について」は、研究史上しばしば「自生型産業鉄道」の典型として評価される両毛鉄道株式会社の足利〜神奈川間路線延長計画を分析したものである。そして、補論(二)の「関東鉄道計画線（川越〜成田間）について」は、関東鉄道株式会社計画線川越〜成田間を事例に、川越を中心とする市場圏の拡大を鉄道建設の中に求めようとする川越商業会議所の運動を検討したものである。補論(一)、(二)ともに第Ⅱ章第一節および第二節の論旨をより深めることを意図している。

第Ⅲ章「埼玉県下における馬車鉄道の展開」では、これまで近代交通史研究の上で空白の分野となっていた馬車鉄道の展開過程を問題にしている。わが国の馬車鉄道は鉄道の先行形態としてではなく、鉄道建設以後に、いわばその補助的な輸送手段として建設されていった。鉄道は地方的商品流通の細部にまで入り込むことはできなかった。従って、地域社会においては、むしろ理論的には鉄道に先行する陸上輸送手段たる馬車や馬車鉄道が、鉄道建設後もかなりの長期にわたって重要な役割りを果たすことになったのである。第Ⅲ章は、とくに埼玉県の北埼玉郡および入間郡における馬車鉄道の展開を分析することで右のような事情を実証したものであるが、既に明らかなようにこの第Ⅲ章は、第Ⅱ章第Ⅱ節および同章補論㈡と相互に補完しあう関係にある。第Ⅴ章「銚子港における鉄道建設」では、鉄道が江戸時代以来の主要な国内輸送手段であった沿岸海運におよぼすインパクトを問題にした。資料的な制約からなお十分に実証したとはいえないが、銚子港における鉄道建設が、江戸（東京）と東北地方とを結ぶ沿岸海運の重要な中継港であった銚子港の港としての機能を衰退させ、銚子を醬油生産地として東京のもとにくみこんでいくその過程を明らかにしたのである。第Ⅴ章の「日本鉄道の開通と河川舟通の衰退」は、日本鉄道開通以後の河川舟運の衰退過程を、道路輸送の変化などとも考え合わせて追求したものである。小論ではあるが、近代交通史研究の重要な論点についての多少の問題提起にはなるものとおもわれる。

かくて、『明治期地方鉄道史研究』という表題をもつ本書は、産業資本確立期における国内市場の形成過程で、地域社会がそれにどのように対応し、またどのような変化を辿ったかを、地方鉄道の建設をめぐる種々の動向を分析することで明らかにしようとした実証研究であるといえる。そしてそれは、地方経済の自立的展開の可能性を絶えず孕みつつも、結果的にそれを阻止するという方向で実現されていったのであり、こうした鉄道建設のあり方の中に、われわれは産業資本確立期における日本資本主義の構造的特質の一端をみいだすことができるのである。

索　引

※本索引は，鉄道会社名，人名および交通史関係の用語を中心に作成してある。

〈し〉

〈す〉

〈せ〉

〈そ〉

〔著者略歴〕

老川慶喜（おいかわ・よしのぶ）

1950年　埼玉県に生まれる。
1977年　立教大学大学院経済学研究科博士課程単位取得。
1982年　経済学博士（立教大学）。
現　在　関東学園大学（経済学部）専任講師。
著　書　『埼玉の鉄道』（埼玉新聞社，1982年）
論　文　「鉄道開通前山梨県物産移出入概況——佐分利一嗣『甲信鉄道』を中心に——」(『地方史研究』179号，1982年10月)，「1920年代東武鉄道の経営発展とその市場条件」(『交通学研究』1982年)，「明治20年代における道路輸送——利根川流域北埼玉郡を事例に——」(関東学園『松平記念経済・文化研究所紀要』第1号，1983年3月)

明治期地方鉄道史研究

1983年11月20日　第1刷発行

著　者　老　川　　慶　喜

発行者　栗　原　　哲　也

発行所　株式会社　日本経済評論社
〒101東京都千代田区神田神保町3-2
電話03-230-1661　振替東京3-157198

乱丁落丁本はお取替え致します。
ISBN 4-8188-0005-8

三栄印刷・山本製本

明治期地方鉄道史研究（オンデマンド版）

2003年3月10日　発行

著　者　　老川　慶喜
発行者　　栗原　哲也
発行所　　株式会社　日本経済評論社
〒101-0051　東京都千代田区神田神保町3-2
電話 03-3230-1661　FAX 03-3265-2993
E-mail: nikkeihy@js7.so-net.ne.jp
URL: http://www.nikkeihyo.co.jp/
印刷・製本　株式会社　デジタルパブリッシングサービス
URL: http://www.d-pub.co.jp/

AB198

乱丁落丁はお取替えいたします。　Printed in Japan

ISBN4-8188-1605-1